ROWOHLT
BERLIN

Sergej Kowaljow

Der Flug des weißen Raben

Von Sibirien nach Tschetschenien:

Eine Lebensreise

Aus dem Russischen von
Barbara Kerneck

Rowohlt · Berlin

Umschlaggestaltung Walter Hellmann
Foto: G+J Fotoservice / K. Wothe; Autorenfoto © Lahoti
Das erste Kapitel wurde von Gabriele Leupold übersetzt

1. Auflage März 1997

Satz aus Excelsior (Linotronic 500)
Gesamtherstellung Clausen & Bosse, Leck
Printed in Germany
ISBN 3 87134 256 4

Inhalt

Vorwort

Dies sind keine Memoiren im traditionellen Sinne: ich bin weit davon entfernt, die Ereignisse meines Lebens und Umfeldes Jahr für Jahr nachzuzeichnen. Vielmehr wollte ich jetzt, im Alter von 66 Jahren, versuchen, jene Ideen zu benennen, die nicht nur mein Denken und Handeln, sondern das vieler Menschen meiner Generation bestimmt haben. Ich habe versucht, einer gelungenen Formulierung Alexander Herzens folgend, mich stärker an «Gedachtes» als an «Erlebtes» zu halten. Kein Mensch ist freilich ein reiner Denkautomat, der sich in einer von der Wirklichkeit unabhängigen Sphäre bewegt – und als Denker betrachte ich mich schon gar nicht. Ich sah mich in meinem Leben oft genug zu einem bestimmten Schritt oder zu einem bestimmten Verhalten gezwungen; erst später reflektierte ich diese Entscheidungen im Lichte meiner Weltanschauung, also jener moralischen und praktischen Werte, die ich irgendwann zu meinen Leitmotiven erklärt hatte. Ohne das «Erdachte» also bleiben diese Aufzeichnungen unvollständig; dies gilt insbesondere für den Leser außerhalb Rußlands, der mit der empirischen Realität unseres Lebens nicht in dem Maße vertraut ist wie meine Landsleute.

Vor diesem Hintergrund möchte ich dem Leser im voraus die entscheidende Frage beantworten, die auch ich mir an seiner Stelle gestellt hätte: ich meine die Frage, warum gerade ich als Autor hervortrete.

Also, warum gerade ich? Weil ich ich bin, Sergej Adamowitsch Kowaljow, ein sowohl in Rußland wie auch im Ausland bekannter Politiker und Menschenrechtler? In diesem Fall würde mein Leser völlig zu Recht von mir die Enthüllung von Kremlgeheimnissen und ähnlich brisanten Anekdoten erwarten. Doch selbst 1994, auf dem Höhepunkt meiner politischen Laufbahn, war ich in Staatsgeheimnisse nicht eingeweiht – ja, ich wollte es auch gar nicht sein. Darüber hinaus glaube ich, daß Hofgeschichten meist weniger interessant sind und einen weitaus geringeren Einfluß auf die Politik haben, als gemeinhin angenommen wird.

Schreibe ich also, weil ich in der Zeit der Sowjetunion ein Dissident, ein Bürgerrechtler und politisch Gefangener war? Dieses Schicksal hatten viele andere auch; ihre Memoiren sind bereits im Westen und in Rußland veröffentlicht. An der Dissidentenbewegung nahmen viele herausragende und begabte Menschen teil, die nicht schlechter schreiben als ich. Hinzu kommt: Jeder Widerstand erregt nur dann ein wirkliches Interesse, wenn auf der Gegenseite wenigstens ein bißchen Überzeugungskraft, Talent und Gefühl für das Recht vorhanden sind. Nichts dergleichen war gegeben: langweilige, abgestumpfte und gleichgültige Beamte verrichteten gelangweilt, stümperhaft und gleichgültig ihre schändliche Arbeit, uns mit allen ihnen zur Verfügung stehenden Mitteln zum Schweigen zu bringen. Unter solchen Umständen ist das Dissidentenleben in der Tat nicht sehr interessant, wenngleich dies auch mit gewissen Problemen zusammenhängt, die nicht allein äußerer Natur sind.

Gleichwohl glaube ich, daß meine Aufzeichnungen einen bestimmten Wert haben: nicht nur weil ich Dissident bzw. Bürgerrechtler oder auch Politiker geworden bin. Der Wert der Aufzeichnungen besteht vielmehr darin, daß es mir bestimmt war, in beiden Eigenschaften zu agieren. Damit stellt mein Schicksal im heutigen Rußland eine Seltenheit, wenn nicht gar einen Einzelfall dar. Es ist selbstverständlich kein Zufall, daß in den Reihen der neuen politischen Elite Rußlands keine Bürgerrechtler zu finden sind. Dafür gibt es zahlreiche Gründe. Was mich selbst betrifft, so hoffe ich, einen Modus vivendi gefunden zu haben, der es mir erlaubt, mich als Bürgerrechtler politisch zu engagieren – bzw. ein Bürgerrechtler zu sein, ohne die Politik aufzugeben.

Bis zum heutigen Tag habe ich nicht ein, sondern mindestens drei Leben gelebt.

Das erste ist das des Naturwissenschaftlers, der zum einen von dieser Wissenschaft so sehr fasziniert war, daß sie es ihm wert schien, den Sinn des Lebens zu bilden; der zum anderen aber auch erfolgreich genug war, um berechtigte Hoffnungen auf eine akademische Karriere zu hegen. Dieses Leben ist nicht spurlos an mir vorübergegangen: es hat mich gelehrt, Ehrlichkeit und Aufrichtigkeit in der Arbeit zu schätzen, meine Abneigung gegenüber leeren Worten und Demagogie zu bekräftigen und die Freiheit des Denkens als Wert zu begreifen. In einen wirklich freien Menschen konnte mich dieses Leben zwar nicht verwandeln – es konnte mich auf diese Wandlung aber doch unmerklich vorbereiten.

Das zweite Leben ist das des «antisowjetischen Abtrünnigen»: ich war Mitglied der ersten unabhängigen Bürgerrechtsbewegung im Lande und gehörte zu den Redakteuren eines maschinengeschriebenen Untergrund-Bulletins. Unweigerlich führte mich dieses Leben in die Lagerhaft im Ural und in die Verbannung nach Kolyma. Zugleich formte dieses Leben meine Weltanschauung unwiderruflich und bestimmte meine Vorstellung von gesellschaftlichen Werten, an deren Spitze Recht und Freiheit stehen.

Die Erfahrungen und Erkenntnisse des zweiten Lebens beeinflußten auch mein drittes Leben, das mich in das Präsidium des Obersten Sowjets Rußlands und in den Präsidentenapparat, in die brennenden Trümmer Grosnyjs und in das von Terroristen als Geisel genommene Budjonnowsk verschlug. Ich war der erste (und bislang einzige) Bevollmächtigte für Menschenrechte und damit formal einer der höchsten Amtspersonen des Landes – bis die Duma mich aus diesem Amt verjagte. Einst stand ich an der Seite Jelzins, heute bin ich einer seiner schärfsten Gegner. Welche Überraschungen hält mein Leben wohl in der Zukunft noch für mich bereit – ein Leben, das mich rückblickend im Gegensatz zu meinem Charakter phantastisch anmutet? Ja, und wieviel Zeit ist mir noch gegeben?

Man sollte am Ende seiner Aufzeichnungen niemals einen Schlußpunkt setzen, sondern immer Fortsetzungspunkte. Schon der Entwurf dieser Memoiren wurde von den Ereignissen überholt: denken wir nur an den Krieg in Tschetschenien. Mich selbst aber haben weder die Wechselfälle der russischen Geschichte noch die Art, wie sie sich in meinem persönlichen Leben niederschlugen, von Grund auf ändern können. Ich habe immer versucht, der zu bleiben, der ich bin, und das Prinzip zu beherzigen: «Tu, was du tun mußt, denn es kommt, wie es kommt.» Ob das gut oder schlecht ist, vermag ich nicht zu beurteilen, doch allein die Befolgung dieses Prinzips erlaubt es dem Menschen, sein eigenes Schicksal anzunehmen.

Meine Überlegungen zu Recht, Staat, Politik, Demokratie, Gewaltenteilung usw. mögen insbesondere dem westlichen Leser trivial vorkommen – was sie für den russischen Leser nicht sind. Es besteht nämlich ein wesentlicher Unterschied zwischen Rußland und dem Westen! Wir haben die liberale demokratische Weltanschauung nicht aus Büchern, nicht von ausländischen Missionaren und Aufklärern lernen können, und niemand hat sie uns von klein auf beigebracht als die einzige Möglichkeit, miteinander zu leben. Die Angehörigen meiner Generation fanden die Ideale der Freiheit, des Rechts und der Demokratie nicht auf Steintafeln vor; wir meißelten sie uns selbst durch unser Schicksal und unser Verhalten in unser Bewußtsein ein. Diese Erfahrung hat die liberale und demokratische Idee unauslöschlich in Rußland verankert und zu einem beständig wirksamen Faktor der russischen Geschichte gemacht. Und selbst wenn diese Ideale heute noch nicht in der Lage sind, die Geschicke Rußlands nachhaltig zu beeinflussen, so bin ich doch überzeugt davon, daß ihnen auch hier die Zukunft gehört. Ich wage daher zu hoffen, daß meine Betrachtungen auch für den aufgeklärten westlichen Leser von Interesse sein könnten. Es ist doch immer spannend, einen Robinson Crusoe zu beobachten, wie er sich auf einer unbewohnten Insel die Fertigkeiten des Handwerks aufs neue aneignet.

Doch sollte eine solche neugierige Beobachtung nicht distanziert sein. Denn ich bin der festen Überzeugung, daß es heute, wo kaum mehr etwas eine ausschließlich «innere Angelegenheit» sein kann, wohl keine andere Aufgabe von so großer Tragweite gibt wie die Reintegration Rußlands in die europäische Zivilisation. Der erfolgreiche Verlauf dieser Reintegration und das, was sie für unser gemeinsames «Morgen» leisten kann, ist auch für den Westen von weitaus größerem Interesse, als gemeinhin angenommen wird.

Und noch ein Letztes. Das Genre «Betrachtungen» stellt unwillkürlich den Autor ins Zentrum des Geschehens: es entsteht der Eindruck, als handle dieser als Einzelkämpfer. Dies ist natürlich nicht der Fall. Jede einzelne der in diesem Buch erwähnten Personen verdient eine ausführliche Würdigung – dies gilt für meine Kollegen an der Universität, die Gefährten der Dissidentenbewegung, die Mitarbeiter der staatlichen Institutionen, die ich leitete, und der gesellschaftlichen Organisationen, in denen ich mich engagiert habe. Hätte ich aber diesen Weg gewählt und jedem den ihm gebührenden Platz in meinem Buch eingeräumt, wäre das Buch der Realität zwar wesentlich nähergekommen, es hätte aber auch jeden Rahmen gesprengt.

Ich bitte daher um Verständnis für diese Entscheidung: ich bitte all diejenigen darum, ohne deren Hilfe, Unterstützung und Rat ich nicht einen Bruchteil dessen hätte vollbringen können, was ich getan habe. Einen Menschen allerdings kann ich nicht unerwähnt lassen: meine Frau Ljudmila Bojzowa. Sie stand an allen Wendepunkten meines Lebens an meiner Seite. Alle Unannehmlichkeiten, die mir widerfuhren, waren das Ergebnis meiner eigenen, freien Entscheidung. Aber ich konnte die Schicksalsschläge immer mit mir nahestehenden Menschen teilen, insbesondere mit meiner Familie. Mehr konnte ich nicht erwarten, und mehr hätte niemand für mich tun können.

Barchiwa, 22.8.1996

Ich wurde 1930 in der Ukraine geboren, in dem kleinen Städtchen Seredina-Buda. Heute gehört es zum Gebiet Sumyj; gleich nebenan liegt das Brjansker Gebiet, also bereits Rußland. Wie diese Orte ethnographisch einzuordnen sind, läßt sich kaum sagen: man spürt die Grenze gar nicht.

In den südlichen Regionen des Brjansker Gebiets wird derselbe Dialekt gesprochen wie bei uns, eine Mischung aus Ukrainisch und Russisch. Historisch sind diese Gebiete altes Sewersker Land, wo das «Igorlied» spielt: Putiwl, Tschernigow und Kursk liegen gleich vor der Tür.

Nach Ausbruch des Zweiten Weltkriegs kam Seredina-Buda (genauer, die Bahnstation, die Sernowo hieß und offenbar bis heute so heißt) zu einer gewissen traurigen Berühmtheit: dort befand sich ein großes deutsches Filtrationslager für Kriegsgefangene. Aus allen «Kesseln» brachte man russische Gefangene nach Sernowo, ganze Divisionen. Später, als ich selbst im Lager saß, habe ich Leute getroffen, die diese Bahnstation kannten; nachdem sie in Gefangenschaft geraten waren, hatte man sie nach Sernowo gebracht, und von dort kamen sie in die deutsche Armee, wofür sie weitere 25 Jahre abzubüßen hatten.

Ich habe keinerlei deutliche Erinnerung an Seredina-Buda, weil unsere Familie von dort wegzog, als ich zwei Jahre alt war. Manchmal ersteht vor meinem inneren Blick die schwarze Silhouette eines kleinen Menschleins, das im Garten auf die hohen Beete klettert. Aber wahrscheinlich täuscht mich mein Gedächtnis; meine Mutter, die von Geburt an in Seredina-Buda lebte, hat mir viel über ihre Heimatstadt erzählt.

Meine Mutter ist ukrainischer Herkunft, ihr Mädchenname war Makarenko. Meine Großmutter stammte aus dem ukrainischen Kleinadel. Als Kind stellte ich mir das Leben meiner Großeltern – sie sind vor meiner Geburt gestorben – so vor, wie es Gogol in den «Altväterlichen Gutsbesitzern» beschreibt: quietschende Türen, Tee mit Kirschkonfitüre...

In Wirklichkeit war mein Großvater, Wassilij Iljitsch Makarenko, selbständiger Kesselbauer, das heißt Kleinunternehmer und Ingenieur. Er hatte studiert und war, für die Begriffe des kleinen Provinzstädtchens, ein wohlhabender Mann. Er hatte ein großes Haus, aber als ich geboren wurde, war dort längst eine sowjetische Einrichtung untergebracht. Er besaß ein Vorwerk mit Pferden und Kühen und einer eigenen Fischzucht. Für jeden seiner Söhne und Töchter baute mein Großvater ein eigenes Haus in der Stadt. Und da sie viele Kinder waren, muß die Familie ihr gutes Auskommen gehabt haben. Nach 1917 teilten all diese Häuser offenbar das Schicksal des Elternhauses.

Mein Vater war aus dem westlichen Weißrußland in die Ukraine gekommen. Er stammte aus einer russischen Bauernfamilie mit einem winzigen Anteil polnischen Bluts. Er arbeitete bei der Eisenbahn, in unterschiedlichen untergeordneten Funktionen. Als Eisenbahner kam er auch nach der Revolution nach Seredina-Buda.

Wann meine Eltern sich kennenlernten, weiß ich nicht genau; wahrscheinlich gleich nach der Rückkehr meiner Mutter aus Kiew, wo sie ein Jahr an der Universität studiert hatte. Das war 1919; sie mußte aus familiären Gründen nach Hause kommen, weil die Großmutter erkrankt war. Und später hatte sie keine Gelegenheit mehr, ihre Ausbildung fortzusetzen: erst tobte der Bürgerkrieg, und dann nahm das Leben einen anderen Lauf. 1922 oder 1923 haben meine Eltern geheiratet; 1924 wurde mein Bruder Jura geboren und sechs Jahre später ich.

In meinen Adern fließt also ukrainisches, russisches, ein bißchen polnisches und vielleicht auch weißrussisches Blut; meine Vorfahren waren aus dem Kleinadel, Ingenieure aus dem Kleinbürgertum und Bauern. Auf die klassischen Fragen sowjetischer Personalbögen konnte ich deshalb immer nur schwer präzise antworten. Ich schrieb immer einfach: Nationalität – Russe, Vater – Bahnangestellter, Mutter – Hausfrau, Geburtsort – Ukraine, Gebiet Sumyj, Seredina-Buda.

Kindheitsmuster und der Artikel 125

1932 verließen wir die Ukraine, zuerst zogen wir ins Brjansker Gebiet und später nach Podlipkij bei Moskau. Mein Vater hatte um seine Versetzung gebeten, die ihm, mit einer starken Zurückstufung, auch gewährt wurde. Mit uns zog Tante Darja, die schon die Kinderfrau meiner Mutter gewesen war, eine eigenwillige alte Frau, Ukrainerin, die sich noch gut an die Leibeigenschaft erinnern konnte. Sie konnte kaum schreiben und lesen, aber sie dachte unabhängig und kühn, und ihre Äußerungen waren immer ironisch und skeptisch. Dabei war sie tief religiös. Tante Darja zuliebe wurde ich getauft. Sie sagte: «Wie, nicht getauft? Wie ein Hündchen? Dann hüte ich ihn nicht.» Was blieb uns da übrig?

Die Erzählungen vom Hunger in der Ukraine, von Menschen, die nicht mehr wie Menschen aussehen, die auf allen vieren krochen und in Christi Namen um ein Stück Brot baten, sind mir aus meiner Kindheit in Erinnerung. Wirklicher Hunger, übrigens ein künstlich geschaffener, herrschte allerdings nur auf dem Dorf. In den Städten wurde nicht gehungert.

Podlipkij war eine Kleinstadt bei Moskau, eigentlich eine Arbeitersiedlung. Offiziell hieß es Kaliningrad; Podlipkij war die Bahnstation. Heute ist es eine ganz stattliche Gemeinde, eine Stadt der Ingenieure, Techniker und Wissenschaftler. Aber damals hatte sich dort noch nicht Koroljows berühmtes Konstruktionsbüro angesiedelt, und Podlipkij hatte nur 30000–40000 Einwohner. Sie arbeiteten meist in den umliegenden Betrieben; viele, wie auch mein Vater, fuhren zur Arbeit nach Moskau.

Wir wohnten in der Nähe des Bahnhofs, in einem zweistöckigen Holzhaus mit acht Wohnungen und mit Ofenheizung. Alle Wohnungen waren Gemeinschaftswohnungen, damals gab es nichts anderes. Auf dem Grundstück um das Haus herum hatte jede Familie ihr winziges Gärtchen. Mein Vater war ein leidenschaftlicher Gärtner, und bei ihm gedieh alles immer besser als bei den anderen; einige Nachbarn waren richtig neidisch. Das war unser Leben.

Meine Kindheit war nicht anders als bei der Mehrzahl meiner Altersgenossen, die in Zehntausenden ebensolcher Arbeitersiedlungen überall im Land aufwuchsen. Wir Kinder standen in dieser Zeit im Trommelfeuer der sowjetischen Propaganda: der Spanische Bürgerkrieg, der Sieg der Roten Armee bei Chalkin Gol über japanische Kampfverbände im Sommer 1939, die Eroberung der Stratosphäre, die heroische Eisdrift um Kap Tscheljuskin im Jahre 1934 – all das hatte sich auch in meinem Kopf festgesetzt. Aber angesichts der kühlen und skeptischen Einstellung der Erwachsenen zu all diesem Unsinn war unser Pionier-Enthusiasmus auch schnell wieder verflogen. Vielleicht war das mancherorts anders, besonders in den großen Städten: vielleicht wuchsen die Kinder dort in dem ehrlichen Glauben auf, daß sie im gerechtesten Gesellschaftssystem leben und Kämpfer für die lichte Zukunft der gesamten Menschheit sind. Ich weiß es nicht. Jedenfalls konnten nicht viele Eltern zu all dem Hurrapatriotismus so ausdrucksvoll schweigen wie meine Mutter.

Die allmähliche Befreiung von den Pionier-Illusionen verlief bei mir nicht schmerzlos. Ein Schwager meiner Tante, ein lustiger junger Bursche, Unterführer in der Roten Armee, nahm im September 1939 am sogenannten Befreiungsfeldzug ins westliche Weißrußland und die Westukraine teil. Und irgendwann, wir saßen bei uns in Podlipkij, erzählte er von seinen Eindrücken. Aus seiner Schilderung ging hervor, daß das nicht gerade ein militärischer Feldzug gewesen war, sondern eher ein bewaffneter Spaziergang, und zwar miserabel organisiert: die Soldaten in Wickelgamaschen, ein Gewehr für zwei Personen. Ich ging ins andere Zimmer und weinte; ich fand es furchtbar kränkend für unsere unbesiegbare Rote Armee. Wenn das wahr war, womit würden wir dann auf die Faschisten schießen? Ich war schon damals überzeugt, daß wir auf die Faschisten würden schießen müssen, obwohl die Freundschaft mit Deutschland auf dem Höhepunkt war; der «Befreiungsfeldzug», der Pakt mit Hitler auf Kosten Polens, war dafür der beste Beweis. Aber daß wir mit den Faschisten verbündet sein sollten, konnte und wollte ich mir nicht vorstellen. Ich dachte, wir würden unsere Brüder – Ukrainer und Weißrussen – vor ihnen retten.

Auch Gespräche über Repressionen und Volksfeinde hörte ich damals mit, aber irgendwie stimmte mich das nicht nachdenklich. Mein Vater war vor dem Krieg verhaftet worden, gemeinsam mit einigen Kollegen aus den Eisenbahnwerkstätten. Zwar warf man ihnen nur grobe Vernachlässigung der Dienstpflichten vor und einem von ihnen auch Unterschlagungen, aber es gab auch politische Anschuldigungen wegen Sabotage oder Schädlingstätigkeit. Sie wurden nicht lange festgehalten, nur ein paar Monate; mit dem Kriegsausbruch ließ man sie frei.

Ich litt zwar sehr darunter, daß mein Vater im Gefängnis war und meine Mutter ihm Pakete hintrug, aber Gedanken über die Ungerechtigkeit und Grausamkeit dessen oder andere allgemeine Überlegungen erzeugte es bei mir nicht. Ich nahm es hin wie ein fatales Unglück, so etwas wie eine Krankheit.

Aus den ersten Kriegsmonaten sind mir vor allem die Fliegeralarme in Erinnerung. In Wirklichkeit wurde Podlipkij nur einmal bombardiert, und auch da riß die einzige Bombe, die uns traf, nur eine lange Spur entlang dem Bahndamm auf, ohne zu explodieren. So erfuhr ich erst 53 Jahre später, in Grosnyj, was Bombardierung bedeutet.

Am Ende des Sommers wurden mein Bruder und viele seiner Klassenkameraden (Jura kam damals in die zehnte Klasse) in die Gegend von Wjasma abkommandiert, Panzergräben schaufeln. Dort schrieben sie sich für die Landwehr ein und wurden sofort an die Front geschickt, natürlich zu Fuß. Noch ehe sie ihre Stellung erreicht hatten, gerieten sie in einen Strom von zurückweichenden Rotarmisten. Von allen Seiten, auch von hinten, hörten sie Kanonendonner. Man kann sich vorstellen, was diese fast unbewaffneten Kinder bei der ersten Begegnung mit den Deutschen erwartet hätte. Zum Glück hatten sie einen vernünftigen Kommandeur, einen Sergeanten, der sie sicher ins Hinterland brachte. Und dann wurden sie in die Schule zurückgeschickt, sie sollten ihren Abschluß machen.

Im Oktober rückte die Front ganz nah an unsere Siedlung heran, wir hörten schon Geschützfeuer, die Bevölkerung sollte evakuiert werden. Während der vorbereitenden Maßnahmen kam es zu Vorfällen, die das ganze Gebiet erregten: Arbeiter der örtlichen Betriebe, die die Direktion und die Parteiführung ihres Werks für Egoisten hielten und glaubten, sie wollten sich als erste verdrücken, stellten auf der Jaroslawer Chaussee Patrouillen auf. Das Ende dieser Geschichte erfuhr ich erst vor kurzem, aus einer Archiv-Publikation der Zeitung «Moskowskije Nowosti». Die Arbeiter wurden wegen Amtsanmaßung verhaftet und vor Gericht gestellt, und einige wurden erschossen. Vielleicht war es tatsächlich Amtsanmaßung, und die Vorgesetzten waren nach Plan und auf ganz legale Weise evakuiert worden. Bemerkenswert ist aber die absolute Gewißheit der Arbeiter, daß ihre Vorgesetzten nur an sich selbst denken und auf alle anderen pfeifen würden, und eine in der Vorkriegszeit undenkbare Unabhängigkeit im Handeln. Der Krieg ließ die Menschen die gewohnte Angst vor der Obrigkeit verlieren.

Ich selbst war damals fest entschlossen, mich den Partisanen anzuschließen. Zu diesem Zweck klaute ich meinem Vater eine

Axt und versteckte sie in der Scheune, weil ich glaubte, daß die Partisanen mich nur mit Waffe nehmen würden. Sobald die Deutschen kommen, dachte ich, werde ich einen von ihnen mit der Axt erschlagen, ihm die Maschinenpistole abnehmen und mich dann mit dieser Pistole in das Wäldchen absetzen, das gleich hinter dem Klub begann. Dort würde ich ganz sicher auf Partisanen treffen, und die würden mich in ihre Reihen aufnehmen. Aber die Deutschen kamen nicht nach Podlipkij, mein Vater schimpfte lange wegen der verschwundenen Axt, und der letzte patriotische Höhenflug meines Lebens war damit schon beendet.

Natürlich wollten wir alle, Erwachsene und Kinder, die Deutschen möglichst schnell besiegen. Aber patriotische Reden waren verpönt, ganz gleich, ob zu Hause, auf dem Hof oder in der Schule.

Die Schule im Krieg – das war wie überall: eine von einem kleinen «Kanonenofen» notdürftig geheizte Klasse, müde, entnervte und nicht sehr gebildete Lehrer. Aber eine Episode hat sich mir tief ins Gedächtnis gegraben, bei der es, auf sonderbare Weise, zum erstenmal zu einer Kollision kam, die sich Jahrzehnte später in meinem eigenen Leben und im Leben vieler mir nahestehender Menschen wiederholen sollte.

Es war in der siebten Klasse, und das Thema, um das es ging, war die «Verfassung der UdSSR», die neue, Stalinsche Verfassung, die ich übrigens noch heute für nicht übel halte, auch wenn sie mit dem sowjetischen Rechtssystem und erst recht mit der sowjetischen Wirklichkeit nicht das geringste zu tun hatte. Aber damals dachte ich darüber noch nicht nach. Stoff ist Stoff, ich fand es interessant, mich in den geschliffenen Formulierungen der Artikel zurechtzufinden, in der klaren Logik der juristischen Setzungen, die sich zum System der Rechtsbeziehungen fügten. Wahrscheinlich erwachte gerade damals mein Interesse an rechtlichen Fragen. Das allerdings bis zu der Geschichte, von der ich hier erzählen will, ebenso abstrakt war wie etwa der Spaß an mathematischen Theoremen. Erst die folgenden Ereignisse vermittelten mir eine Ahnung, daß Probleme des Rechts eine direkte Beziehung zum realen Leben haben.

Ich wurde an die Tafel gerufen und sollte auf Fragen zum Thema «Rechte und Freiheiten der Bürger der UdSSR» antworten. Ich gab ziemlich akkurat den Artikel 125 der Verfassung wieder: «In Übereinstimmung mit den Interessen der Werktätigen und zum Zweck der Festigung der sozialistischen Ordnung sind den Bürgern der UdSSR gesetzlich garantiert: die Redefreiheit, die Pressefreiheit, die Versammlungsfreiheit, die Freiheit zur Durchführung von Straßenumzügen und Demonstrationen.» Und dann stach die Lehrerin wohl der Hafer, und sie fragte mich, wie ich diesen Artikel verstehe. Ich antwortete bereitwillig: Der Gesetzgeber ist der Ansicht, daß das Bestehen der genannten Freiheiten den Interessen der Werktätigen entspricht und der Festigung der Ordnung dient. Und darum werden sie in Artikel 125 garantiert. Fertig, dachte ich, eine Eins; das war ich gewöhnt, ich galt als ausgezeichneter Schüler. Doch unerwartet wies mich Jelena Wassiljewna zurecht und stellte klar: «Die Freiheiten sind zwar gesetzlich garantiert, aber nur insoweit, als sie den Interessen der Werktätigen entsprechen und der Festigung der Ordnung dienen. Wenn sie diesen Interessen widersprechen, werden sie folgerichtig von Verfassung und Recht nicht garantiert und nicht verteidigt.»

Ich hätte mich nicht in einen Streit mit der Lehrerin verstrikken und mich ruhig auf meinen Platz setzen sollen. Aber die Auslegung von Jelena Wassiljewna erschien mir einfach widersinnig, und ich wollte meinen Standpunkt verteidigen. Nachdem ich alle anderen Argumente ausgeschöpft hatte, fragte ich: «Und wer soll bestimmen, zum Beispiel bei der Redefreiheit, welcher Standpunkt im Interesse der Werktätigen ist? Wenn man das den Organen der Staatsmacht überläßt, also einer interessierten Partei, kann es zu Willkür kommen – was ist das dann für eine Freiheit? Und wenn man die Entscheidung den Werktätigen allein überläßt, wie können sie verstehen, was in ihrem Interesse liegt, wenn sie den gegnerischen Standpunkt nicht kennen?» Ich war sehr zufrieden mit mir, ich hatte die Lehrerin geschlagen. Natürlich bekam ich eine Fünf, aber das kränkte mich kaum. Die Klasse, die der Diskussion ohne sonderliches Interesse gefolgt war, war deutlich auf meiner Seite, vielleicht waren sie alle aber nur froh, daß unser Streit sich bis zum Unterrichtsende hinzog.

In der nächsten Stunde stellte mir die Lehrerin dieselbe Frage und bekam von mir dieselbe Antwort; ich hatte ja recht, niemand hatte mich widerlegt. Und natürlich bekam ich wieder eine Fünf. Und so ging es weiter: in jeder Stunde dieselbe Frage, dieselbe Antwort, dieselbe Note. Ich kam gar nicht auf die Idee, daß ich taktlos gegenüber Jelena Wassiljewna war, und verrannte mich in einen oppositionellen Eifer. Sie aber, was ich heute gut verstehe, konnte mir nicht öffentlich recht geben. Ich ahnte ja nicht, daß unser theoretischer Streit einen durchaus konkreten – und überaus gefährlichen – sozialen und politischen Hintergrund hatte; sie wußte das natürlich sehr genau. Aber außerdem, fürchte ich, hatte sie sich genauso verrannt wie ich.

Das Ergebnis war eine Fünf im Quartalszeugnis, was mich wieder nicht sehr aufregte. Im folgenden Quartal ging es so weiter, und es drohte eine Fünf im Halbjahreszeugnis. Das war nun doch ein Skandal. Mir war nicht klar, wie gefährlich ein Skandal dieser Art werden kann – weniger für mich als für meine Eltern und, wenn er über ihre Grenzen hinaus bekannt wird, auch für die Schule. Aber zum Glück begriff das unser Direktor, Sergej Smirnow, ein sehr kluger und anständiger Mann. Er bestellte mich zu sich, und ich versuchte ihm eine geschlagene Stunde mit großem Eifer zu beweisen, warum ich im Recht war und nicht

Jelena Wassiljewna. Der Direktor hörte mir sehr aufmerksam zu und sagte: «Eins mußt du bedenken: auch die Erwachsenen haben ihre Schwierigkeiten. Wenn du größer bist, wirst du das verstehen. Sei nicht so streng zu Jelena Wassiljewna. Schließlich bist du in der siebten Klasse, und du mußt die Verfassung nicht interpretieren, sondern kennen. Einigen wir uns so: Ich bitte deine Lehrerin, daß sie dich den gesamten Stoff abfragt, und zwar nicht, wie du diesen oder jenen Artikel verstehst, sondern einfach, ob du ihn kennst. Und wenn du gut Bescheid weißt, kannst du deine Fünf ausgleichen.»

Und so wurde es gemacht. Den Stoff selbst kannte ich ausgezeichnet, ich bekam für seine Wiedergabe mehrmals eine Eins, und die Fünf im Halbjahreszeugnis war abgewendet. Was für Probleme dank des Direktors tatsächlich abgewendet waren, verstand ich erst viel später. Aber die Geschichte hatte Folgen.

Erstens war meine Popularität in der Klasse merklich gestiegen. Ich war auch vorher anerkannt gewesen: ich las viel und wußte viel, aber ich tat mich nicht wichtig und war ein ziemlich umgänglicher Junge. Außerdem fanden die anderen, daß ich bei allen möglichen Konflikten in der Klasse und auf dem Schulhof immer eine gerechte Lösung fand, so daß ich manchmal als Schiedsrichter gerufen wurde. Und nach der Geschichte mit der Verfassung hatte ich in den Augen meiner Altersgenossen weitere Punkte gesammelt: ich hatte Charakter gezeigt, nicht nachgegeben und mich gegen die Lehrerin behauptet.

Zweitens begriff ich, als ich den ganzen Vorgang bedachte, im nachhinein, daß Rechtskategorien und -formeln nicht einfach ein intellektuelles Spiel sind. Sie haben eine konkrete soziale und politische Bedeutung, an ihnen entzünden sich die Emotionen der Öffentlichkeit.

Drittens schließlich war mir bewußt geworden, daß sich das Recht, wie überhaupt jedes humanwissenschaftliche Wissen, entweder gegen die gesellschaftliche Heuchelei behaupten muß oder aber ihr dient. An der Heuchelei und Grausamkeit unserer Gesellschaft zweifelte ich, wie auch die erdrückende Mehrheit meiner Altersgenossen, schon nicht mehr – obwohl die schrecklichen Einzelheiten des Stalinschen Regimes damals noch nicht sehr bekannt waren. Zunächst hatte ich, als Bücherwurm und «philosophierender» Halbwüchsiger, zur Wahl eines geisteswissenschaftlichen Berufs tendiert – Jurist oder Historiker. Nach dem Streit um die Verfassung war mir endgültig klargeworden, daß eine Karriere als Geisteswissenschaftler – und als Jurist und Historiker ganz besonders! – in unserem Land mit Heuchelei und der Prostitution des eigenen Gewissens verbunden sein würde. Ich glaube, diese Einsicht spielte eine wichtige Rolle bei meiner Entscheidung für die Naturwissenschaften und bestimmte damit meine Zukunft für die folgenden drei Jahrzehnte.

Ab und zu allerdings machte sich mein Temperament bemerkbar, und der Direktor mußte mich noch einmal aus der Affäre ziehen, als ich ein Jahr später, zu meiner eigenen Überraschung, zum Anstifter der kollektiven (!) Weigerung meiner Klasse wurde, zwangsweise eine freiwillige Anleihe zu zeichnen – eine Geschichte, die extrem unangenehme Folgen hätte haben können, wenn es dem Direktor nicht gelungen wäre, sie aufzufangen.

Was den Artikel 125 angeht, flammte meine Schuldiskussion mit Jelena Wassiljewna Ende der sechziger, Anfang der siebziger Jahre wieder auf. Auf verblüffende Weise wiederholte sich derselbe Streit mehrmals und wortwörtlich in den Gerichtsprozessen, in denen meine Mitdissidenten gerichtet wurden, und 1975 bei meinem eigenen Verfahren. Nur waren unsere Gegenüber nicht mehr Lehrer, sondern Staatsanwälte, und das Urteil sprach nicht der weise und tolerante Sergej Smirnow, sondern der Vorsitzende des Gerichts; unsere Noten schließlich bewegten sich nicht zwischen Fünf und Eins, sondern leider zwischen einem halben und sieben Jahren.

Die Lyssenko-Bande

Nachdem ich die Schule 1948 mit einer Silbermedaille abgeschlossen hatte, immatrikulierte ich mich im selben Jahr am Dritten Medizinischen Institut. Ich war eigentlich ein Kandidat für die Goldmedaille gewesen, aber im Abituraufsatz hatte ich etwas nicht ganz Linientreues geschrieben, und um Ärger zu vermeiden – die Aufsätze der Goldmedaillengewinner mußten «nach oben» geschickt werden –, hatte es die Schule bei Silber belassen. Obwohl ich weder von Medizin noch von Biologie eine Ahnung hatte, zogen mich diese Fächer irgendwie an. Eine praktische Tätigkeit als Arzt hatte ich nicht im Sinn, und entsprechend wechselte ich 1951 an die biologische Fakultät der Universität. Natürlich hatte ich mir, als ich in den oberen Klassen über meine Berufswahl nachdachte, Illusionen gemacht über das «Unpolitische» der reinen Wissenschaft. Eben im August 1948 war die berühmte Sitzungsperiode der Allunions-Akademie der Landwirtschaftlichen Wissenschaften, die zum Triumph der sogenannten Lyssenko-Bande wurde.

Trofim Lyssenko, ehemaliger Agronom, ein wenig gebildeter und prinzipienloser Karrierist, war schon in den dreißiger Jahren mit einer wütenden Kritik an einigen anerkannten Positionen der allgemeinen Biologie hervorgetreten. Besonders traf es die moderne Genetik, die er verächtlich «Weismann-Mendel-Morgan-Lehre» nannte. Er erklärte ihre Ergebnisse als «formal» und propagierte statt dessen die von ihm selbst erfundene «Mitschurin-Biologie» – deren Existenz der verstorbene Iwan Mitschurin, ein Selektionsspezialist und Autodidakt aus der Stadt Koslow, sich nicht hätte träumen lassen – und einen «wissenschaftlichen Darwinismus», angesichts dessen sich Darwin wohl im Grab umgedreht hätte. Lyssenkos «Theorie» war ein Gebräu aus lange veralteten Lehrmeinungen, Verweisen auf die Werke der Klassiker des Marxismus, Volksaberglaube und Schlußfolgerungen aus falsch angelegten oder widerlegten Experimenten auf dem Gebiet der Agro- und Zootechnik und der Zuchtwahl.

Scharlatane oder Fanatiker gibt es zu allen Zeiten und in allen Wissenschaftszweigen. Allerdings bot sich Lyssenko in der Sowjetunion der dreißiger und vierziger Jahre eine einmalige Chance, die er zu nutzen wußte: er konnte die Parteiführung von seiner Genialität überzeugen. Den ungebildeten und beschränkten Führern mußte der ebenso ungebildete Agronom imponieren, der ihnen erklären konnte, warum seine «Theorie» den Grundlagen des Marxismus entsprach und welche unerhörten und leichten Erfolge sie der sowjetischen Landwirtschaft in nächster Zukunft verhieß.

Die Erklärungen seiner Opponenten konnten gar nicht so verheißungsvoll sein (schließlich waren sie Spezialisten!), ihre Theorien basierten nicht auf Engels' «Dialektik der Natur», sondern auf Experimenten, und die praktische Umsetzung ihrer Empfehlungen erforderte Mühe und vor allem Zeit; Hinweise auf ihre internationale Erfahrung waren kontraproduktiv – in der Sowjetunion begann gerade die Kampagne des «Kampfs gegen den Kosmopolitismus und die Kriecherei vor dem Westen», der Bestätigung der «russischen Überlegenheit» auf allen Gebieten der geistigen Tätigkeit.

Unter der Oberaufsicht der Partei über die Wissenschaft war der Sieg Lyssenkos unausweichlich. Direkte Folge waren die Zerschlagung von genetischen Forschungsabteilungen, die Schließung oder Umwidmung von Lehrstühlen an den Hochschulen, die massenhafte Entlassung seriöser Forscher und die Verhaftung einiger bedeutender Gelehrter, die ihrer «bürgerlichen Pseudowissenschaft» die Treue hielten. Das Schicksal der Biologie – vor allem der Genetik – und auch der theoretischen Grundlagen der Landwirtschaft wurde vollständig in die Hände Lyssenkos und seiner Spießgesellen gelegt. Weniger unmittelbare Folgen waren der katastrophale Niedergang der sowjetischen Landwirtschaft und ein Rückstand der sowjetischen Wissenschaft gegenüber ihrer internationalen Konkurrenz um zwei oder drei Jahrzehnte.

1948, im Jahr als der «Kampf gegen den Kosmospolitismus» begann, der insbesondere die Bestätigung des sowjetischen Vorsprungs gegenüber dem Westen auf allen Gebieten der Wissenschaft und Technik forderte, kam es zu dem berühmten Skandal um die Professoren Roskin und Kljujewa, die an unserem Dritten Medizinischen Institut gearbeitet hatten, zum sogenannten Ehrengericht. Wassilij Wassiljewitsch Parin, Physiologe und frisch ernannter Minister für Gesundheitswesen, war auf Dienstreise in den USA. Und dort stach ihn der Hafer, er erzählte von den neuen interessanten Ergebnissen von Roskin und Kljujewa. Sie hatten entdeckt, daß Krebszellen unter der Einwirkung der Stoffwechselprodukte eines Trypanosomas degenerieren. Die Amerikaner interessierten sich lebhaft dafür und baten um einen Artikel für eine wissenschaftliche Zeitschrift. Parin fragte vorschriftsmäßig beim Außenministerium an, das Außenministerium gab seine Zustimmung, der Artikel wurde an die Zeitschrift gegeben und sofort publiziert. Und dann kam aus dem Außenministerium ein neues Telegramm: auf keinen Fall irgendwelche Materialien übergeben. Das ist ja ein neues Krebsmittel – und wir verraten es den Amerikanern! Aber es war schon zu spät. Und wer war schuld? Natürlich Parin.

Wassilij Wassiljewitsch erzählte später, daß es aus diesem Anlaß eine Sondersitzung im Kreml gab. Stalin saß schweigend im Sessel. Irgend jemand merkte schüchtern an: Aber das Außenministerium hat es ihm doch gestattet. Und Molotow bestätigte, ja, Jossif Wissarionowitsch, das war unser Fehler, wir haben übereilt gehandelt. Der Mann im Sessel verfiel in Nachdenken, dann sagte er: «Egal – ich traue ihm nicht.» Und so wurde der Akademiker Parin ins Wladimirer Gefängnis transportiert, das er erst nach dem Tod des Führers wieder verließ.

Über Roskin und Kljujewa wurde das erwähnte «Ehrengericht» gehalten; doch hatte es wohl keine besonderen Folgen. Nur bekam der herausragende Hystologe Roskin, der an der Universität einen Lehrstuhl innehatte, den bekannten Schurken Studitskij vor die Nase gesetzt – den Autor des berühmten, 1948 in der «Prawda» erschienenen Artikels «Fliegenliebhaber und Menschenhasser», über die Weismann-Anhänger in der Genetik.

Alles in allem machte dieser gesamte Kampf gegen den Kosmopolitismus auf mich und die Mehrzahl der Studenten einen verheerenden Eindruck. Erstens roch er schon damals hundert Werst gegen den Wind nach Antisemitismus – und das konnte ich partout nicht ausstehen. Weder in der Familie noch auf unserem Hof, noch in der Schule hatte ich so etwas kennengelernt. Aber mehr noch als der Antisemitismus erzürnte mich der Versuch, die Russen zu isolieren, sie über andere Völker zu erheben, Rußland gegen den Rest der Welt zu stellen. Damals wohl wurde mir zum ersten Mal meine tiefe Abneigung gegen den Patriotismus bewußt, nicht nur als Podlipkiner Widerwille gegen tönende Phrasen, sondern als Widerwille gegen diese gesamte Wertehierarchie. So daß sich meine heutigen patriotischen Opponenten gar nicht die Mühe machen müssen, mir Antipatriotismus nachzuweisen: ich habe ihn niemals verleugnet.

Als das Dritte Medizinische Institut 1950 nach Rjasan verlegt wurde, blieb ich als «Familienvater» – ich war bereits verheiratet – in Moskau und kam ans Erste Medizinische Institut. Dort studierte ich nur ein Jahr. Ich wußte schon ein wenig genauer, was mich an der Wissenschaft interessierte – zumindest war klar, daß es mit der Physiologie zu tun hatte, mit jenen Methoden, die später die Bezeichnung Biophysik erhielten. Schon vor meinem Wechsel zur Universität besuchte ich dort eine Spezialvorlesung meines künftigen Lehrers Michail Jegorowitsch Udelnow. Später sagte ein anderer hervorragender Gelehrter, Nikolaj Dmitrijewitsch Njuberg, das Arbeiten im Bereich der exakten Wissenschaften sei wie Löcherbohren in Eisen – es ist schwierig und mühsam, aber das Loch bleibt. Die Biologie dagegen sei wie Löcherbohren in Pudding. Man kann ihn mit dem Finger durchstoßen, aber man hat nicht viel davon; zieht man den Finger raus, ist auch das Loch verschwunden. Leider paßte diese Bemerkung Njubergs nicht nur auf Lyssenkos «Mitschurin-Biologie», sondern auch auf viele andere sowjetische wissenschaftliche Schulen, die an denselben Mängeln litten – spekulativer Haltung und Ferne vom Experiment, verkauft als Breite des Ansatzes. Im Ausland erarbeitete sich die Biologie gerade damals sehr rasch die Methodologie der exakten Wissenschaften; wir aber, nicht nur die Studenten, auch die Professoren, hatten davon keine Ahnung – wir lebten wie Robinson Crusoe auf einer unbewohnten Insel.

Ich hatte also den Eindruck, daß man an der Universität am Lehrstuhl für Physiologie herauszubekommen versucht, wie man Löcher in Eisen bohrt. Die Zeit hat gezeigt, daß ich mit meiner Wahl in vielem richtig lag.

Aber es gab einen weiteren, heimlichen Grund, weshalb ich mich nicht mehr wohl fühlte am Ersten Medizinischen Institut. Es ist wohl die peinlichste Geschichte in meinem Leben, und ich spreche nicht gern davon – aber hier muß ich es tun.

In unserem Studienjahr war ein Student Arkadij Rogow, ehemaliger Pilot und Frontkämpfer, der bei Kriegsende wegen irgendeines fliegerischen Leichtsinns im Strafbataillon gedient hatte. Sein Vater war mal Diplomat gewesen, mal Mitarbeiter des Außenhandels; Arkadij selbst war in Amerika geboren und hatte seine Kindheit dort verbracht. Sein Vater war später in Ungnade gefallen und gestorben; Arkadij und seine Mutter lebten in einer riesigen, aus besseren Zeiten übriggebliebenen Wohnung nicht weit von Krasnye Worota. Sie lebten in sehr beengten finanziellen Verhältnissen bzw. waren schlicht arm. Um sich und seine

Mutter zu ernähren, arbeitete Arkadij nachts als Sanitäter bei der «Ersten Hilfe», am Tag besuchte er die Lehrveranstaltungen am Institut.

Die Komsomol-Aktivisten im Institut hatten Rogow auf dem Kieker: der Sohn eines eindeutig in Ungnade gefallenen Vaters, in Amerika geboren, zum Strafbataillon versetzt – kurz, eine Biographie, die nicht gerade politisches Vertrauen einflößt. Übrigens waren der Komsomolzen-Enthusiasmus und die patriotische Gesinnung am Ersten Medizinischen Institut sehr viel stärker ausgeprägt als am Dritten; entsprechend war auch die Wachsamkeit erheblich größer. Ich weiß eigentlich nicht, woran das lag; vielleicht einfach daran, daß das Erste Medizinische mehr Prestige hatte. Jedenfalls kamen so offene Gespräche, wie ich sie von meinem früheren Institut kannte, am Ersten Medizinischen fast nicht vor.

Und nun wollten sie dem Komsomolzen Rogow eine gesellschaftliche Verpflichtung aufbürden: sie bestimmten ihn zum Agitator (oder es ging um irgendwelche Wahlen). Er lehnte natürlich ab; wann sollte er von Haus zu Haus gehen? Tagsüber studierte er, nachts arbeitete er; und schlafen mußte er schließlich auch. Unsere Aktivisten machten Druck: du bist Komsomolze, du mußt. Du bist überhaupt politisch so passiv. Ein Wort gab das andere, schließlich ging Arkadij hoch. «Laßt mich in Ruhe mit eurem Komsomol!» Und schmiß seinen Komsomol-Ausweis auf den Tisch.

Vernünftige Leute hätten natürlich versucht, ihn zu beruhigen: Bist du verrückt geworden, nimm sofort deinen Mitgliedsausweis zurück, wir haben nichts gesehen und nichts gehört. Übrigens hätten vernünftige Leute auch niemanden unter Druck gesetzt, der am Tag studiert und in der Nacht arbeitet.

Aber unsere wachsamen Schufte bliesen all das zu einer unwahrscheinlichen Geschichte auf: Arkadijs politische Passivität fiel ihnen ein, daß er in der Vorlesung zur Politökonomie des

Sozialismus eingeschlafen war und noch irgendein Quatsch. Sie trieben das Ganze bis zur Frage des Ausschlusses aus dem Komsomol. Und was das bedeutete, war klar: automatischer Verweis vom Institut, und zwar mit einer Bemerkung über schlechte Führung. Aus der Traum von der höheren Bildung, aus der Traum vom Arztberuf.

Für mich hörte sich das alles ziemlich niederträchtig an; und ich beschloß, mich auf der Komsomol-Versammlung unserer Gruppe für Arkadij einzusetzen. Ich habe mich auch zu Wort gemeldet, sogar mehrmals. Und ich sagte etwas in der Art, den Komsomol-Ausweis hinzuschmeißen, das ist natürlich schlimm; aber er ist doch ein aufbrausender Mensch, er hat schwierige Lebensumstände, er ist der einzige Student in der Gruppe, der in der medizinischen Praxis steht, er arbeitet als Sanitäter. All das sollten wir bedenken und keine extremen Maßnahmen ergreifen. Ein Mädchen aus unserer Gruppe trat auch für ihn ein, Rina Andrejewa, sie wurde später Arkadijs Frau.

Die Versammlung zog sich lange hin, mehrere Stunden, aber schließlich war der Moment der Abstimmung gekommen. Der Komsomol-Organisator stellte die Frage nach Rogows Ausschluß. Und alle hoben die Hand – dafür. Ich selbst, wie hypnotisiert, langsam und zögernd – hob sie auch.

Ich kann bis heute nicht verstehen, was mich eigentlich dazu veranlaßte. Ganz bestimmt nicht Feigheit, nicht Angst vor den Folgen im Komsomol oder vor irgendwelchen anderen Strafen. Vielleicht war es etwas Schlimmeres als Feigheit – der Herdentrieb, die Angst, allein dazustehen? Ich weiß es nicht; ich weiß nur, daß ich mich fünf Sekunden später hundeelend fühlte – jetzt hat sich gezeigt, was für einer ich bin! Und noch heute fühle ich mich, wenn ich an die Geschichte zurückdenke, ganz genau so wie damals.

Übrigens, nicht alle hoben die Hand. Rina Andrejewa – als einzige! – stimmte dagegen.

Insgesamt endete das Ganze glimpflich. Ich sprach mit einem Mitglied des Komsomol-Komitees aus unserem Studienjahr, Alik Syrkin – heute ein bekannter Moskauer Kardiologe –, versuchte, ihm die Situation zu erklären, und bedauerte mein eigenes peinliches Verhalten. Alik bereitete die nächste Versammlung unseres gesamten Studienjahrs vor und sorgte dafür, daß Arkadijs Ausschluß durch andere, weniger harte Verweise ersetzt wurde. Arkadij selbst hatte sonderbarerweise nur mein Eintreten zu seiner Verteidigung bemerkt und gar nicht beachtet, wie ich gestimmt hatte. Er sagte sogar, er wäre mir dankbar. Er ist später Arzt geworden, und wie man mir sagt, ein guter.

Aber ich mochte nach dieser ganzen Geschichte irgendwie nicht mehr am Institut bleiben.

1951, als ich zur Universität überwechselte, hatten sich die Biologen allmählich von dem Schock erholt, den der Triumph Lyssenkos bewirkt hatte. Nach und nach hatten sie Nischen gefunden, wo sie sich, ohne sich auf eine direkte Diskussion mit dem offiziell unterstützten Irrsinn einzulassen und sogar gedeckt durch oberflächliche Komplimente an diesen Irrsinn, ihren eigentlichen Aufgaben widmen konnten.

Diese Anpasserhaltung, zu der nicht nur die Biologen, sondern praktisch die gesamte Intelligenz genötigt war, ist die Intelligenz selbst wie auch das ganze Land teuer zu stehen gekommen. Aber das zeigte sich erst sehr viel später.

Sofort nach der Sitzungsperiode der Akademie der Landwirtschaft wurde Lyssenkos rechte Hand Present, ein Ideologe, der die «Mitschurin-Biologie» mit einem marxistischen Ornament geschmückt hatte, zum Dekan der biologischen Fakultät ernannt. Zum Glück saß er nicht lange auf diesem Posten; doch ist ihm, im Zuge der Verfolgung der «Morganisten», die Zerschlagung zahlreicher Lehrstühle und Forschungsabteilungen zu verdanken. Mit besonderer Lust beteiligte er sich an jeder politisch gefärbten Inquisition.

So war zum Beispiel noch vor meiner Zeit unter den Zoologiestudenten plötzlich eine «Geheimgesellschaft» entdeckt worden, eine harmlose Studentenclique, die sich amüsierte, Wodka trank und irgendwann eine «Gesellschaft zum Schutz der Reptilien» gegründet hatte. Die Initiatoren begeisterten sich für die Erforschung der Kriechtiere. Unerwartet hielt Present auf einer Versammlung eine vernichtende Rede: «Wen wollen sie schützen? Die Reptilien. Vor wem? Natürlich vor dem Menschen. Vor welchem Menschen? Natürlich vor dem sowjetischen. Da versammeln sich also sowjetische Studenten, um die Reptilien vor den sowjetischen Menschen zu schützen!»

Das alles war dermaßen komisch, daß es selbst in jenen Jahren keine ernsthaften Konsequenzen hatte. Soweit ich weiß, mußte niemand die Universität verlassen.

Noch eine andere Studentengeschichte machte an der biologischen Fakultät Furore, an sich nicht weniger harmlos, jedoch mit ganz anderen Konsequenzen. Eine Freundesclique von Studentinnen und Studenten leisteten einander eine Art Treueschwur auf die Ideale ihrer Jugend; eine Art kollektives Gelübde auf den Sperlingsbergen, allerdings ohne jede politische Färbung. Einer der Beteiligten jedoch, Jurka, kriegte es mit der Angst zu tun und erzählte seinem Vater davon. Der Vater, Professor an derselben biologischen Fakultät und bereits von den Lyssenko-Säuberungen betroffen, bekam noch größere Angst: er, Professor, war ohnehin kompromittiert, und jetzt war auch noch der eigene Sohn an der eigenen Fakultät in einen geheimen Freundschaftsbund geraten. Beide – Vater und Sohn – schrieben eine Erklärung etwa folgenden Inhalts an das Parteikomitee: Unter den Studenten bestehe eine verdächtige Clique, die sich, ohne Wissen des Komsomol und der Gesellschaft, Freundschaft bis ans Ende ihres Lebens geschworen habe. Und diese jungen Leute wurden tatsächlich ausgeschlossen, sowohl aus dem Komsomol als auch aus der Universität!

Ich habe später eine Zeitlang mit diesem Jurka zusammengearbeitet. Er litt, das muß ich sagen, unter seinem Schritt, um so mehr, als unter den Ausgeschlossenen ein Mädchen war, in das er verliebt war; sie hatte ihn auch in diese Clique eingeführt. Aber er rechtfertigte sich auch: wenn nicht er und sein Vater, dann hätte mit Sicherheit jemand anders die Denunziation geschrieben. Und wer weiß, was der sich dann ausgedacht hätte. Außerdem war der Vater in einer schwierigen Situation: er war ein ehrlicher Wissenschaftler, und diese Schufte von Lyssenko-Anhängern warteten nur darauf, ihm irgend etwas anzuhängen. Also haben wir mit unserer Erklärung die Wissenschaft vor Scharlatanen geschützt. Ich mußte mich später in meinem Leben mit unterschiedlichen Varianten dieser Rechtfertigungslogik auseinandersetzen, Gott sei Dank nicht allzu oft. Im großen ganzen hatte ich Glück mit den Menschen.

Trotzdem, ungeachtet all dieser Geschichten, gefiel mir die Atmosphäre an der Universität. Zumindest nach außen erschien sie unvergleichlich freier und demokratischer als am Ersten Medizinischen Institut. Die Zugänglichkeit der Professoren, ihre Offenheit für den Kontakt, ein gewisser Geist der Gleichheit vor der Wissenschaft – all das stand in scharfem Kontrast zur deutlich hierarchischen Struktur der medizinischen Welt. Bei genauerer Prüfung war diese Freiheit nichts mehr als ein Tribut an die akademische Tradition; auch hier, wie überall, herrschte Konkurrenz und wurden Intrigen gesponnen. Aber das begriff ich erst später, anfangs genoß ich die Zwanglosigkeit des Kontakts, die unter den Medizinern undenkbar war.

Die universitäre Freiheit erstreckte sich nicht nur auf wissenschaftliche Themen; an den Lehrstühlen und in den Forschungsabteilungen redeten wir – einige Professoren eingeschlossen – miteinander über fast alles. Allerdings vermieden wir direkte politische Gespräche, besonders in Gegenwart Fremder – die Zeit war doch sehr ungeeignet dafür.

Was die Wissenschaft als solche betrifft, so waren zwei Lehrstühle – für Darwinismus und für Genetik – praktisch vollständig zerschlagen. Dort lehrte kein einziger Professor mehr, der schon vor der «Mitschurin»-Sitzung der Akademie der Landwirtschaft im August 1948 dort gearbeitet hatte. Ein dritter Lehrstuhl – für Entwicklungsdynamik – war einfach aufgelöst worden. Viele Lehrstühle hatten eine Säuberung erlebt. Aber bei den Wissenschaftsgebieten, die nicht direkt mit den geächteten zu tun hatten, ging es gelassener zu.

Alles in allem begann Anfang der fünfziger Jahre, besonders nach dem Tod Stalins, an der biologischen Fakultät die Zeit des Wundenleckens und einer vorsichtigen Wiederaufnahme einer vernünftigen wissenschaftlichen Arbeit.

Begegnung mit dem KGB

Ich war im vierten Studienjahr, als Stalin starb. Ich weiß noch, an dem Tag, als sein Körper im Säulensaal des Kreml aufgebahrt wurde, luden mich die Mädchen aus meinem Kurs ein, mitzukommen, um Abschied vom Führer zu nehmen. Ich hatte gerade etwas völlig anderes vor: mein Freund Wanja Rodionow hatte mir von einem herrenlosen Hund erzählt, der in der Tierpolyklinik eingeschläfert werden sollte. Mir tat der Hund schrecklich leid, und ich wollte ihn zu mir nach Podlipkij nehmen. Als die verweinten Mädchen mir vorschlugen, mich ihnen anzuschließen, war ich gerade auf dem Weg ins Vivarium, um den Hund zu holen, was ich ihnen auch ehrlich sagte. Es trat ein peinliches Schweigen ein; mir war klar, daß ich etwas hochgradig Unpassendes gesagt hatte, und ich fügte verwirrt hinzu: «Besser ein lebender Hund als ein toter Löwe.» Und dann merkte ich, daß ich mich endgültig unmöglich gemacht hatte. Zum Glück hatte dieser Vorfall keine Konsequenzen.

Über meinen Freund Ljowa Tschajlachjan jedoch (heute ist er korrespondierendes Mitglied der Akademie und Direktor des Instituts für Biophysik) wurde ernstlich debattiert: Er hatte die Unvorsichtigkeit besessen, sich laut für die Gründe zu interessieren, warum Mao Tse-tung nicht an Stalins Beisetzung teilgenommen hatte. Was sind das für Fragen, die sich unsere jungen Mitarbeiter zu stellen erlauben? Wer sind sie denn – vielleicht das Politbüro? Genosse Mao Tse-tung weiß selbst, wann und wohin er fahren muß oder nicht!

An sich erschütterte mich der Tod Stalins keineswegs. Nicht, daß ich für ihn persönlich eine besondere Feindschaft gehegt hätte; nur war mein unbestimmt skeptisches Verhältnis zum offiziellen Dogma zu dieser Zeit schon zur bewußten Ablehnung des gesamten Systems geworden. Und natürlich konnte ich seine Führer nicht achten und lieben; das galt übrigens nicht nur für Stalin, sondern schon für Lenin.

Wie komisch auch immer das war, aber eine große Rolle für die Entstehung meines kritischen Verhältnisses zum sowjetischen System spielte mein neues sportliches Hobby, die Jagd, die die jugendliche Begeisterung für das Boxen – in meiner frühen Jugend hatte ich viel geboxt und war sogar Gebiets-Champion im Federgewicht geworden – abgelöst hatte. Zum Jagen fuhr ich mit meinem Lehrer, Michail Udelnow, in seine Heimat, in den Rayon Wesjegonsk im Gebiet Kalinin, an der Grenze zu den Gebieten Jaroslawl und Wologda. Früher floß in dieser Gegend die Mologa, kurz vor dem Krieg jedoch breitete sich dort der Rybinsker Stausee aus, der fruchtbare Böden und Wälder und die berühmten Wologdaer Wiesen überschwemmte. Dort sah ich mit eigenen Augen, was man mit dem russischen Dorf gemacht hatte. Als ich von den Bauern die schrecklichen Kollektivierungsgeschichten hörte, als ich die Armut der Kolchosen und die Zerstörung der Landwirtschaft sah, verstand ich, daß die Partei als Ganze, noch ehe Stalin seine Parteigenossen vernichtete, erheblich größere Verbrechen gegen das ganze Volk begangen hat. Mehr noch, vieles erzählte uns Udelnow selbst, der aus einer Bauernfamilie stammte. Im engen Kreis am Lehrstuhl erörterten wir all diese Fragen ziemlich frei. Einige widersprachen übrigens heftig, verteidigten die Regierung und griffen uns Kritikaster an; aber der Gedanke an Denunziation kam niemandem – weder uns noch unseren Diskussionspartnern – auch nur in den Sinn.

Natürlich waren wir alle erschüttert und schockiert von der angeblichen Verschwörung der Kreml-Ärzte, die 1953 beschuldigt wurden, hohe Sowjetführer ermorden zu wollen. Sie gaben den Auftakt zu willkürlichen antisemitischen Kampagnen. Dieser ganze Irrsinn, der in den Zeitungen publiziert wurde, war derart unwahrscheinlich, daß selbst die Orthodoxen in unserem Studienjahr nicht daran glaubten. Wir Physiologen kannten die Moskauer Medizinergesellschaft gut; die Verhaftungen und anschließenden massenhaften Entlassungen von jüdischen Ärzten betrafen Leute, mit denen wir wenn nicht persönlich, so über ein, zwei Ecken bekannt waren. Das war schon etwas anderes als der Terror von 1937, von dem man gerüchteweise wußte; das hier war gleich nebenan, vor unseren Augen.

Darum war ich nach Stalins Tod, anders als einige meiner Freunde, die befürchteten, nun werde alles noch schlechter, optimistisch: schlimmer konnte es nicht kommen.

Die Freilassung der Ärzte und die Verhaftung Rjumins, der die Ermittlungen gegen sie geführt hatte, bestätigten mich. Bald folgte auch der Sturz des NKWD-Chefs Berija selbst. Natürlich glaubte ich die Beschuldigung nicht, daß er ein englischer Spion war. Aber damals sahen wir seine Verhaftung und Hinrichtung nicht als faktische Selbstjustiz, sondern als Eliminierung einer der widerwärtigsten Stützen des früheren Regimes, als Versuch, das System irgendwie zu modernisieren, indem man seine häßlichsten und blutigsten Erscheinungen entfernte. Die Frage, ob man Gesetzlosigkeit mit Hilfe von Gesetzlosigkeit bekämpfen kann, stellte sich mir gar nicht. Das zeigt, wie fern ich und wir alle damals von einem Rechtsbewußtsein waren. 1993 hätte ich mich, wenn man Ruzkoj oder Chasbulatow der Spionage für China beschuldigt hätte, sicherlich energisch für sie eingesetzt, bei all meiner politischen Antipathie für beide Figuren.

Mein Eindruck, daß die neuen Führer Reformen einleiten würden, verstärkte sich, als für die Bauern Ende 1953 einige Erleichterungen geschaffen wurden – die Aufhebung des ungeheuerlichen Steuersystems, die Erlaubnis, in den Dörfern Brot zu verkaufen – und später durch die Enthüllungen Chruschtschows auf dem 20. Parteitag. Wesentlich schien mir nicht der Inhalt von Chruschtschows Rede – alles in allem war sie für mich keine Eröffnung –, sondern das Faktum der Enthüllungen selbst. Die Frage war, wie weit die Macht zu gehen bereit war. Ich selbst glaubte wohl bis zu den ungarischen Ereignissen im Herbst 1956 an die konsequente Modernisierung unseres politischen Lebens.

Aus der biologischen Wissenschaft traten die widerwärtigsten Figuren ab. Lyssenkos Position jedoch blieb paradoxerweise unangefochten, und die wissenschaftliche («Weismann-Mendel-Morgan»-)Genetik galt offiziell weiter als bürgerliche Pseudowissenschaft.

In dieser sich verändernden Situation versuchte ich mich zum erstenmal auf dem sogenannten gesellschaftlichen Gebiet. Wir, einige Doktoranden an der biologischen Fakultät – ich hatte mein Studium 1954 abgeschlossen und arbeitete als Laborant am Lehrstuhl für Biophysik, 1956 hatte ich gerade meine Aspirantur begonnen – saßen öfter zusammen und sagten uns: «Kinder, wir müssen etwas tun. Es ist doch eine Schande, daß bis heute in der Genetikvorlesung der Name Mendel nicht einmal erwähnt werden darf. Die Zeiten haben sich geändert, und wir sitzen noch immer da und schweigen.» Schließlich beschlossen wir, einen Brief ans Dekanat zu schreiben. Den Entwurf sollten Ljowka Tschajlachjan und ich machen. Wir fuhren zu mir nach Podlipkij, und am nächsten Morgen kamen wir mit einem Text folgenden Inhalts wieder: Wir jungen Wissenschaftler sind der Ansicht, daß das wissenschaftliche Denken frei von Dogmatismus sein, sich auf Fakten gründen und sich in einer freien wissenschaftlichen Diskussion bilden muß. Leider werden in den Genetikvorlesungen, die an der biologischen Fakultät der Moskauer Staatsuniversität gehalten werden, nur die Ideen einer einzigen Schule scholastisch gelehrt, und alle anderen weltweit vertretenen Richtungen ohne Begründung als reaktionär, pseudowissenschaftlich und formal bezeichnet. Wir stehen als Wissenschaftler erst am Anfang, wir wissen vieles nicht und halten es durchaus für möglich, daß all das tatsächlich zutrifft und daß die Ideen und Methoden Trofim Lyssenkos die fortschrittlichsten und einzig richtigen sind. Aber in der Vorlesung werden keinerlei Beweise für diese Behauptungen angeführt. Darum bitten wir das Dekanat um eine grundlegende Überarbeitung der Lehrveranstaltungen zur Genetik, damit Studenten und Doktoranden die Möglichkeit haben, sich mit der Logik der wissenschaftlichen Forschung und der wissenschaftlichen Diskussion und mit dem Kampf der unterschiedlichen Theorien und Schulen in der modernen Biologie bekannt zu machen.

Den Brief hatten 80 oder 100 Personen unterschrieben, als er auf geheimnisvolle Weise verschwand und erst in den Händen eines Dozenten namens Sidorenko wiederauftauchte, der ihn sofort ins Parteibüro trug. Und dann ging der Zauber los: erst wurden alle Unterzeichner durch das sogenannte «Dreieck» – Parteikomitee, Gewerkschaftskomitee, Verwaltung – des entsprechenden Lehrstuhls geschleust, wo, mal durch Überredung, mal mit einer inhaltlichen Diskussion und mal auch durch Einschüchterung, auf die jungen Leute eingewirkt wurde. Man versuchte herauszufinden: Steckt dahinter nicht irgendein Genetiker der «formalen Schule»? Stehen die jungen Leute nicht unter dem Einfluß bestimmter Mathematiker und Physiker?

Alexej Andrejewitsch Ljapunow, ein bekannter Mathematiker, später korrespondierendes Mitglied, veranstaltete in seiner Wohnung eine Art Privatseminar über Biologie, und darauf reagierten unsere Lyssenko-Leute schrecklich gereizt. Nach der Bearbeitung im «Dreieck» zog die Mehrzahl der Unterzeichner ihre Unterschriften zurück. Schließlich waren wir noch 10 bis 15 Personen.

Dann folgte an der Fakultät eine öffentliche Komsomol-Versammlung, auf der erklärt wurde, unser Brief enthalte unreife und sogar politisch schädliche Urteile, die die Errungenschaften der sowjetischen Wissenschaft in Zweifel ziehen. Formale Konsequenzen gab es allerdings nicht; mehr noch, über die Bewertung des Briefes wurde nicht einmal abgestimmt. Und das aus guten Gründen: Damals war es vollkommen ungewiß, wie die Fakultät stimmen würde.

Für mich persönlich aber hatte die Geschichte noch ein weiteres Nachspiel.

Im Frühjahr 1957 bat man mich in die Spezialabteilung, wo meine erste Begegnung mit einem Mitarbeiter des KGB stattfand. Nach einer höflichen Vorstellung begann der junge, etwa dreißigjährige Mann ein banales Gespräch: Ist Ihr Sohn gesund? Wanja war damals zwei Jahre alt. Wann wollen Sie wieder an die Mologa zur Jagd? Ist es lange her, seit Sie Michail Christoforowitsch, den Vater von Ljowa Tschajlachjan, gesehen haben? Kurz, er zeigte eine detaillierte Kenntnis meiner Gewohnheiten, Bekanntschaften und familiären Umstände. Später erfuhr ich, daß das ein üblicher und alter Gendarmentrick ist: dem Gesprächspartner beiläufig zu verstehen zu geben, daß man alles über ihn weiß und Leugnen zwecklos ist.

Zur Sache kommend, drückte mein Tschekist seine Sorge darüber aus, daß an der biologischen Fakultät streng geheime Informationen kursierten, wann und wo der Test neuer Raketen stattfinden werde. Unser wichtigstes Raketen-Konstruktionsbüro steht ja in Podlipkij. Und in Podlipkij wohnt, außer Ihnen, Sergej Adamowitsch, niemand von der biologischen Fakultät.

Ich protestierte, ich hätte keine Ahnung, wo die Raketen getestet werden, und was die Testzeiten betrifft, so gebe sie die BBC jedesmal vorher bekannt. Daß schließlich die Motoren mitten in Podlipkij getestet werden, weiß dort jeder Hund – über der ganzen Stadt hängt eine braune Wolke Stickstoffoxyde. «Wie, Sie hören ausländische Sender?» – «Das kommt schon mal vor.» Ich war so wütend über das idiotische Thema, das eindeutig als Zündstoff gewählt worden war, daß ich sogar für einen Moment alle Angst verlor.

Das nächste Thema, Gespräche an der Fakultät über die ungarischen Ereignisse, erschreckte mich wieder. Ich hatte mich daran beteiligt, sogar mit Ausländern darüber gesprochen, einem polnischen und einem ungarischen Doktoranden. Zu meiner Schande muß ich sagen, daß mir gleich ein gemeiner Gedanke durch den Kopf schoß – hatte Andrzej mich etwa denunziert? Andrzej vertrat in unseren Gesprächen einen gemäßigteren Standpunkt als ich: er befürchtete, die Folge des niedergeschlagenen Budapester Aufstands könne ein «Anziehen der Schrauben» in ganz Osteuropa sein; außerdem dürfe man selbst Kommunisten nicht an Laternen aufknüpfen. Hierin war ich mit ihm einer Meinung, obwohl ich fand, daß die Exzesse der Selbstjustiz die blutigen Begleiter jedes Aufstands sind, um so mehr gegen jene, die selbst die Gesellschaft über Jahrzehnte an Blut gewöhnt haben. Letztendlich, meinte ich, ernten sie die Früchte der eigenen Lehre.

Interessanterweise beteiligten sich an diesen Gesprächen auch unsere Orthodoxen; Serjoschka Konjew, Wolodja Siks, Karl Kolontarow und auch andere beschimpften mich und meine radikalen Ansichten – aber es kam mir nicht in den Sinn, irgendeinen von ihnen zu verdächtigen. Man vertraut natürlich alten Freunden immer mehr als lockeren Bekanntschaften; aber ich fürchte, auf der unbewußten Ebene spielte auch die von mir so verachtete Propaganda eine Rolle – so lange Jahre hatte man uns Mißtrauen gegenüber Ausländern gepredigt! Später fiel mir ein, und sofort verspürte ich eine schändliche Übelkeit, wie ich einmal in einem Gespräch mit demselben Serjoschka und Karl Kolontarow über Lenin hergezogen war; und hinter der Trennwand stand ein Mädchen, dem wir nicht trauten, im Fotolabor... Nun gut, ich war schrecklich erschrocken und stellte mich nach Kräften dumm.

«Haben Sie über die Ereignisse in Ungarn gesprochen?» – «Ja.» – «Mit wem?» – «Ich weiß nicht mehr.» – «Und was haben Sie nicht verstanden?» – «Nun», sagte ich, «die Gründe für den Aufstand.» – «Aber es gab doch Erläuterungen in den Zeitungen», sagte er. «Als die Erläuterungen erschienen, wurden sie mir auch klar.» – «Und worüber haben Sie sich dann unterhalten?» – «Über diese Erläuterungen haben wir uns unterhalten.» Und so weiter.

Wahrscheinlich lag ihnen zu diesem Thema nichts Konkretes über mich vor, und mein Gesprächspartner probierte es einfach – wer hat damals nicht über die ungarischen Ereignisse gesprochen? Das nächste Thema war der Brief ans Dekanat: Wer hat ihn geschrieben, warum, wer hat dazu geraten etc.

Jetzt hatte ich es leichter; zu verbergen war eigentlich nichts. Also, Lewon und ich haben ihn geschrieben; das ist unsere Meinung, darum haben wir ihn geschrieben. Wer wollte, hat unterschrieben, wer nicht wollte, nicht. Das ist doch nicht verboten?

Dann nahm das Gespräch plötzlich eine Wende. Sie müssen verstehen, Sergej Adamowitsch, die Zeiten haben sich natürlich gewandelt, heute haben wir eine ganz bemerkenswerte Zeit; aber wissen Sie, die Jugend ist ein hitziges Völkchen, und manche Gespräche können weitab führen. Wir müssen solchen gefährlichen Tendenzen rechtzeitig vorbeugen, und dazu müssen wir wissen, worüber an der Fakultät gesprochen wird, wer redet und mit wem. Sie sind ein kommunikativer Mensch, Sie haben viele Bekannte, Ihnen vertraut man. Es wäre sehr nützlich, wenn wir uns ab und zu treffen könnten und Sie uns auf dem laufenden hielten über die Gespräche an der Fakultät.

Natürlich war das das wahre Ziel unserer Begegnung.

Ich antwortete, ich sei gar kein so kommunikativer Mensch, eher ein verschlossener, schweigsamer und düsterer Typ, ich hätte ein schlechtes Gedächtnis für Personen und Gespräche, sei zerstreut und bringe alles durcheinander, und ich würde, wenn ich plötzlich von irgendwelchen terroristischen oder Spionageplänen hörte, von mir aus zu ihnen kommen. Und so weiter. Dabei zitterte ich wie ein Espenblatt. Auch als ich mich von meinem Tschekisten verabschiedet hatte, zitterte ich weiter. Ich rannte zu Ljowka, rief ihn «zum Reden» auf die Straße und gab ihm die ganze Unterhaltung wieder, wobei mich jedes Rascheln in den Büschen zusammenzucken ließ. Wovor ich damals solche Angst hatte, weiß ich heute selbst nicht mehr. Ein Freund von mir, der Maler Grischka Derwis, hatte, als sie ihn etwa zur gleichen Zeit anzuwerben versuchten, höhnisch geantwortet: «Gebt mir einen Trommelrevolver, dann mach ich es!» Sie ließen ihn sofort in Ruhe. Mich aber riefen sie noch vielleicht zweimal zum Gespräch, bis sie endgültig aufgaben.

Der Angriff auf die Denkverbote

1959 war meine Aspirantur zu Ende. Wegen wissenschaftlicher Meinungsverschiedenheiten mit meinem Betreuer Michail Udelnow verteidigte ich meine Dissertation nicht. Wie wir, seine Schüler, strebte Udelnow nach Genauigkeit und Strenge der wissenschaftlichen Methoden; aber trotzdem blieb er in gewisser Hinsicht ein Physiologe der alten Schule, und unsere Vorstellungen von methodischer Strenge gingen merklich auseinander. Ich verließ die biologische Fakultät, schlug mich einige Monate mit Gelegenheitsarbeiten durch, und schließlich brachte mich jemand zu Israil Moissejewitsch Gelfand. Gelfand, ein international bekannter Mathematiker, interessierte sich damals ernsthaft für die Biologie. Er veranstaltete ein Seminar zur Physiologie und bald auch ein zweites, das sogenannte Zellen-Seminar. In diesen Seminaren und in zahlreichen Diskussionen im engeren Kreis wurden Dinge diskutiert, die als Schlüsselfragen galten, und Wege zu ihrer Lösung skizziert. Nach und nach bildete sich ein neues wissenschaftliches Kollektiv. Gelfand beurteilte die Kandidaten höchst kritisch, und er beriet sich in allem mit seinem Freund und Schüler, dem inzwischen verstorbenen Mischa Zetlin. Ich wurde als erster aufgenommen, im April 1960. Neben den mir bis zum Seminar unbekannten M. L. Sik und W. S. Gurfinkel bildeten den Kern unseres Kollektivs, eine Art «Ältestenrat», meine alten Freunde von der Universität – Lewon Tschajlachjan, Inna Keder-Stepanowa, Iwan Rodionow und Jura Arschawkij, der seinerseits Mischa Berkinblit vorschlug. Ich erinnere mich nicht, daß irgendein von mir empfohlener Kandidat von Gelfand oder Zetlin abgelehnt worden wäre.

1961 gründete sich unser wissenschaftliches Kollektiv offiziell unter dem Namen «Theoretische Abteilung des Instituts für Biophysik der Akademie der Wissenschaften der UdSSR».

Mein gesamtes (leider kurzes) weiteres Wissenschaftlerleben war mit Gelfands Forschungsabteilung verbunden. Wir waren nicht nur ein harmonisches wissenschaftliches Kollektiv, sondern auch ein fester Freundeskreis, in dem sich die folgenden zehn Jahre eigentlich mein ganzes Leben abspielte. Wir arbeiteten zusammen, machten zusammen Urlaub, besuchten gemeinsam die damals so zahlreichen Moskauer Kunstausstellungen und Poesieabende. Letzteres wurde von Gelfand manchmal mit Murren quittiert; einmal kam es sogar zum Streit («Serjoscha, was ist nach Ihrer Meinung wichtiger – ein Liederabend mit

Okudshawa oder mein Seminar?» – «Natürlich Okudshawa, Israil Moissejewitsch!»).

Damals verteidigte ich schließlich meine Dissertation; ich wurde Leiter einer Abteilung, die für meine Begriffe eine sinnvolle und interessante Arbeit machte und einen bestimmten Beitrag zur Entwicklung der Biophysik leistete; ich arbeitete viel und, nach allgemeinem Urteil, gut. Die prinzipielle Ablehnung des bestehenden politischen Systems und der gesellschaftlichen Verhältnisse standen meiner Beschäftigung mit der Wissenschaft nicht im Weg, sie wirkte eher als zusätzliches Stimulans: politisch kann man in diesem Land sowieso absolut nichts tun, das System ist prinzipiell unreformierbar. Aber die Wissenschaft ist eine ehrliche, zutiefst uneigennützige Sache. Hier kann man etwas erreichen.

Natürlich war es selbst mit dieser Einstellung unmöglich, sich vollkommen abzuschotten gegenüber Problemen, die über den Rahmen der reinen Forschungsarbeit hinausgingen. 1964/65 war ich an einer Unternehmung beteiligt, die man nur mit Einschränkung akademisch nennen kann. Es ging um den Versuch, die Biologie von der Scholastik der Lyssenko-Schule zu befreien.

Die Enthüllungen der Chruschtschow-Zeit sparten Lyssenko und seine Lehre aus. Und das war nicht verwunderlich. Über viele Jahre hatte eine ganze Armee von hohen Funktionären in der Akademie der Wissenschaften, der Akademie für landwirtschaftliche Wissenschaft, im Ministerium für Landwirtschaft und vor allem der Wissenschaftsabteilung des ZK der KPdSU ihre Karriere fest an die Unterstützung der Ideen und Methoden des «Volksakademikers» gebunden. Ich nehme an, den meisten von ihnen war schon klargeworden, daß Lyssenkos Lehre unsere Biologie in eine Sackgasse geführt und der sowjetischen Landwirtschaft einen gewaltigen Schaden zugefügt hatte. Aber das offen zuzugeben hieß, die Schuld der Partei und die eigene Schuld einzugestehen und das Prinzip der parteilichen Führung der Wissenschaft zu durchbrechen. Darum blieb die direkte öffentliche Kritik an Lyssenko und seiner Schule tabu, und die Angriffe auf die «formale», das heißt die wissenschaftliche Genetik wurden von Zeit zu Zeit neu aufgelegt.

Dennoch hatte sich die sowjetische Genetik von 1955 bis 1965 wieder belebt. Nach den Arbeiten von Watson und Crick, die die molekulare Struktur der Träger des Erbguts – der DNS – entdeckt hatten, und nach einigen anderen Entdeckungen gab es eine deutlich stärkere Unterstützung der Genetiker durch ihre traditionellen Verbündeten, die Physiker und Mathematiker; die Biologie trat entschlossen in den Kreis des exakten Wissens ein. Der herausragende Genetiker und persönlich sehr mutige Jossif Rappoport arbeitete im Institut für chemische Physik bei Nikolaj Semjonow. Timofejew-Resowskij, der von der Führung von der biologischen Fakultät der Moskauer Staatsuniversität ferngehalten wurde, hielt seine Genetikvorlesungen nebenan, in der physikalischen Fakultät, mit Zustimmung und Unterstützung des Rektors, des großen Mathematikers Iwan Petrowskij. In der Nowossibirsker Wissenschaftlerstadt Akademgorodok, ebenfalls unter den Fittichen eines großen Mathematikers, Michail Lawrentjew, legte Nikolaj Dubinin, der später von Chruschtschow persönlich beschimpft und aus Nowossibirsk entfernt wurde, die Grundlagen des Instituts für Genetik. In Moskau wurde die Genetik von Physikern wie Igor Tamm und Pjotr Kapiza unterstützt.

Lyssenko konnte eine solche Protektion nicht mit den gewohnten Methoden bekämpfen, das heißt mit Intrigen in den oberen Parteietagen. Mit den Physikern und Mathematikern war die Partei niemals fertig geworden. Und es ist ja auch schwierig mit ihnen: ihr Hirn funktioniert irgendwie sonderbar, ihre Nasen sind in der Regel nicht arisch, und dann erlauben sie sich noch, über die philosophischen Arbeiten der Klassiker des Marxismus zu scherzen. Sie zeichnen an der Tafel irgendwelche unverständlichen Schnörkel und sprechen ihren Kauderwelsch – nicht wie Trofim Lyssenko, der alles einfach und verständlich erklärt. Das Dumme ist nur, daß sie und nur sie allein in der Lage sind, die Atombombe zu bauen.

Im Oktober 1964 stürzte Chruschtschow, Lyssenkos wichtigster Gönner. So kam dessen Position unvermittelt ins Wanken, und es war Zeit für den Gnadenstoß.

Gerade damals hatte Nikolaj Nikolajewitsch Semjonow uns – Ljowa Tschajlachjan, Mischa Berkinblit und mir – vorgeschlagen, uns an einem Artikel für die Zeitung «Prawda» zu beteiligen, der Lyssenko und seine Methoden von wissenschaftlichen Positionen desavouieren sollte.

Nikolaj Semjonow war ein bekannter Physiker, Nobelpreisträger, Direktor des Instituts für chemische Physik und Vizepräsident der Akademie der Wissenschaften. Wir waren locker miteinander bekannt, weil seine Schwiegertochter, Tata Chariton, in unserer Abteilung arbeitete. Das Erscheinen des Artikels mit der Unterschrift Semjonows, noch dazu in der wichtigsten Parteizeitung des Landes, hätte den endgültigen Abtritt Lyssenkos bedeutet. Und wir erklärten uns bereit.

Ich nehme an, daß dem Vorschlag Semjonows eine gewisse Sondierung in den «höheren Sphären» vorausgegangen war und daß er bereits die prinzipielle Zustimmung irgendwelcher wichtiger Parteifunktionäre zu einer solchen Publikation hatte.

Die Arbeit zog sich über mehrere Monate hin. Und obwohl Semjonow selbst nicht ein einziges Wort schrieb, war seine Mitwirkung an dem Artikel sehr wesentlich. Wir trafen uns regelmäßig, und er unterzog die von uns vorgelegten Skizzen einer äußerst strengen Kritik. Semjonow ließ uns nichts durchgehen. Er war bereit, sich stundenlang in diverse Feinheiten der Biologie einzudenken, aber ehe er selbst die Logik eines Beweises und die experimentelle Grundlage dieser oder jener These nicht genau überblickte, galt der entsprechende Text nicht als abgesegnet.

Als der Artikel im Entwurf fertig war, hielt Semjonow es für nötig, zur literarischen Überarbeitung professionelle Journalisten und später Philosophen zuzuziehen. Letztere, so erklärte er, müßten dem Artikel eine marxistische Argumentation beigeben, damit er nicht als Aufstand der Naturwissenschaftler gegen den dialektischen Materialismus erscheine. So tauchten im Text einige sonderbare Einschübe auf, deren Sinn ich bis heute nicht verstehe. Die Rolle dieser Einschübe ist mir natürlich klar: es mußte gezeigt werden, daß sich Lyssenko zu Unrecht als Marxist ausgab und es in Wirklichkeit keineswegs war. Aber warum er kein Marxist war – das habe ich nicht verstanden, genauso wenig, wie ich vorher verstanden habe, warum er einer sein soll. Doch nach einem matten Protest hielt ich mich zurück; schließlich wußte Semjonow besser, was zu tun war, damit der Artikel in der «Prawda» erschien.

Und dann erschien er nicht in der «Prawda», obwohl er von der Redaktion angenommen, der Umbruch gemacht und ein Erscheinungsdatum festgelegt war. Offenbar hatte Lyssenko, der alte Hase, etwas gehört und seine Beziehungen «in den höchsten Kreisen» spielen lassen. Man entschuldigte sich bei Semjonow, erklärte, der Artikel käme später, in einer der folgenden Nummern; dann wurde sein Erscheinen noch mehrmals verschoben, bis klar war, daß mächtigere Leute als der Vizepräsident der Akademie der Wissenschaften ihre Hand im Spiel hatten.

Irgendwann rief uns Semjonow zu sich und teilte uns etwas verstört mit, er habe auf irgendeinem Regierungsempfang im Kreml mit einem der ZK-Sekretäre, anscheinend Pjotr Demitschew, über den Artikel gesprochen. Demitschew zeigte ihm einen entfernter stehenden Herrn und sagte: «Dieser Genosse kann Ihnen helfen.» Semjonow trat zu dem Unbekannten und fing sofort an, ihm das Problem in seinen Grundzügen zu schildern. Der andere hörte ihn aufmerksam an, dann fragte er: «Wer hat Ihnen eigentlich geraten, sich an mich zu wenden?» – «Genosse Demitschew.» – «Pjotr Nilytsch hat wahrscheinlich einen Witz gemacht. Mein Name ist Semitschastnyj, und ich beschäftige mich mit völlig anderen Fragen.» Übrigens gab der KGB-Vorsitzende Semitschastnyj Semjonow doch einen Rat, offenbar einen durchaus vernünftigen.

«Und warum», fragte er, «wollen Sie Ihren Artikel ausgerechnet in der ‹Prawda› publizieren? Er beschäftigt sich doch mit wissenschaftlichen Problemen; geben Sie ihn in die Zeitschrift ‹Wissenschaft und Leben›. Das ist auch ein Massenblatt, und von seinem Profil entspricht es Ihrem Thema mehr.»

Semitschastnyj war natürlich listig: er wußte ganz genau, was eine Veröffentlichung in der «Prawda» von der in «Wissenschaft und Leben» unterschied.

Das verstand auch Semjonow. Aber es war schon offensichtlich, daß trotz aller früheren Versicherungen die «Prawda» den Artikel nicht drucken würde. Und so pfiff er darauf und folgte dem Rat.

«Wissenschaft und Leben» nahm den Artikel zunächst reserviert auf, trotz des direkten Drucks durch Semjonow, der doch nicht irgendein Autor war, sondern immerhin Vizepräsident der Akademie. Der tobte, brüllte den Chefredakteur am Telefon an und erhielt höfliche, aber bestimmte Absagen. Der alte Mann wurde düsterer als eine Gewitterwolke; die Veröffentlichung des Artikels wurde zu seiner Idee fixe. Und plötzlich, nach etwa einem Monat, kam ein Anruf aus der Redaktion: «Nikolaj Nikolajewitsch, könnten Sie jemanden schicken, der den Text prüft? Wir nehmen Ihr Material in die Nummer auf.»

Ich weiß nicht, ob Verhandlungen Semjonows «in den höchsten Kreisen» gewirkt oder ob sich einfach die Rahmenbedingungen geändert hatten; aber der Artikel wurde veröffentlicht und schlug, im Zeitungsjargon gesprochen, ein wie eine Bombe. Das Eis war gebrochen.

Man sagt, Lyssenko habe den Schlag ziemlich gefaßt aufgenommen. Der alte Intrigant hatte natürlich begriffen, daß seine Zeit so oder so zu Ende ging. Trotzdem konnte er nicht an sich halten und machte eine giftige Bemerkung über Semjonow, dem sie natürlich hintertragen wurde: «Nicht übel geschrieben. Semjonow weiß, wie man Helfer findet. Jetzt begreife ich, wie er zu seinem Nobelpreis gekommen ist.»

Was hat mir die Wissenschaft für meine spätere «oppositionelle» gesellschaftliche Aktivität gebracht? Vor allem konnten Menschen, die in diesem Bereich arbeiten, wie immer ihre konkreten politischen Überzeugungen waren, niemals ganz auf der Linie des offiziell vorgeschriebenen Denkens liegen. Für einen wirklichen Wissenschaftler ist das ausgeschlossen, schon allein deshalb, weil er von der ganzen Art seiner Tätigkeit kein Dummkopf sein kann. Wissenschaftler können sich prinzipiell nicht mit einem Denkverbot abfinden, mit der Einschränkung der Möglichkeiten, frei zu fragen und frei nach Antworten zu suchen. Im wesentlichen basiert die besondere Moral des Wissenschaftlers auf drei «-losigkeiten»: Furchtlosigkeit vor der Wahrheit, Selbstlosigkeit in der Suche danach und Leidenschaftslosigkeit beim Wettbewerb der Standpunkte. Natürlich sind diese Eigenschaften des Denkens unvereinbar mit jeder Dogmatik, auch in der Betrachtung gesellschaftlicher Probleme.

Ich lebte unter Menschen, für deren Mehrzahl die grundsätzlich negative Einstellung zum offiziellen Dogma das Normale war. Darüber brauchte man nicht einmal zu sprechen, das verstand sich quasi von selbst.

Andererseits konnte das spezielle Interesse an gesellschaftlichen Problemen für diese Leute natürlich nicht, wie später für die Dissidenten, das Hauptinteresse im Leben sein. Und nicht, weil sie Angst gehabt hätten – viele begaben sich durchaus in reale Gefahr und verteidigten ihre wissenschaftlichen Positionen zu einer Zeit, als man dafür schlimme Konsequenzen fürchten mußte. Vielmehr galt unter diesen professionellen Wissenschaftlern und schöpferischen Menschen ein Interesse an der «Politik» einfach als zweitrangige Beschäftigung, beinahe als Zeichen schlechten Geschmacks. Auch ich selbst hatte mir dieses Verhältnis zu gesellschaftlichen Problemen zu eigen gemacht, manchmal genierte ich mich sogar ein wenig für meinen Eifer – der anläßlich ganz besonderer Schweinereien, die außerhalb unseres «Elfenbeinturms» passierten, ab und zu hervorbrach – und versuchte, meinen Kommentaren den allgemein akzeptierten Ton von Ironie und leichtem Zynismus zu geben. Heute sehe ich das als eine der Formen des Orwellschen «Zwiedenk» in der sowjetischen Intelligenz, die Sacharow später beschrieb.

Allgemein ist ein Leben für die Wissenschaft reizvoll und fordert völlige Hingabe. Als ich zur Universität überwechselte, wurde die Biologie für beinahe zwanzig Jahre zum Hauptsinn meines Lebens. Mein wissenschaftliches Dasein endete faktisch schon 1969 und wurde 1974 mit meiner Verhaftung endgültig abgebrochen. Ich glaube, ich habe in einem bestimmten Moment einen gewissen Beitrag zur Entwicklung einer interessanten Richtung in der Biophysik leisten können. Ich glaube auch, daß ich, wenn ich weiter wissenschaftlich hätte arbeiten können, noch sehr viel mehr hätte tun können, als mir das bis 1969 gelungen ist. Die Wahl – zwischen der Wissenschaft und der gesellschaftlichen Aktivität – wurde mir aufgedrängt, aber ich habe sie bewußt getroffen. Und ich bereue sie nicht.

Die Entdeckung der Menschenrechte

Anfang 1966 beschäftigte der «Fall Sinjawskij und Daniel» die Gemüter unserer Intelligenzija – diese beiden Schriftsteller hatten jahrelang ihre belletristischen Werke heimlich in den Westen geschickt und sie dort unter Pseudonymen veröffentlicht. Seit einigen Monaten saßen sie nun im Gefängnis und erwarteten ihr Urteil. Uns war klar, daß ihre Verhaftung all jenen zur Warnung dienen sollte, die die liberalen Losungen der Chruschtschow-Ära übertrieben ernst genommen hatten. Eine neue Zeit brach an.

Es sollte nicht mehr lange dauern, und ich begann, im Institut für Biophysik Unterschriften zur Verteidigung der beiden Verhafteten für einen von mir verfaßten Appell an den Obersten Sowjet der UdSSR zu sammeln. Dabei hielt ich es für unwahrscheinlich, daß unsere Handlungen ernsthaft Repressalien nach sich ziehen würden. Andererseits aber hatte ich auch nicht den Funken einer Hoffnung, daß sie auch nur das geringste am Schicksal der Verurteilten ändern könnten.

Die Petition besagte ungefähr Folgendes: Wir, die Unterzeichner, haben aus den Zeitungen über den Gerichtsprozeß gegen diesen und jenen erfahren. Unserer Ansicht nach widerspricht das Urteil des Obersten Gerichtes der RSFSR dem Gesetz und bedroht die von der Verfassung garantierten Rechte und Freiheiten der Bürger. Wir bitten Sie, entsprechende Maßnahmen zu ergreifen.

Daß wir uns hier auf die juristisch verbrieften Rechte beriefen, war kein Zufall. Ich jedenfalls maß diesen eine besondere Bedeutung bei. Ganz zu schweigen davon, daß mir diese Form des Protestes moralisch sehr viel annehmbarer schien als irgendwelche Untergrund- oder Gewaltaktionen. Ich war damals weit davon entfernt, zu begreifen, daß ich damit einen Weg eingeschlagen hatte, der mein Schicksal entscheidend bestimmen sollte.

Der Fall Sinjawskij und Daniel wurde zum politischen Meilenstein. Unsere Briefe waren nur ein kleiner Teil der Protestlawine, die der Prozeß gegen die beiden Schriftsteller hervorrief. Der gesellschaftliche Unmut entlud sich weniger in politischen oder sozialen Losungen, sondern ließ den Ruf nach Erfüllung der Bürgerrechte immer lauter werden. Das imponierte mir, und ich verfolgte diese Entwicklung mit wachsendem Interesse.

Schon bald darauf eskalierten die Ereignisse. Noch am Ende des Jahres 1966 stellte der Moskauer Alexander Ginsburg alle ihm zugänglichen Dokumente in der Sache Sinjawskij–Daniel (leider gehörten unsere Briefe nicht dazu) zu einem auf der Schreibmaschine vervielfältigten «Weißbuch» zusammen. Dieser Sammelband war nun schon keine anonyme Veröffentlichung mehr, sondern er trug Ginsburgs Namen auf dem Titelblatt, wurde weitergereicht und erschien schon bald darauf im Ausland. Glasnost wurde zum Prinzip der sich gerade eben erst formierenden Bürgerrechtsbewegung, der Samisdat, das Hauptmedium für ihre publizistische, künstlerische und philosophische Selbstfindung.

Im Januar 1967 wurden Ginsburg und drei seiner Bekannten verhaftet. Unter ihnen war auch der Herausgeber des künstlerischen Samisdat-Almanachs «Phoenix 66», Jurij Galanskow, der später im Lager sterben sollte. Ihr Arrest führte erneut zu Protesten und Versammlungen, auf die weitere Verhaftungen und Prozesse folgten. Ich selbst allerdings nahm bis Anfang 1968 kaum an derartigen Aktionen teil. Mein eigentliches Tätigkeitsfeld war die Biologie. Und trotzdem: als man mir einen Protestbrief anläßlich des Prozesses gegen Ginsburg und die anderen zeigte, unterschrieb ich, ohne mit der Wimper zu zucken. Außer mir unterschrieb auch Sascha Lawut, der in der mathematischen Abteilung unseres Laboratoriums arbeitete. Er war ein ungewöhnlich ruhiger, sanfter und liebenswürdiger Mensch, den alle gern hatten. Wir kamen einander sehr nahe. Später verbanden sich unsere Dissidentenschicksale eng miteinander. Sogar nach der Haft, dem Lager und der Verbannung blieb Sascha immer noch der alte: ruhig, besonnen, zurückhaltend – sogar zurückhaltender als ich selbst! – und sehr gutmütig. Heute noch ist er einer meiner engsten Freunde.

Bald nach der Kampagne für Ginsburg und Galanskow wurde mir wieder ein Protestbrief zur Unterschrift vorgelegt – zur Verteidigung von Alexander Wolpin. Wolpin, ein bedeutender Mathematiker, ein Philosoph und Poet, war einer der energischsten Verfechter der Bürgerrechte. Zu diesem Zeitpunkt hatten die Machthaber bereits begriffen, was auf dem Spiel stand, wenn sie eine auch noch so schwache Form des Protestes ungestraft durchgehen ließen. Viele «Unterzeichner», wie man die Teilnehmer an den Petitionskampagnen nannte, wurden deshalb auf mannigfache Weise unter Druck gesetzt, manche verloren bereits ihre Arbeitsplätze.

Nicht nur ich allein, viele freiheitsliebende Menschen in der damaligen UdSSR fühlten sich in ihren Hoffnungen durch die politische Entwicklung in der Tschechoslowakei bestärkt. Der Versuch der Tschechen, nach zwanzigjähriger Herrschaft eines orthodoxen und moskauhörigen Regimes eine freie und demokratische Gesellschaft zu errichten, wurde von uns mit Sympathie und Achtung verfolgt. Wir hatten die vage Hoffnung, daß der Erfolg des «Prager Frühlings» auch auf andere Länder des sozialistischen Lagers ausstrahlen würde, vielleicht sogar auf die UdSSR. Leider waren die Führer der Sowjetunion auch schon auf diese Idee gekommen.

Am Morgen des 21. August 1968 hörten wir vom Einmarsch der sowjetischen Truppen in die Tschechoslowakei. Am 25. August versammelten sich sieben Personen auf dem Roten Platz mit Plakaten, auf denen sie die Okkupation verurteilten und ihrer Solidarität mit den Tschechen und Slowaken Ausdruck verliehen. Ihre Losung «Für eure und unsere Freiheit!» hatte bereits im 19. Jahrhundert der Schriftsteller Alexander Herzen verwendet, um gegen die Unterdrückung der Polen durch das zaristische Regime zu protestieren. Natürlich wurden alle Demonstranten sofort verhaftet. Mit einem von ihnen, Pawel Litwinow, war ich bekannt.

Ich begab mich also am 3. Oktober zum Bezirksgericht an der Serebrjanitscheskaja-Uferpromenade, wo der Prozeß gegen fünf der sieben Demonstranten stattfinden sollte, die der «Verleumdung des sowjetischen Staats- und Gesellschaftssystems» (§ 190, Abs. 1) und der «schweren Störung der öffentlichen Ordnung» (§ 190, Abs. 3) bezichtigt wurden. Wahrscheinlich war dies der Tag, an dem sich mein Schicksal endgültig entschied.

Unter welchen Begleitumständen eine solche Verhandlung stattfand, war uns nur zu bekannt: Den Verhandlungssaal durften nur die nächsten Verwandten der Angeklagten betreten. Unter die Menge der Sympathisanten und Freunde vor dem Eingang mischten sich KGB-Agenten, brachen Diskussionen vom Zaun, provozierten und photographierten. Einen Protestbrief, den wir noch vor dem Gerichtsgebäude formulierten und unterschrieben, entriß uns ein KGB-Agent und ließ ihn spurlos verschwinden. Natürlich gingen wir sofort daran, einen neuen zu entwerfen.

Bei dieser Aktion lernte ich einen hochgewachsenen älteren Herrn kennen, der sich auf einen auffällig schönen Spazierstock stützte: Pjotr Grigorjewitsch Grigorenko. Vom Namen her kannte ich ihn natürlich, den Generalmajor der sowjetischen Armee, den die Partei ausgeschlossen und den die Armee all seiner Ränge entkleidet hatte. Für seinen Versuch, einen «Kampfbund zur Wiederbelebung des Leninismus» zu organisieren, hatte man ihn für ein ganzes Jahr in eine psychiatrische Anstalt gesteckt, aus der er erst kurz zuvor entlassen worden war. Pjotr

Grigorjewitsch und ich begaben uns gemeinsam zu irgendeiner Amtsperson – ob es der Hausmeister oder einer der Richter selbst war – und wollten wissen, warum man uns nicht in eine öffentliche Verhandlung ließ. Natürlich prallten alle unsere Argumente und Beschwerden ab. Der Saal sei voll, man könne schließlich Gerichtsverhandlungen nicht in Fußballstadien verlegen, und überhaupt, wozu die ganze Aufregung? Es ginge doch schließlich nur um ein Verfahren gegen irgendwelche Rowdys! Unsere Intervention blieb erfolglos, aber nach dieser gemeinsamen Aktion fühlten Pjotr Grigorjewitsch und ich uns wie alte Bekannte.

Ich war in ein für mich neues Milieu geraten, das sich gerade erst formierte, seine Verhaltensnormen und Kampfmethoden, seine Prinzipien und Ziele noch entwickelte, ein Milieu, das – nebenbei bemerkt – noch nicht einmal einen Namen hatte. Der Terminus «Dissidenten» existierte noch nicht, und das Wort «Bürgerrechtler»* war auch noch nicht im Schwange. Viktor Krassin, ein Wirtschaftswissenschaftler und Freund Pawel Litwinows, der zu Stalins Zeiten «gesessen» hatte, brachte die Wortverbindung «Demokratische Bewegung» in Umlauf. Aber, ehrlich gesagt, von «Bewegung» konnte man kaum sprechen. Es gab weder ein Programm noch eine erkennbare soziale Basis, weder Ideologie noch Struktur. Wir waren eher ein loser Verbund von verschiedenen Freundeskreisen, die in Wirklichkeit nur eins vereinte: die Ablehnung der offiziellen Lüge sowie die Bereitschaft, offen und in aller Öffentlichkeit Widerstand gegen die von oben verordnete Recht- und Gesetzlosigkeit zu leisten. Ich glaube, für die Bewegung zur Verteidigung der Menschenrechte in der UdSSR war es ein großes Glück, daß sie gerade so anfing: ohne

* In der wörtlichen Übersetzung aus dem Russischen müßte dieses signifikanterweise eher «Rechtsverteidiger» heißen; d. Ü.

Programm, ohne Theorie und Struktur, basierend allein auf ihrer moralischen Unvereinbarkeit mit dem herrschenden Regime.

Dennoch gab es viele unter uns, denen das nicht reichte.

Zum Frühlingsanfang 1969 wollten wir uns irgendeine Organisationsstruktur geben, was allerdings unter uns nicht unumstritten war. Den Anstoß dazu gab die Verhaftung Iwan Jachimowitschs, Kolchosvorsitzender aus Lettland und Mitglied der KPdSU, der ein Jahr vorher an das ZK einen leidenschaftlichen Brief anläßlich der Verhaftung von Ginsburg und Galanskow geschrieben hatte. Dieser Brief war nicht ohne Wirkung geblieben, weil es sich bei dem Autor um einen aufrechten Kommunisten handelte. Jachimowitsch war sofort seines Postens enthoben und aus der KPdSU ausgeschlossen worden; und nun sahen wir uns mit seiner Verhaftung konfrontiert.

Die erste Debatte über diesen Vorfall fand in der Wohnung Grigorenkos statt, der auch der Initiator der Organisationsdiskussion war. Der General hielt den Zeitpunkt für gekommen, daß wir unserem individuellen Protest eine verbindlichere Form geben müßten. «Also los», forderte er uns auf, «laßt uns wenigstens ein Komitee zur Verteidigung Jachimowitschs gründen und dann im Namen dieses Komitees handeln!»

Natürlich war die «Vereinsfreiheit» der Bürger in der Verfassung festgeschrieben. Aber als diese Verfassung im Jahre 1936 entstand, dachte niemand auch nur im Traum daran, von diesem Recht ohne vorherige Konsultation mit dem Bezirkskomitee der Partei Gebrauch zu machen – es sei denn, es ging um die Gründung eines örtlichen Philatelistenklubs.

Bereits seit Ende der zwanziger Jahre wurde in der Sowjetunion jede von den Machthabern nicht abgesegnete Bürgervereinigung automatisch als staatsfeindlich betrachtet – mit allen daraus resultierenden Konsequenzen. Das Regime wachte eifersüchtig über sein Organisationsmonopol.

Unsere Diskussion dauerte lange und verlief stürmisch. Wenn ich mich richtig erinnere, sprach sich nur einer von uns – Anatolij Jakobson – mehr oder weniger für das Komitee aus. Seine Frau Maja aber trat als entschiedene Gegnerin von Grigorenkos Idee auf. Heftig leistete sie Widerrede – Paragraph 70 des Strafgesetzbuches (antisowjetische Agitation) reiche uns wohl noch nicht? Wir müßten wohl unbedingt noch den Paragraphen 72 auf unsere Häupter herabbeschwören (organisiertes Vorgehen)? Wir hätten doch endlich eine Form gefunden, um unseren Protest zu artikulieren: Petitionen, offene Briefe, Aufrufe, die wir ja nicht unbedingt an die Machthaber zu richten brauchten, wir könnten sie auch an die ganze Gesellschaft adressieren. Durch den Samisdat, durch die westlichen Rundfunkstationen kämen solche Aufrufe ohnehin bei denen an, für die sie bestimmt seien. Und außerdem: Ob wir denn nicht genug hätten von den Parteien? Ob wir etwa bloß deshalb aufgehört hätten, der KPdSU auf Schritt und Tritt zu gehorchen, um nunmehr unsere eigene Partei an deren Stelle zu setzen?

Ich war hin und her gerissen. Irgendwie hatte der Gedanke an eine Organisation etwas für sich: erstens wäre das eine Herausforderung gewesen; zweitens hätten wir mit einer solchen Gründung ein prinzipiell neues Verhalten an den Tag gelegt, indem wir einfach versuchten, unsere Menschenrechte selbst in der Praxis zu realisieren. «Ist in der Verfassung das Prinzip der Vereinsfreiheit verankert? Ja! Stellt sich die beschriebene Vereinigung gesetzlich zulässige Ziele? Jedenfalls keine unzulässigen! Also...?» fragte einer der Diskussionsteilnehmer.

Andererseits, so erschien es mir damals, müßten einem derartigen Schritt eigentlich irgendwelche neuen Ideen zugrunde liegen, die sich aber weit und breit nicht abzeichneten. Was hatten wir als Privatpersonen denn bisher geleistet? Wir hatten uns versammelt und Protestschreiben unterzeichnet. Und was würde künftig ein Komitee leisten können? Sich versammeln und Protestschreiben unterzeichnen? Alter Wein in neuen Schläuchen? Wenn sich die angestrebte Organisation wenigstens irgendeiner dauerhaften politischen Arbeit widmen würde: etwas wirklich analysieren, die aktuellen Vorgänge juristisch untersuchen – ja, dann könnte sich das alles lohnen. So aber erschien mir der Anspruch, als Organisation aufzutreten, irgendwie albern.

Außerdem begrenzt die Mitgliedschaft in einer Organisation die Handlungsfreiheit. Wie schrieb doch der überaus kluge Philosoph Boris Schragin einmal in einer seiner Samisdat-Veröffentlichungen: Selbstbefreiung ist ihrer Natur nach ein existentieller Prozeß, und existentielle Handlungen kann man nicht zum Beruf erheben.

Das letzte Wort in dieser Angelegenheit hatten Viktor Krassin und sein alter Bundesgenosse Pjotr Jakir, die die Komitee-Idee entschlossen ablehnten. Pjotr Grigorenko war sehr verstimmt. Sehr viel später äußerte er sich in seinen ansonsten ungewöhnlich interessanten Erinnerungen ziemlich ungerecht über Maja und machte sogar Anspielungen, ihr Auftritt sei «inspiriert» gewesen. – Zwischen den Zeilen gelesen heißt das: vom Staatssicherheitsdienst inspiriert. Das ist natürlich himmelschreiender Unsinn. Daß Maja so heftig aufgetreten war, hatte am ehesten etwas mit ihrer Angst um uns alle zu tun – vor allem um Anatolij.

Das zweite Treffen in dieser Angelegenheit, das einige Wochen später in der Wohnung von Michail Lewin, einem Physiker und Freund Andrej Sacharows, stattfand, erbrachte auch kein anderes Ergebnis. Im großen und ganzen wiederholte sich die erste Diskussion, mit der gleichen Verteilung der Standpunkte. Maja war diesmal nicht mit von der Partie, dafür brachte Flora Litwinow, Pawels Mutter, ähnliche Zweifel vor – im Hinblick auf die «Verparteilichung» und «Politisierung» des Projektes. Ich muß zugeben, daß ich Pawel Grigorjewitschs Idee in einer Hinsicht unterstützte. Ich gab nämlich zu bedenken, daß es auf der Welt schließlich genügend Organisationen gab, die sich auch nicht unbedingt einer bestimmten Politik oder bestimmten Parteien zuordnen ließen. Hocherfreut griff Pjotr Grigorjewitsch diesen Ball auf; in seinen Memoiren zählt er mich zu den Befürwortern seiner Idee. Im übrigen aber scheiterte die Sache ein weiteres Mal an den Einwänden Viktor Krassins und Pjotr Jakirs. Anfang Mai fuhr Pjotr Grigorjewitsch, deprimiert und enttäuscht von unserem Verzicht auf organisierte Kampfformen, nach Taschkent. Dort wurde er wieder verhaftet.

Wenige Tage nach Grigorenkos Verhaftung erfuhr ich von dem Plan, eine Art Übersicht über politische Verfolgung und andere Menschenrechtsverletzungen in der UdSSR zu erstellen, die einige von uns unterschreiben und an die Vereinten Nationen adressieren sollten. Wir beschlossen, diese Idee am 20. Mai bei Pjotr Jakir eingehender zu erörtern.

Jakir hatte 1966 auf einer Konferenz des Instituts für Geschichte scharf die sich abzeichnende Tendenz kritisiert, die Stalinschen Verbrechen zu verschweigen. Das Stenogramm dieser Konferenz – eines der ersten Beispiele für Samisdat – war seitdem wieder und wieder abgetippt und in Hunderten von Exemplaren von Hand zu Hand gereicht worden. Pjotr, der alle möglichen Protestschreiben unterzeichnete, wurde vor alle nur denkbaren Gerichte zitiert. Nach Grigorenkos Verhaftung wurde er zum populärsten Dissidenten im Lande. Mir scheint, daß ihm dies schmeichelte und ihn in der Tiefe seiner Seele zugleich erschreckte. Er war ein äußerst lebenslustiger, gutmütiger und unberechenbarer Mensch, ein wenig zu eitel – und keineswegs kühn. Sein Vater, Jona Jakir, war ein legendärer Bürgerkriegskommandeur gewesen, der 1937 erschossen wurde; Pjotr selbst war schon mit kaum vierzehn Jahren verhaftet worden und bis 1954 fast ununterbrochen in Lagerhaft gewesen. Er war mit allen Wassern gewaschen und wußte sehr wohl, daß der Krug so lange zum Brunnen geht, bis er bricht. Aber es war zu spät, um noch einen Rückzieher zu machen. Auch psychisch war er dazu schon nicht mehr in der Lage.

Als wir uns an jenem 20. Mai 1969 in Pjotrs Wohnung trafen, um den neuen Vorschlag zu diskutieren und zu konkretisieren, waren ein knappes Dutzend Leute da. Einigen von ihnen werden die Leser dieses Buches noch öfter begegnen: Tanja Welikanowa, Sascha Lawut, Tolja Jakobson, Tatjana Sergejewna Chodorowitsch und Natascha Gorbanewskaja. Letztere hatte man – weil sie alleinerziehende Mutter war – als einzige der Teilnehmer an der Demonstration auf dem Roten Platz in Freiheit belassen. Es fehlten zwei Leute: der Hausherr selbst und Viktor Krassin.

Als sie etwa anderthalb Stunden später wohlgemut und zufrieden erschienen, legten sie uns einige Exemplare eines Textes vor und teilten uns mit, daß wir uns jetzt «Mitglieder der Initiativgruppe zur Verteidigung der Menschenrechte in der UdSSR» nannten. Und daß diese Initiativgruppe soeben dabei sei, ihren Appell um weitere drei Dutzend Unterschriften zu bereichern. Der UNO und einigen ausländischen Medien sei bereits eine Resolution übergeben worden. «Entschuldigt, aber wir hatten keine Zeit mehr, um alles genau abzusprechen», bemerkte Pjotr beiläufig. «Es hat sich plötzlich eine günstige Gelegenheit ergeben, und wer weiß, wann die nächste kommt.»

Wir saßen in der Klemme. Wenn wir nachträglich unsere Unterschriften zurückziehen würden, müßten wir erklären, weshalb. Und das wäre peinlich gewesen, vor allem wegen Jakir und Krassin. Und außerdem, die Idee als solche war schließlich gar nicht so schlecht: keine «Organisation», sondern eine «Initiativgruppe», die sich – je nach den Umständen – in etwas Konkreteres verwandeln oder schlicht ein fünfzehnköpfiges Autorenkollektiv bleiben konnte. Ich konnte aber trotzdem nicht an mich halten und sagte ziemlich schroff zu Krassin: «Vitja, das gehört sich so nicht.» Viktor wollte keinen Streit anfangen und stimmte mir zu. Ja, das sei wirklich nicht gut gelaufen, aber was hätte er denn machen sollen, einen derart günstigen Moment dürfe man sich schließlich nicht entgehen lassen ... «Vitja, das ist kein Argument», wandte ich ein. Auch damit erklärte sich Krassin einverstanden.

Schließlich einigten wir uns auf folgende Punkte: Erstens waren wir bereit, uns – wenn's denn sein müsse – ab sofort als «Initiativgruppe» zu bezeichnen. Zweitens bräuchte niemand unnötig von dieser ganzen Geschichte zu erfahren. Drittens dürfe derartiges nie wieder vorkommen. Und viertens müßte die Liste unserer Unterschriften unter den zukünftigen Dokumenten der Initiativgruppe keineswegs vollständig sein. Wer von uns dazu bereit sei, solle unterschreiben; wer nicht, solle es bleibenlassen. Vorläufig waren wir schließlich nichts weiter als ein Autorenkollektiv mit einem gemeinsamen Namen, aber keine Gesellschaft mit gegenseitiger Haftung. Fünftens schließlich sollte jeder von uns das Recht haben, die Entscheidung über seine Unterschrift an eine Vertrauensperson – oder auch an mehrere Personen – aus der Gruppe zu delegieren.

Ich erklärte, daß in meiner Abwesenheit Tanja Welikanowa und Sascha Lawut für mich unterschreiben könnten, falls sie beide «dafür» seien. Sollte aber nur einer von ihnen Vorbehalte gegen das zu unterschreibende Dokument haben, dürfe es meine Unterschrift nicht tragen. Und so verblieben wir.

Warum plaudere ich hier diese nicht besonders schmeichelhafte Geschichte aus dem Nähkästchen der ersten unabhängigen gesellschaftlichen Vereinigung der UdSSR aus?

Ich mag nun einmal keine Legenden; und in jüngster Zeit, vor allem in den Jahren 1991–93, überschlugen sich die russischen Zeitungen und Zeitschriften geradezu, um aus den Dissidenten sagenhafte Ritter des Guten in Harnischen von strahlendem Weiß zu machen. Die Wahrheit sieht anders aus. Wir alle waren Kinder unserer Zeit. Alle Fehler, Laster und Komplexe jener

Epoche fanden sich auch bei uns. Dummköpfe, Karrieristen, ja – so merkwürdig das auch klingen mag – auch Konformisten waren unter den Bürgerrechtlern genauso verbreitet wie in der übrigen Gesellschaft. Auf einem anderen Blatt steht, daß wir dennoch alle versucht haben, in unserem unglücklichen und unfreien Land freie und unabhängige Menschen zu sein. Die meisten von uns waren sogar bereit, den dafür unvermeidlichen Preis zu zahlen.

Ich werde die Tätigkeit der Initiativgruppe in den sieben Jahren ihrer Existenz nicht im einzelnen schildern. Ja, und kann man denn überhaupt zwei Dutzend Appelle an die UNO als «Tätigkeit» bezeichnen? Berichte, in denen Fälle von politischer Verfolgung aufgezählt wurden: Verhaftungen, Freiheitsberaubungen in psychiatrischen Anstalten, Entlassungen usw.?

Die Bedeutung der Initiativgruppe bestand vor allem darin, daß sie die erste war. Erst danach bildeten sich sowohl das «Komitee für Menschenrechte», 1970 von Tschalidse, Sacharow und Twerdochlebow gegründet, später auch Solschenizyns Hilfsstiftung für politische Gefangene (1974) und dann die zahlreichen Helsinki-Gruppen, die eine neue Epoche in der Bürgerrechtsbewegung einleiteten (1976–83). Erst unter Gorbatschow wurde die organisierte Menschenrechtsbewegung schließlich offiziell vom Staat anerkannt.

Nichtsdestoweniger ist auch heute die gesellschaftliche Verteidigung der Rechte des Menschen in Rußland noch äußerst schwach entwickelt. Es gibt vielleicht ein- bis zweihundert Bürgerrechtsorganisationen, und dabei bräuchten wir Tausende. Die Ursachen liegen auf der Hand: die zivile Gesellschaft befindet sich bei uns noch in embryonalem Zustand. Und trotzdem: Ihr Fundament bildet die freie und selbständige Initiative der Bürger im Rahmen des Gesetzes. Und das erste Steinchen dazu wurde bei uns im Mai 1969 gelegt.

Noch vor Ende des Jahres wurden fünf von den fünfzehn Gründungsmitgliedern der Initiativgruppe verhaftet. In den nächsten fünf Jahren folgten vier weitere, darunter auch ich. Drei emigrierten, einer starb 1975. Die Tätigkeit der Initiativgruppe war allerdings schon vorher an ihr Ende gelangt.

«Systemfeinde»

Kurz nach Gründung der Initiativgruppe hatte ich an einer wissenschaftlichen Expedition in den Fernen Osten teilgenommen und war erst Ende September nach Moskau zurückgekehrt. Inzwischen hatte eine Versammlung des Parteiaktivs stattgefunden, auf der eine gewisse Kalaschnikowa, Sekretärin des Moskauer Komitees der KPdSU für Ideologie, gegen mich und Sascha Lawut vom Leder gezogen hatte: Zwei außer Rand und Band geratene Systemfeinde seien wir, die weitermachten, als sei überhaupt nichts geschehen, und das in einer höheren Lehranstalt, wo die Wissenschaftler der Zukunft ausgebildet würden. Die Verwaltung der Moskauer Staatlichen Universität lege uns gegenüber eine unerklärliche Passivität an den Tag. Aus dem Munde einer hochgestellten Parteifunktionärin klang das wie eine Direktive. Bald darauf ließ der Leiter unseres Laboratoriums, der Mathematiker Israel Moissejewitsch Gelfand, mich und Sascha zu sich rufen und sagte: «Da kann man nichts machen, ihr müßt um eure Entlassung ‹auf eigenen Wunsch› bitten. Petrowskij (der Rektor) hat versprochen, daß er euch in diesem Falle helfen wird, irgendwo einen Job zu finden.»

Vermutlich fielen Gelfand diese Worte nicht leicht. Er wußte, wie hart ich arbeitete. Er wußte um die wissenschaftliche Bedeutung der in meinem Labor begonnenen Arbeiten, und er wußte auch, wie schwierig es sein würde, sie ohne mich fortzusetzen. Und darüber hinaus war er auch noch ein zutiefst anständiger Mensch. Aber ebenso wie die überwältigende Mehrheit aller übrigen anständigen Menschen ließ sich Israil Moissejewitsch leicht zur Geisel machen, zur Geisel seiner brennenden und uneigennützigen Leidenschaft für die Wissenschaft, so wie andere unserer Kollegen und Vorgesetzten zu Geiseln ihrer eigenen Angst geworden waren. Die Geiselnahme bildete die Grundlage des sowjetischen Gesellschaftssystems, angefangen mit den Erschießungen in den Jahren 1918–21. In den dreißiger Jahren kamen dann die Massenversammlungen und Demonstrationen dazu, auf denen die Werktätigen einmütig die Todesstrafen zu billigen hatten, die im Zuge der Schauprozesse gefällt wurden. Aus Sascha und mir wollte man auch Geiseln machen, nämlich Geiseln unserer freundschaftlichen Gefühle für unsere Kollegen, denen wir wünschten, daß sie die von uns begonnenen Forschungen auch ohne uns weiterführen könnten.

Sascha und ich hatten schon vorher beschlossen, diese Spielregeln nicht zu akzeptieren und uns der Bitte, «auf eigenen Wunsch» entlassen zu werden, zu verweigern. Wir hatten offen und gesetzestreu unsere Ansichten geäußert. Unsere Kündigung war dementsprechend ungesetzlich. Das sagten wir auch Israil Moissejewitsch. Der aber wollte uns nun davon überzeugen, daß unsere Entscheidung moralisch falsch sei: «Denkt doch nur einmal daran, in was für eine Lage ihr uns alle bringt. Da ist zum Beispiel Jurij Markowitsch Wassiljew, stellvertretender Abteilungsleiter in unserem Labor. Das ist doch ein anständiger Mensch! Daran zweifelt schließlich niemand. Und nun wird man ihn als Parteimitglied auf der Tagung des Wissenschaftlichen Rates dazu verpflichten wollen, gegen euch zu stimmen. Er aber wird das natürlich nicht tun. Versteht ihr denn nicht, welche Konsequenzen ihm deshalb drohen?»

Gelfands Logik war in sich stimmig, aber er ging von dem allgemein akzeptierten Geisel-System aus – und ebendieses lehnten wir ab. Ich versuchte ihm zu erklären, daß Jurij Markowitsch

Wassiljew und ich schließlich erwachsene Menschen seien und jeder für seine Handlungen selbst einstehen könne. Die Vorstellung, als «Spießgeselle» dazustehen, erschiene mir moralisch unannehmbar. Und wenn ich mich selbst zum Mittäter des Regimes machte, hieße das dann nicht auch, daß ich auch Wassiljew dazu machte? Und mit welchem Recht sollte ich denn an Jurij Markowitschs Stelle Entscheidungen treffen? Ich zum Beispiel würde mit Sicherheit ziemlich wütend werden, wenn ein anderer für mich Beschlüsse fällen würde. Und Wassiljew? War er etwa schlechter als ich?

Israil Moissejewitsch beharrte auf seinem Standpunkt. In den folgenden Wochen wurde unsere Beziehung immer gespannter. Ich bin schließlich von Natur aus starrsinnig, und diese ganzen Versuche, mich zu beeinflussen, nährten nur meinen Trotz.

Aber schließlich gaben Sascha und ich nach und baten im November darum, entlassen zu werden. Was Saschas Gründe betrifft, so kenne ich sie nicht genau. Von mir aber kann ich sagen, daß es jedenfalls nicht Israil Moissejewitschs Argumente waren, die mich zu diesem Schritt bewogen. Mir war einfach die moralische Unantastbarkeit meiner eigenen Prinzipien in letzter Zeit nicht mehr ganz geheuer. Im Zuge der Entlassungsaffäre kamen wir nicht umhin, unsere Position zu erklären, unter anderem auch Menschen, die wir sehr achteten, die nicht dümmer waren als wir und die genauso wie wir wußten, was Sache war. Daß wir für uns eine andere Entscheidung getroffen hatten als sie, machte uns nicht zu besseren Menschen. Unter den Dissidenten traf ich viele, die darauf hofften, eines Tages zum Beispiel für andere zu werden. Mit diesem Standpunkt hatte ich mich niemals anfreunden können. Meine Position ist nur meine Position, und sie macht mich weder besser noch schlechter als andere. Die Hauptsache ist, daß ich mich selbst an sie halte. Meinen Standpunkt öffentlich zu demonstrieren kam mir damals irgendwie unbescheiden und verdächtig vor.

Es war mir übrigens auch nie geheuer und moralisch Rechtens erschienen, einem anderen irgendeine Petition zum Unterschreiben unter die Nase zu halten. Ich fürchtete, dieser Mensch könnte ohne wirkliche innere Bereitschaft zustimmen, einfach aus Angst, sonst feige zu erscheinen. Jemandem einfach unverbindlich den Text zu zeigen, damit er sich eine Vorstellung davon machen könne – das war etwas anderes. Wenn er ihn nach dem Durchlesen unterschreiben wollte, würde er das schon von selbst sagen. Diese Erwägungen bewahrten mich vor einer «prinzipiellen» Position im Hinblick auf unsere Entlassung. Sascha und ich kündigten, und Gelfand unterschrieb mit Bedauern und Erleichterung. Wir schieden in Frieden.

Viele Jahre hatte ich in einem verhältnismäßig engen Kreis von Gelehrtenkollegen verbracht – Biologen, Physikern, Mathematikern. Ihre Reaktion auf mein Engagement war unterschiedlich. Die meisten meiner Bekannten unterstützten uns und sympathisierten mit uns. Da war zum Beispiel der legendäre Genetiker Jossif Abramowitsch Rappoport, ein Gelehrter von Weltrang, der beinahe den Nobelpreis erhalten hätte. Er erklärte sich dazu bereit, als Konsultant für eine gottverlassene Versuchsstation für Fischzucht und Bewässerung im Moskauer Umland zu fungieren. Nur deshalb, weil seine Zustimmung dem politisch unzuverlässigen Kowaljow helfen konnte und schließlich wirklich half, dort Arbeit zu finden.

Es gibt noch mehr solcher Beispiele. Niemand von uns hätte auch nur ein einziges Jahr im Klima landesweiter Hetze überleben können, wenn nicht eine ganze Reihe von Leuten uns moralisch unterstützt und uns praktisch geholfen hätte. Sie stellten ihre Wohnungen zur Verfügung, damit wir dort arbeiten konnten, berieten uns in Fachfragen, verschafften uns kleine Jobs und sammelten sogar Geld für Leute wie mich, die ihre Anstellung verloren hatten, und für die Familien der Verhafteten. Und schließlich gab es noch all jene, die unsere Texte verbreiteten, sie immer wieder neu abtippten und von Hand zu Hand weiterreichten. Wir verfügten über ein teilnehmendes und verständnisvolles Publikum. Und als wir verhaftet wurden, nahmen neue Leute unsere Plätze ein, die das von uns begonnene Werk aufgriffen und fortsetzten.

Bei einer nicht unbeträchtlichen Zahl von klugen und intelligenten Leuten riefen die Dissidenten-Aktivitäten aber auch negative Reaktionen hervor. Da waren jene – vor allem aus der älteren Gelehrtengeneration –, die meinten, daß die Wissenschaft nun einmal auf die Staatsmacht angewiesen sei – wie immer sich diese auch gebärden möge. Und ohnehin sorge die UdSSR nicht einmal schlecht für ihre Gelehrten. Da gab es die Datschen in Siedlungen wie Puschtschino oder Tschernogolowkij oder die bemerkenswerten finanziellen Mittel für die Grundlagenforschung. Natürlich habe diese Fürsorge ihren Preis. Hin und wieder müsse man eben einer Philosophie die Treue geloben, die auf falschen oder veralteten Grundlagen basiere. Hin und wieder mische sich die Staatsmacht eben in unsere Forschungen ein und gäbe ihr Direktiven. Aber dagegen könne man doch schließlich kämpfen, ohne in eine Konfrontation mit dem Staat als Ganzem zu geraten. Zugegeben: Es sei schon ziemlich bedauerlich, daß sich der Staat jetzt in lauter Gesetzlosigkeit und Willkür geriere, aber sei es etwa die Sache der Wissenschaftler, sich in diese Probleme einzumischen? Schließlich befänden wir uns nicht mehr in der Stalinzeit, als alle ohne Ansehen der Person eingesperrt wurden, ob schuldig oder unschuldig. Schade natürlich um Sinjawskij, Ginsburg und Grigorenko – aber sie wußten doch, auf was sie sich einließen.

Eine kleinere Gruppe sah in uns Nestbeschmutzer, die die Staatsmacht diskreditierten, die nationale Sicherheit bedrohten und deshalb zu Recht bestraft würden. Was das ganze Gerede von Menschenrechten beträfe, so seien diese nur eine Waffe des

Westens in seinem Kampf gegen Rußland. Jegliche Diskussion mit diesen frühen Vorläufern der heutigen Großmachtideologen war natürlich völlig unergiebig.

Eine dritte Gruppe plädierte dafür, daß sich mit gesellschaftlichen Problemen nur Menschen beschäftigen sollten, die keine Dilettanten auf diesem Gebiet seien. «Stell dir nur mal vor, Sergej», sagte mir ein mit unserem Labor verbundener Kollege einer anderen Abteilung, «zu dir käme jemand, der sich über die Erforschung der Kontaktmembranen und die Verzweigungen der Nervenenden belehren lassen wollte. Du würdest ihn zum Teufel jagen, und recht hättest du. Weshalb hältst aber ausgerechnet du dich für kompetent in Fragen der Politik?»

Ich erklärte, daß ich mich nicht mit Politik im engeren Sinne beschäftige, sondern mit den Menschenrechten, die jeden von uns beträfen. Aber ich befürchte, daß ich damit damals niemanden überzeugen konnte. In Wirklichkeit waren meine Gesprächspartner tief geprägt von der uns allen im Laufe der Jahrzehnte eingeimpften Überzeugung, daß gewisse Fragen am besten ohne uns und für uns entschieden würden. Weil sie sich selbst aber über ihren Standpunkt keine Rechenschaft ablegen wollten, stilisierten sie die uns allen wohlbekannten Visagen aus dem Politbüro zu «professionellen Politikern».

Paradoxerweise traf sich die Position dieser Leute mit dem Standpunkt von jenen, die gerade das Fehlen eines politischen Programms für den Hauptmangel der Menschenrechtsbewegung hielten: daß wir nämlich über keine der Mehrheit des Volkes verständlichen, klaren und deutlichen sozialökonomischen Losungen verfügten. Übrigens gab es solche Kritiker durchaus auch im Dissidentenmilieu selbst. Eine positive politische Plattform aber, die alle Bürgerrechtler vereinigt hätte, war schlicht undenkbar. Unter uns gab es Leute, die sich für Demokraten hielten, für russische Nationalisten, Kommunisten, Sozialisten und sogar Monarchisten.

Die vierten schließlich – und mir scheint, daß sie überhaupt die Mehrheit bildeten – waren durchaus auch der Meinung, daß es mit unserer Gesellschaft absolut nicht zum besten stünde, aber sie fanden, man dürfe sie keineswegs durch offenen Widerstand gegen das System zu verbessern versuchen, sondern nur durch gewissenhafte und ehrliche Kleinarbeit im eigenen Bereich. Gennadij Lisitschkin, ein bekannter Wirtschaftswissenschaftler, der bei sich im Wohnzimmer halb illegale Seminare abhielt, vertrat diese Haltung beispielsweise. Er glaubte, wenn man so wie wir mit unserer Initiative handelte, würde man nur dazu beitragen, die repressiven Tendenzen zu verstärken. Man müsse die Regierung eher vorsichtig, wenn auch konsequent, zu Reformen anspornen, vor allem zu wirtschaftlichen Reformen, denen politische dann schon von selbst folgen würden. Es sei aber zweckmäßig, sich dabei nach außen loyal zu geben. Diese Theorie der kleinen Schritte hatte dann auch noch ihre extreme Variante, die mir damals wie ein Witz vorkam: Das System sei nun mal abscheulich, von außen könne man es ohnehin nicht ändern, man müsse von innen Karriere machen und auf seine Stunde warten. Die Konsequenz dieser Position: Jeder anständige Mensch muß in die KPdSU eintreten. Tolja Jakobson, der deftige Ausdrücke liebte, pflegte folgenden Kommentar dazu zu geben: «Wenn ich mit einer Prostituierten schlafe, die Syphilis hat, wird sie davon wohl kaum gesunden. Ich aber stecke mich mit ziemlicher Sicherheit an.»

Heute, nachdem in unserem Lande aus den Reihen der ehemaligen KPdSU-Mitglieder eine ganze Reihe von Demokraten hervorgegangen sind, kommt mir diese Position nicht mehr so absurd wie damals vor. Auch unter diesen Parteimitgliedern gibt es offene Zyniker und Karrieristen wie überall, aber eben auch Menschen, die aus Überzeugung dabei waren, und zwar mehr, als wir damals gedacht hatten. Sie haben Karriere gemacht, waren dabei wahrscheinlich immer darauf bedacht, der Gesellschaft zu dienen, haben wahrscheinlich in ihren Bereichen auch anständige Resultate erzielt – und ununterbrochen Kompromisse mit ihrem Gewissen geschlossen. Einzelnen von ihnen ist es, wie durch ein Wunder, sicherlich gelungen, sich eine Moral zu bewahren. Leider aber verfügen Masken über die Eigenschaft, mit der Zeit fest anzuwachsen. Und das Resultat liegt auf der Hand: Es ist die Art von Demokratie, wie wir sie heute haben.

Am entschiedensten wurden wir von jenen abgelehnt, die uns Bürgerrechtler für Revolutionäre hielten, für dubiose Typen, die nur die bestehende Gesellschaftsordnung gefährden oder umstürzen wollten. Der revolutionäre Weg aber erschien ihnen – wie auch mir – als schlechteste aller Möglichkeiten: Rußland hat noch heute den Hals voll von allem, was ihm der revolutionäre Enthusiasmus unserer Väter und Großväter eingebrockt hat.

Daß auch die Menschenrechtsbewegung in eine solche Tradition eingereiht wurde, ist eine Folge der tiefen kulturellen Isolation unserer Intelligenzija, die jahrzehntelang von den Erfahrungen der übrigen Welt abgeschnitten war. Solche Leute dachten in historisch-kulturellen Schablonen: Revolutionäre – das heißt Extremisten, Extremisten – das heißt Hysteriker und Halbgebildete. Ich kann bis heute nicht nachvollziehen, von welchem Bild selbst mir wohlgesinnte und kluge Leute ausgingen, die mir ganz aufrichtig sagten: «Hör mal, Sergej, wie bist du bloß in diese Gesellschaft von Psychopathen, Versagern und Ehrgeizlingen geraten? Du selbst kannst doch eigentlich keine Minderwertigkeitskomplexe haben; du bist ein erfolgreicher Wissenschaftler auf dem Weg nach oben, der noch längst nicht den Gipfel seines Schaffens erreicht hat. Also warum, zum Teufel?»

Ich will nicht bestreiten, daß es unter den Dissidenten auch Ehrgeizlinge gegeben hat, Psychopathen und solche, die keinen anderen Weg für ihre Selbstverwirklichung gefunden hatten –

genauso wie andererseits auch Menschen von klarem Verstand, hohem kulturellem Niveau und hervorragenden Talenten auf ihrem Berufsgebiet. Aber ging es etwa darum? Begriffen meine aufgeklärten Kollegen denn überhaupt nicht, daß jeder beliebige erwachsene Mensch, gleich über welche Qualitäten er verfügt, das Recht hat, sein Verhalten selbst zu bestimmen? Nicht weil er besonders gut und klug ist, sondern einfach, weil er es so beschlossen hat?

Die «Chronik der laufenden Ereignisse»

Für das wichtigste in meinem Leben zu jener Zeit, und vielleicht sogar in meinem Leben überhaupt, halte ich meine Mitarbeit an der «Chronik der laufenden Ereignisse», am maschinengetippten Informationsbulletin der Bürgerrechtler. In diesem seit April 1968 herausgegebenen Bulletin wurden Einzelheiten über politische Verfolgung publiziert, Nachrichten über die Gesetzesverletzungen, von denen sie begleitet waren, und Informationen über Menschenrechtsaktionen innerhalb der UdSSR.

Die Chronik enthielt sich aller Emotionen, Wertungen und Verallgemeinerungen. Sie lieferte nur Fakten. Und gerade dieser Umstand machte ihre Ausgaben zum unwiderlegbaren Zeugnis für das rechtswidrige und inhumane Wesen des herrschenden Regimes.

Die Last der ersten Nummern der Chronik hatte Natalja Gorbanewskaja, eine Philologin und Lyrikerin, ganz allein auf ihren schmächtigen Schultern getragen. Sie war eine kleine Frau mit energischen und ziemlich schroffen Manieren. Ihr Name war unter Poesieliebhabern ein Begriff; ihre Verse wurden praktisch nirgendwo gedruckt, obwohl sie seit dem Ende der fünfziger Jahre in Abschriften kursierten.

Später sollte ich die phantastische Arbeitsfähigkeit und die

Ausdauer Nataschas schätzen lernen. Was es allein bedeutete, die eingehenden Meldungen zu sammeln, kritisch einzuschätzen und zusammenzustellen! Und wie sahen diese Meldungen meistens aus! Sie waren durch viele Hände gegangen, bisweilen auf Papierfetzen hingekritzelt, manchmal gar auf Einwickelpapier, und mitnichten immer zusammenhängend und verständlich formuliert! Das alles schwappte auf Nataschas Tisch, auf dem sie tippte, Essen zubereitete und Kinderwindeln bügelte, denn sie zog ganz allein ihre beiden Kleinkinder auf. Dieser ganze Papierberg mußte nach Themen sortiert, in sachliche lakonische Texte umformuliert, zu einer Ausgabe komponiert und dann auch noch mehrfach abgetippt werden. Was dabei herauskam, nannten wir den «Nullabzug». Dessen Exemplare wurden dann an mehrere Adressen weitergeleitet.

Anfangs liefen die Meldungen nur über die relativ kurzen Kommunikationsketten unserer Freundeskreise. Und auf denselben Wegen kamen dann die fertiggetippten Bulletins wieder zurück, wobei sie unterwegs immer wieder vervielfältigt wurden. Allmählich wurde die Chronik bekannt, und wer etwas zu melden hatte, suchte selbst nach Möglichkeiten, seine Informationen zu übermitteln. In Moskau war das relativ einfach. Der Kreis der hauptstädtischen Intellektuellen war nicht allzu groß, und alle waren um zwei oder drei Ecken miteinander bekannt. Wer an Menschenrechtsaktivitäten teilnahm, verbarg es nicht – alle traten damals offen auf und unterzeichneten ihre Appelle nicht nur namentlich, sondern setzten häufig auch noch ihre Adresse und Telefonnummer darunter. Jeder wußte: Wenn du zu Litwinow gehst oder zu Jakir und dort eine Notiz mit der Schilderung irgendeines Vorfalles hinterläßt, dann erscheint diese Notiz auch in der Chronik. Nataschas Rolle bei der Arbeit am Bulletin wurde zwar nicht an die große Glocke gehängt, aber sie war ein offenes Geheimnis. Das war unsere ganze «Konspiration».

Schon in den ersten Monaten ihrer Existenz gelangte die Chronik regelmäßig nach Leningrad, Kiew, Charkow, Lwow, Odessa, Vilnius, Tallinn, Tartu, Taschkent, Nowossibirsk – um nur jene Städte zu nennen, von denen ich weiß. Die ersten Ausgaben bestanden aus zehn bis zwölf Blatt, dicht beschrieben, gewöhnlich aus Zigarettenpapier, weil man auf Zigarettenpapier gleich ein Dutzend Durchschläge herstellen konnte. Diese noch kaum verblichenen Blättchen kann man heute im Archiv der Gesellschaft «Memorial» bewundern, ja, und auch in einigen Privathäusern, wo man den Samisdat zum Andenken aufbewahrt.

Natascha Gorbanewskaja wurde im Dezember 1969 verhaftet, als die zehnte Nummer der Chronik in Arbeit war. Wir mußten das Material für diese Ausgabe rekonstruieren. Danach wurde die Chronik nie mehr von einer Person allein produziert – gewöhnlich war es eine ganze Mannschaft. An der Spitze dieser Mannschaft standen meine engen Freunde Tatjana Welikanowa und Anatolij Jakobson, auch Tanja und Toschka genannt. Jakobson schrieb Texte, redigierte die Meldungen, formulierte die Rubriken und entwarf das Layout. Tanja war für die organisatorisch-technische Arbeit zuständig und sammelte alle eingehenden Informationen in einem «Portefeuille», einer rötlichen abgewetzten Aktentasche. Wenn der Tag X nahte, sortierte sie alles nach Themen. Sie koordinierte auch die Arbeit aller Chronikredakteure untereinander. Erst später sollte es manchmal vorkommen, daß bestimmte Rubriken von zwei verschiedenen «Brigaden» vorbereitet wurden, ohne daß diese voneinander wußten. Sie organisierte das Abtippen des fertigen Modells und die Verteilung der «Nullabzüge» zwecks weiterer Vervielfältigung.

Tatjana erfüllte bis zu ihrer Verhaftung im November 1979 die Funktion eines «Direktors» der Chronik. Nach Lagerhaft und Verbannung kehrte sie 1988 nach Moskau zurück und fing sofort in einer Schule an zu unterrichten – und zwar die jüngeren Klassen. Vor ihrer Verhaftung war sie Mathematikerin und Programmiererin gewesen. Damals, im Frühjahr 1972, sagte Tanja zu mir: «Serjoscha, wir haben niemanden, der die Chronik macht. Toschka sind sie auf den Fersen, und er muß unbedingt eine Zeitlang die Finger von solchen Sachen lassen. Hast du keine Lust mitzuarbeiten?»

Zwar hatte ich, wie Dutzende anderer auch, schon seit Gorbanewskajas Zeiten der Chronik bisweilen Informationen übergeben. Aber hier war die Rede von etwas ganz anderem: von systematischer, komplizierter, verantwortlicher und aufreibender Arbeit. Und dennoch war es das, was mir bei meinem Einsatz für das Dissidententum bisher gefehlt hatte. Ich begriff, daß das Sammeln, Überprüfen, Systematisieren und Verbreiten von Informationen wahrscheinlich die wichtigste von allen Bürgerrechtsaktivitäten war. Ich stimmte zu – und das gern.

Das Themenspektrum wurde mit jeder Ausgabe breiter. Von Beginn an hatten wir enge Verbindung mit der Bewegung der Krimtataren aufgenommen, die für ihre Heimkehr auf die Krim kämpften. Kontakte hatten sich auch zur russisch-orthodoxen Welt entwickelt, wodurch wir unter den Orthodoxen – Geistlichen und Laien – auch Menschen kennenlernten, die die Kirche von der Bevormundung durch den Staat und von diversen Verfolgungen zu befreien suchten.

Von Anfang an erhielt die Chronik auch Mitteilungen darüber, was in den Lagern der politischen Gefangenen vorging. Zu jener Zeit existierte in der Sowjetunion nur ein «Politlager» in Mordwinien, das aus verschiedenen «Zonen» bestand. Im Jahre 1972 allerdings wurde ein weiteres solches Lager im Ural eingerichtet, wo ich später «sitzen» sollte. Natürlich trugen die Lager wesentlich zur Erweiterung der Thematik des Bulletins bei: «Unsere» Verurteilten schlossen dort mit politischen Gefangenen aus allen Ecken des Landes Bekanntschaft. Und auch ihre Verwandten und Menschen, die als Verwandte ausgegeben wurden, lernten einander bei Besuchen im Lager kennen. Von hier war nur ein kurzer Draht bis zu den Freunden und Gleichgesinnten in der Freiheit. So kam es in der Chronik beispielsweise zur Rubrik «Ereignisse in der Ukraine», die über Repressionen gegen «ukrainische Nationalisten» berichtete – womit nicht jene Partisanen gemeint waren, die sich mit der Waffe in der Hand in den ersten Nachkriegsjahren gegen die Sowjetarmee gewehrt hatten, sondern eine neue Generation ukrainischer Geisteswissenschaftler, Literaten und Künstler, die weniger für die politische Unabhängigkeit der Republik eintraten als vielmehr für die Rettung ihrer Kultur vor der Russifizierung, auch wenn viele von ihnen von dem Wunsch nach Unabhängigkeit motiviert waren. «Ereignisse in Litauen» und «Ereignisse in Georgien» wurden zwei weitere Abteilungen in der Chronik.

Noch als ich in Gelfands Laboratorium arbeitete, hatte ich Arimantas Raschkinis kennengelernt – einen Medizinstudenten aus Kaunas; eine Zeitlang war ich sogar sein wissenschaftlicher Berater. Nach seinem Fachstudium fing er bei uns seine Dissertation an und arbeitete gleichzeitig in unserem Laboratorium.

Arimantas war gläubiger Katholik. Was die katholische Kirche anging, so spielte sie zu jenen Zeiten in Litauen bei weitem nicht jene jämmerliche Rolle wie die orthodoxe Kirche in Rußland. Der lange bewaffnete Kampf gegen die sowjetischen Okkupanten hatte mit einer Niederlage geendet. Im Lager sollte ich viele ehemalige Partisanen aus Litauen kennenlernen, die bis zum Ende der fünfziger Jahre in den Wäldern geblieben waren. Danach fand dieses Volk, das auch früher in seiner Mehrzahl sehr religiös gewesen war, im Katholizismus den geistigen Rückhalt für seinen Widerstand. Die lokalen und die Moskauer Machthaber hatten dies begriffen und waren bemüht, den Einfluß der Kirche zurückzudrängen. Von Zeit zu Zeit wurde die katholische Kirche deshalb verfolgt, manchmal eher nachlässig, manchmal sehr konsequent. Die Gesetzgebung zur Religionsausübung aus dem Jahre 1929 lieferte alle juristischen Voraussetzungen dafür – das Prinzip der Trennung von Kirche und Staat ebenso wie der Schule von der Kirche wurde darin sehr extensiv ausgelegt.

Die orthodoxe Kirche legte den Machthabern gegenüber eine Art demonstrativer Loyalität an den Tag. Sie hatte schrecklich unter der Verfolgung nach der Revolution gelitten und stand ohnehin in der starken byzantinischen Tradition der Unterordnung unter den Staat.

In Litauen war die Ausgangssituation eine andere. Wie alle baltischen Staaten war auch Litauen der UdSSR ein Jahr vor dem Angriff auf die Sowjetunion einverleibt worden. Im Klerus gab es viele, die jegliche Einmischung des Staates in kirchliche Angelegenheiten strikt zurückwiesen. Das geistige Zentrum seiner Kirche lag überdies außerhalb der Reichweite des Kreml, im Vatikan. Am wichtigsten aber war, daß sich in Litauen religiöse Haltung und nationale Idee verbanden, um sich wechselseitig zu verstärken.

Arimantas war mit einigen aktiven Teilnehmern der in seiner Heimat entstandenen national-religiösen Bewegung bekannt. Die katholischen Dissidenten in Litauen übernahmen ziemlich viel von den erprobten Vorgehensweisen der Moskauer Bürgerrechtler: sie beriefen sich auf Verfassung und Gesetz und praktizierten eine Art «Glasnost von unten» in Gestalt des Samisdat.

Was uns die litauischen Dissidenten voraus hatten, war die Unterstützung, die sie in der Bevölkerung fanden. Wir waren überwältigt, als wir erfuhren, daß man aus Protest gegen die Schließung der Kathedrale in Klaipeda mehr als zehntausend Unterschriften gesammelt hatte. In Moskau bekamen wir nie mehr als drei- oder vierhundert zusammen. Die Zahlen zeigten allerdings auch, daß eine Bewegung zur Verteidigung der Menschenrechte offensichtlich nur dann eine gewisse Chance hat, wenn die Verletzung dieser Rechte gleichzeitig auch die Interessen einer ganzen Gruppe beeinträchtigt, seien es nationale, religiöse, sozialökonomische oder politische Interessen. Der Kampf für die Rechte des einzelnen scheint bestenfalls das Anliegen von Einzelgängern oder kleinen Gruppen mit einem ausgesprochen tiefen Rechtsbewußtsein zu sein. Zumindest in unserem Land verhielt es sich so und verhält es sich so bis heute. Diese Konstellation beantwortet auch die Frage, warum die Bürgerrechtler, die sich jahrzehntelang in scharfer Konfrontation zum kommunistischen Regime befanden, nach dem Fall dieses Regimes nicht an die Macht gekommen sind.

Über Arimantas gab ich die Chronik und andere Moskauer Samisdat-Publikationen nach Litauen weiter; und über ihn erhielt ich auch regelmäßig Informationen über die Ereignisse in dieser Republik. Im Juni 1972 begannen die Aktivisten der katholischen Bewegung eine «Chronik der litauischen katholischen Kirche» in litauischer Sprache. Wenn diese auch nicht direkt ein Tochterunternehmen der Moskauer Chronik war, so war sie doch eine Art Schwesterpublikation. Sie wurde danach zur Hauptquelle für eine neue Rubrik in unserer Chronik mit dem Titel «Ereignisse in Litauen».

Durch Arimantas lernte ich Pjatras Plumpa kennen, einen sympathischen jungen Burschen, der es in seinem Alter schon geschafft hatte, sieben Jahre im Gefängnis abzusitzen, weil er auf einem offiziellen Gebäude in Vilnius die litauische Flagge gehißt hatte. Natürlich ahnten wir schon damals, daß dies nicht seine letzte Verhaftung sein würde, aber welche Zigeunerin hätte mir prophezeien können, daß dieser junge Mensch, mit dem wir damals gerade einen systematischen Informationsaustausch vereinbarten und dem ich versprach, den litauischen Samisdat in den Westen weiterzuleiten, zwanzig Jahre später –

wenn auch nur für kurze Zeit – den Posten des KGB-Vorsitzenden der unabhängigen Litauischen Republik bekleiden würde?

Im Vergleich zu unserem Moskauer Schlendrian in Sachen Konspiration gingen Pjatras und die anderen Litauer mit höchster Umsicht vor – ein bestimmtes Klingelsignal per Telefon, vorher abgesprochene Treffpunkte in Wohnungen, von denen man annahm, daß sie nicht observiert wurden, keinerlei überflüssiges Gerede –, und doch blieb keinem der Teilnehmer an unserem Treffen das Gefängnis erspart. Mit Ausnahme von Arimantas Raschkinis, der sich später habilitierte und heute Deputierter des litauischen Sejm ist.

Wie sich zeigte, sollten meine Kontakte mit den Litauern den Ort vorherbestimmen, an dem später mein Untersuchungsverfahren und mein Gerichtsprozeß stattfanden. Ebenso leitete sich davon aber auch das Datum meiner Rehabilitierung ab, in deren Genuß ich ein wenig eher kam als meine Mitstreiter, weil mich der Oberste Gerichtshof der Litauischen Republik schon rehabilitierte, als in Rußland noch die Kommunisten an der Macht waren.

Auf ähnliche Weise, durch meine Kontakte zu anderen Wissenschaftlern, kam meine Verbindung zu den georgischen Dissidenten zustande: zu Swiad Gamsachurdija und später auch zu Merab Kostawa. Das war um die Jahreswende 1972/73.

Swiad war damals ein relativ junger Absolvent der philologischen Fakultät, der zu diesem Zeitpunkt nur noch etwas mehr als zwanzig Lebensjahre vor sich hatte. In diesen zwanzig Jahren wurde er öffentlich bekannt als schriller Dissident, dann verhaftet. Er übte öffentlich Selbstkritik und steuerte dann zielstrebig eine politische Karriere in den Perestrojka-Jahren an. Bei den Wahlen zum Obersten Sowjet der Republik und dann zum ersten Präsidenten des unabhängigen Georgien feierte er triumphale Siege. Monate auf dem Gipfel der Macht folgten,

Monate, die die georgische Gesellschaft in «Swiadisten» und «Antiswiadisten» – in Anhänger und Gegner Gamsachurdijas – zutiefst spaltete. Es kam zu Konflikten zwischen ihm und der Intelligenz, zwischen ihm und der Presse, zwischen ihm und den Angehörigen anderer Nationalitäten innerhalb Georgiens. Am Ende stand schließlich der bewaffnete Umsturz in Tbilissi, Gamsachurdijas Flucht in das benachbarte Tschetschenien zu Dschochar Dudajew, sein Versuch, in Westgeorgien einen Aufstand gegen die neue Regierung anzuzetteln, an deren Spitze nun der ehemalige Erste Sekretär des ZK der Kommunistischen Partei Georgiens und spätere Außenminister der UdSSR Eduard Schewardnadse stand. Am Neujahrsabend 1993 fand Gamsachurdija, von Regierungstruppen umzingelt, in einem winzigen Flecken in Mingrelien den Tod – erschossen, entweder von eigener Hand oder von einem seiner Kommandeure.

Wie meine persönlichen Eindrücke vom späteren Präsidenten Georgiens waren, als ich ihn kennenlernte, mag ich nicht sagen. Man soll mir nicht vorwerfen können, daß ich meine Erinnerungen an die damalige Zeit an späteren Sympathien und Antipathien ausrichte, die ich natürlich verspüre. Ich will nicht verbergen, daß mir sein Verhalten während der Voruntersuchung und der Gerichtsverhandlung 1977/78* mißfiel. Ebenso mißfiel mir vieles während der Phase seiner kurzen Präsidentschaft 1991. Doch die Bewertung der Rolle, die Gamsachurdija für Georgien gespielt hat – als Dissident und als Präsident – möge den Georgiern überlassen bleiben. Für Rußland aber hat Swiad immerhin etwas Entscheidendes geleistet: Er hat eine Samisdat-Ausgabe von Solschenizyns «Archipel Gulag» organisiert,

* Gamsachurdija distanzierte sich während dieses Prozesses von seinen Bürgerrechtsaktivitäten und «bereute» vor laufender Fernsehkamera. Viele seiner Landsleute verdächtigten ihn anschließend der Zusammenarbeit mit dem unionsweiten KGB; d. Übers.

und wenn dieses Buch lange vor seiner offiziellen Veröffentlichung in unserer Heimat Teil unseres historischen Bewußtseins geworden ist, so hat daran auch Gamsachurdija seinen Anteil gehabt.

Merab Kostawa war seinem Freunde alles andere als ähnlich. Das Repertoire der Rollen, die Swiad beherrschte, reichte vom epischen Helden über den Verteidiger des Vaterlandes bis zum ewigen Kämpfer gegen die Feinde Georgiens, die aus Rache gegen ihn und seine Familie ewige Ränke schmiedeten. Diese Rollen spielte Swiad von früh bis spät, hartnäckig und voller Pathos. Meiner Ansicht nach mangelte es ihm dabei ein wenig am Gespür für das rechte Maß und an gutem Geschmack. Ich glaube, daß er Merab vor allem zur Vervollkommnung des eigenen Images benötigte. Merab spielte nicht Theater. Er war ein sehr aufrichtiger, sehr naiver und Swiad treu ergebener Mensch.

Im Juni 1991 bat mich Boris Nikolajewitsch Jelzin, den Präsidenten Georgiens vom Flughafen abzuholen. Er war eingeladen – wie alle führenden Persönlichkeiten der Unionsrepubliken –, in Moskau die Inauguration des frisch gewählten russischen Präsidenten Boris Jelzin zu feiern. Dem Protokoll zufolge sollten die Repräsentanten der Unionsrepubliken eigentlich von den höchsten Amtsträgern der Russischen Föderation abgeholt werden. Boris Nikolajewitsch aber dachte offenbar anders: erstens war der Rang eines Mitglieds des Präsidiums des Obersten Sowjets der Russischen Föderation hoch genug für den Präsidenten einer Unionsrepublik; zweitens trifft es sich gut, wenn man einem ehemaligen Dissidenten einen zweiten ehemaligen Dissidenten entgegenschicken kann, sozusagen einen Kampfgenossen.

Auf dem Weg vom Flughafen Wnukowo in die Innenstadt versuchte Swiad einige Male, mit mir über unsere gemeinsame Vergangenheit ins Gespräch zu kommen. Ich flüchtete mich in allgemeine Phrasen, um das Gespräch in protokollarische Bahnen zu lenken. Ich wollte ihm weder nach dem Munde reden noch mich in Anschuldigungen gegen ihn ergehen. Ich glaube, daß Swiad die Situation erfaßte. Denn obwohl er noch einige Tage in Moskau blieb, unternahm er keinen zweiten Versuch, sich mit mir zu treffen.

Kritiker der Dissidentenbewegung fühlen sich nur allzugern durch die kurze und bedauerliche Erfahrung der Präsidentenzeit Swiad Gamsachurdijas bestätigt, des einzigen Dissidenten in der ehemaligen UdSSR, der je das höchste Staatsamt eroberte. So sind sie also, diese Dissidenten, selbstverliebte, eitle Laffen. Solche Leute muß man auf Abstand von der Politik halten.

Ich hingegen neige zu der Annahme, daß es die, milde gesagt, besonderen moralischen Qualitäten der Persönlichkeit Gamsachurdijas gewesen sind, die sowohl seine schnelle politische Karriere als auch sein trauriges Ende bedingten. Aber wer weiß, ob ich ihm gegenüber nicht ungerecht und voreingenommen bin. Wie auch immer er gelebt haben mag – gestorben ist er jedenfalls wie ein Mann, der mit der Waffe in der Hand verteidigte, was er für eine gerechte Sache hielt.

Der Selbstmord Anatolij Jakobsons

Anfang November 1972, einige Monate nachdem Pjotr Jakir verhaftet worden war, wurde Irina Jakir zwecks «persönlicher Gegenüberstellung» mit ihrem Vater vom KGB vorgeladen. Pjotr erklärte ihr, daß er zu der Überzeugung gelangt sei, daß die Fortsetzung der Dissidententätigkeit zu nichts anderem als zu weiteren Verhaftungen führe, daß zukünftig nicht nur die verhaftet würden, die direkt an Aktionen wie der «Chronik der laufenden Ereignisse» mitwirkten, sondern alle, die auch nur indirekt daran teilgenommen hatten. Sowohl er selbst wie auch Viktor Krassin hätten in letzter Zeit gegen zahlreiche Mitwirkende ausgesagt – dafür habe man ihm aber auch versichert, daß den im Zuge dieser Aussage Genannten keine Strafe drohe – allerdings nur, wenn sie unverzüglich ihre Aktivitäten einstellten. Wenn sich eine Armee in einer aussichtslosen Situation befände, so sei es die Pflicht des Heerführers, die Kapitulationsangebote seines Gegners anzunehmen.

Bei der «persönlichen Gegenüberstellung» war ein Beamter namens Istomin anwesend – Jakirs und später auch mein Untersuchungsrichter.

Kurz darauf überreichte man uns – ganz offiziell – direkt aus dem Lefortowo-Gefängnis zwei Schreiben: eins von Jakir an Sacharow, ein anderes von Krassin an uns alle. Beide ließen uns von den Versprechungen und Drohungen des KGB wissen, von der Unausweichlichkeit einer «ehrenhaften Kapitulation», um unnötige Opfer zu vermeiden, und wiesen uns auf die drastischen Folgen hin, sollten wir uns dickköpfig zeigen.

Und wirklich: Anfang Januar wurde Irina Belogorodskaja verhaftet, die bei der Chronik keine herausragende Rolle gespielt, sondern nur bisweilen das Abtippen einzelner Nummern organisiert hatte. An der letzten Nummer aber, der 27. Ausgabe des Bulletins, die noch vor dem Ultimatum herausgekommen war, war sie gar nicht mehr beteiligt gewesen. Die KGB-Leute wußten dies natürlich, aber sie mußten um jeden Preis ihre Entschlossenheit demonstrieren. Sie hofften offensichtlich, ihre Erpressung eher durchsetzen zu können, wenn sie nicht uns Aktivisten, sondern unsere Freunde und Angehörigen bedrohten. Dagegen kann man sich nur schwer wehren.

Aller Wahrscheinlichkeit nach würde als nächster Anatolij Jakobson verhaftet werden. In einem Verhör von Viktor Krassins Frau hatte der KGB das sogar direkt angedroht. Gegen Anatolij lag ein Berg von Belastungsmaterial vor: Zum einen war er Mitglied der Initiativgruppe, zum anderen war es ein offenes Geheimnis, daß er in den Jahren 1970/71 eine äußerst aktive

Rolle bei der Herausgabe der Chronik gespielt hatte. «Konspiratives Verhalten» war seiner stürmischen und expansiven Natur zutiefst fremd. Jakobson mußte in den Augen der KGB der Geeignete sein. Er war ein vielseitig und überaus begabter Literaturwissenschaftler, Essayist, Übersetzer und Pädagoge. Gleichzeitig war er auch einer der besten Publizisten des Samisdat, zu vergleichen – meiner Meinung nach – höchstens mit Lidija Tschukowskaja oder Alexander Solschenizyn. Namentlich unterzeichnete er nur wenige Texte, aber jeder von diesen Artikeln machte seinem Namen Ehre. Es überwogen von ihm verfaßte anonyme Beiträge, die unter seiner Anleitung für die Initiativgruppe oder für die Chronik geschrieben wurden. Er fühlte sich durch den streng nachrichtlichen Rahmen der Meldungen und den rein juristischen Charakter der Analysen dort eher eingeengt. In der Publizistik und in literaturwissenschaftlichen Arbeiten dagegen konnte er seinem Herzen Luft machen. Schon im Winter 1972 hatte er die Arbeit an der Chronik eingestellt, weil er sein Buch über Alexander Blok zu Ende bringen wollte, eine Aufgabe, die ihm sehr wichtig war. Unter dem Titel «Ende einer Tragödie» erschien es später im Ausland.

Um über unser weiteres Vorgehen unter diesen Umständen zu entscheiden, kamen eines Tages sowohl die ständigen Mitarbeiter der Chronik, wie Tanja Welikanowa und Sascha Lawut, zusammen und dazu alle, die wir zu unseren Freunden zählten. Auch Jakobson selbst war anwesend, aber aufgrund eines allgemeinen Beschlusses durfte er nicht mit abstimmen.

Das Problem lag auf der Hand. Das uns aufgezwungene Prinzip der Verantwortung aller für alle lehnten wir ab. Folglich konnten wir das Ultimatum des KGB nicht akzeptieren. Aber keiner von uns wollte sich Anatolij Jakobson im Straflager vorstellen.

Im Falle Jakobson allerdings kamen uns Zweifel an dieser prinzipiellen Haltung. Jakobson zeichnete sich durch ein explosives Temperament aus. Wir alle konnten uns lebhaft vorstellen, wie er im Lager bei der erstbesten Gemeinheit den nächstbesten Vorgesetzten, der ihm über den Weg liefe, zu Boden strecken würde – mit allen daraus resultierenden Folgen. Er und ich hatten beide in unserer Jugend geboxt und es sogar bis zum Champion gebracht. Und schließlich: Jakobson hing wahnsinnig an seinem Sohn Sanka, zu jener Zeit ein nervöser und neunmalkluger zwölfjähriger Teenager, der vom Vater die Leidenschaft für Literatur und von uns allen das Interesse an sozialen Fragen geerbt hatte. Bei ihm aber war daraus eine geradezu manische Fixierung auf aktuelle politische Probleme geworden. Er war ein viel grimmigerer «Feind der Sowjetunion» als irgendeiner von uns. Anatolij vergötterte seinen Sohn, zitterte um ihn und dachte mit Schrecken an dessen Zukunft. Und als Sanka plötzlich auch noch mit zionistischen Ideen daherkam und von Israel zu schwärmen begann, war das Schicksal der Familie besiegelt. Jakobson konnte dem KGB widerstehen, der drohenden Verhaftung – aber nicht seinem Sohn. Maja, seine Frau, liebäugelte auch mit der Emigration, nur auf diese Weise glaubte sie ihrem Sanka den Vater erhalten zu können.

Niemand von uns hatte das moralische Recht, die Jakobsons in ihren Entscheidungen einzuengen; und gleichzeitig schien es doch so gut wie sicher, daß eine weitere Ausgabe der Chronik für Anatolij Arrest und Lagerhaft bedeuten würde. Schließlich beschlossen wir, mit der anstehenden Nummer noch ein wenig zu warten. Die «Pause» zog sich – wie sich herausstellen sollte – über anderthalb Jahre hin.

Ende August 1973 emigrierten die Jakobsons. Auf Tolja, Mitglied des internationalen PEN-Club, wartete ein Lehrstuhl an der Fakultät für Slawistik der Jerusalemer Universität. Er leistete die mit dem Lehrstuhl verbundene Arbeit und schrieb Artikel über russische Poesie. Dann verfiel er in eine tiefe Depression, warf alles hin, verließ die Universität und heuerte als Träger in einer Mühle an. Rein körperlich war er gesund wie ein Ochse. Später kehrte er wieder an die Universität zurück, um sie dann doch wieder zu verlassen und erneut zurückzukehren. Seinen Freunden in Rußland schrieb er mal muntere, mal verzweifelte Briefe.

Immer wenn über die Dissidenten behauptet wird, sie stünden Rußland gleichgültig oder gar feindselig gegenüber, denke ich an Anatolij. Er war nicht nur geistig, sondern geradezu physiologisch mit Rußland, der russischen Kultur, der russischen Literatur und der russischen Poesie verbunden. Ohne dieses Band war er nicht lebensfähig. Manche Leute finden in sich selbst die Kraft, in der Emigration neue Wurzeln zu schlagen oder wenigstens mit jenem Rest von Rußland auszukommen, den sie in sich tragen. Anatolij Jakobson, war dazu nicht fähig. Im September 1978 setzte er seinem Leben ein Ende und hängte sich im Keller auf.

Hatten wir denn nun richtig gehandelt, als wir uns bemühten, die drohende Lagerhaft von Anatolij abzuwenden? Natürlich gibt es darauf keine richtige Antwort. Ich glaube, daß Toschka im Lager überlebt hätte: mit seinem hitzigen Widerstand, seiner gleichsam sportlichen Wut und dem Gefühl der Solidarität. Er war ein Kämpfer, und wenn er sich in extremen Situationen befand, erlaubte er sich keinerlei Depressionen. Mit seiner Neigung zu Jähzorn wäre er aus dem Lager wahrscheinlich nie mehr herausgekommen. Vermutlich hätte man ihm eine Haft nach der anderen aufgebrummt – und trotzdem: könnte er nicht heute noch am Leben sein?

Damals waren wir in gewisser Weise einem Erpressungsversuch erlegen, und das hat zu nichts Gutem geführt.

Angesichts des Gerichtsprozesses gegen Jakir und Krassin und deren Reuebekundungen vor den Fernsehkameras kamen wir nicht darum herum, öffentlich zu ihrem Verhalten Stellung zu nehmen. Wir beschlossen, dies im Namen der Initiativgruppe zu tun. Um den Inhalt unserer Erklärung entbrannte ein heftiger Streit: Grischa Podjapolskij und Anatolij Emanuilowitsch Lewitin schlugen eine harsche Verurteilung der Abweichler vor. Mir schien es unangemessen, uns gebrochenen Menschen gegenüber moralisch aufs hohe Roß zu setzen. Wesentlich wichtiger war mir jetzt, unseren Standpunkt gegenüber dem inquisitorischen Gebaren der Machthaber selbst zum Ausdruck zu bringen. Deren Ziel bestand ja offensichtlich darin, aus den Verhafteten Lügen über sich selbst und andere herauszupressen und sie dazu zu zwingen, sich von der eigenen Meinung zu distanzieren. Die Gruppe schloß sich mir an. Wir veröffentlichten folgende Erklärung:

«Die Initiativgruppe teilt nicht die Position, die ihre ehemaligen Mitglieder, P. Jakir und V. Krassin, vor Gericht eingenommen haben...

Wir konstatieren, daß P. Jakir und V. Krassin während der Voruntersuchung, vor Gericht und während der Pressekonferenz falsche Aussagen gemacht haben...

Wir protestieren gegen derartige Methoden der Einflußnahme, die die menschliche Persönlichkeit zerbrechen und Leute zwingen, sich von ihren Handlungen zu distanzieren, von ihren Freunden und von sich selbst...

Die Initiativgruppe hofft, auch in Zukunft individuelle und kollektive Anstrengungen zu unternehmen, um die allgemein anerkannten Rechte des Menschen zu stärken – wie zum Beispiel die Freiheit, die eigene Meinung auszudrücken und zu verbreiten oder, zum Beispiel, den Schutz gegen unlautere gerichtliche Verfolgung.»

Nachdem wir diese Position öffentlich gemacht hatten, wäre ein weiterer Verzicht auf die Herausgabe der Chronik nicht verständlich gewesen, weder uns selbst noch unserer Umgebung. Und außerdem schien das Verschwinden dieser leidenschaftslosen und ruhigen Chronik die bedrückende Atmosphäre des Jahres 1973 eher zu verschärfen, eine Atmosphäre des Verrats, der Konzessionen und der Ausweichmanöver.

Im Herbst beschlossen wir einmütig, weiterzumachen und gleich drei Ausgaben vorzubereiten, um einen retrospektiven Überblick über die Ereignisse zur Zeit der «Pause» zu geben. Außerdem überlegten wir, diesmal unsere Namen auf das Titelblatt zu setzen.

Nach langer Diskussion entschieden wir, eine namentlich unterzeichnete Erklärung der Verteiler – aber nicht der Autoren – des Bulletins zu veröffentlichen. Der Text lautete:

«Da wir entgegen zahlreicher Behauptungen des KGB und diverser Gerichtsinstanzen der UdSSR die ‹Chronik der laufenden Ereignisse› nicht für ein illegales oder verleumderisches Druck-Erzeugnis halten, betrachten wir es als unsere Pflicht, zu ihrer möglichst weiträumigen Verbreitung beizutragen.

Wir sind davon überzeugt, daß wahrheitsgemäße Information über die Verletzungen der Menschenrechte in der Sowjetunion allen zugänglich sein muß, die sich dafür interessieren.

7. Mai 1974 T. Welikanowa
S. Kowaljow
T. Chodorowitsch.»

Zusammen mit den Nummern 28, 29 und 30 übergaben wir diese Erklärung den ausländischen Korrespondenten. Der Effekt übertraf unsere Erwartungen, hatten doch viele, unter anderem auch der Staatssicherheitsdienst, der Chronik längst ade gesagt, ja, manche hatten innerlich schon die ganze Bürgerrechtsbewegung verabschiedet. Dabei erfaßten nicht alle den Hintersinn unserer Worte. Viele verstanden es so, als erklärten sich Welikanowa, Kowaljow und Chodorowitsch damit zur Redaktion.

Anderthalb Wochen später, am 18. Mai, war noch eine Nummer fertig, die einunddreißigste – eine Sondernummer zum 30. Jahrestag der Deportation der Tataren von der Krim. Sie bestand ausschließlich aus Mitteilungen zu dieser Thematik und war von Sascha Lawut ganz allein produziert worden.

Im Juli begann dann die Arbeit an der zweiunddreißigsten Ausgabe. Sie zog sich fast anderthalb Monate hin, und ich verbrachte diese Zeit fast Tag und Nacht in einer Wohnung in der Mantulowskaja-Straße, die Tatjana inzwischen speziell für die Arbeit angemietet hatte. Diese Ausgabe übertraf in der Breite ihrer Thematik, in dem geographischen Einzugsbereich der Meldungen und in der Länge der einzelnen Beiträge die bisherigen Chroniken bei weitem. Es schien, als sei die Bürgerrechtsbewegung nach dem Pogrom umfassender geworden, ja, und auch professioneller. Danach hatte ich immer gestrebt. Und daß die Chronik zumindest im Niveau ihrer juristischen Kommentare zu einem professionellen Bulletin über die Menschenrechte wurde, halte ich für mein persönliches Verdienst.

Ich schätzte, daß nach der Erklärung vom 7. Mai meine und Tatjanas Verhaftung unmittelbar bevorstünden. Was Tatjana anbetraf, sollte ich mich irren – man verhaftete sie erst fünf Jahre später.

Der Oktober verging in fieberhafter Hast: aus dem mordwinischen und dem erst unlängst eröffneten Politlager bei Perm kam die Nachricht, daß ein paar Dutzend Häftlinge beschlossen hatten, den 30. Oktober zum Tag des politischen Gefangenen zu erklären – schließlich gäbe es bei uns doch auch den «Tag des Bergmannes», den «Tag des Eisenbahners» usw. – und an diesem Tag einen symbolischen Hungerstreik abzuhalten. Wir beschlossen, zum 30. Oktober eine Sondernummer vorzubereiten mit einer systematischen Übersicht über alle uns zugänglichen persönlichen Daten politischer Gefangener. Uns blieb dafür wenig Zeit, wir saßen vor einem Berg von Material und waren doch nur eine Handvoll Leute. Die Nummer 33 der Chronik liest sich wie eine Inventarliste: Familienname, Kurzbiographie, Anlaß für die Anklage.

Am 30. Oktober 1974 führten wir in der Wohnung der Sacharows eine Pressekonferenz durch, die der Lage der politischen Gefangenen in der UdSSR gewidmet war. Dazu verteilten wir Resolutionen aus den Lagern, die wir uns für diesen Tag aufgehoben hatten, und eine eigene Erklärung. Buchstäblich in letzter Minute konnten wir den ausländischen Korrespondenten auch noch ein Exemplar der 33. Nummer vorstellen, den «Nullabzug».

Von nun an wurde der «Tag des politischen Gefangenen» in den Lagern alljährlich begangen – mit Hungerstreiks und anderen Protestaktionen. Viele Jahre später, nämlich 1988, organisierte der Archäologe Zenon Posnjak, Kopf der Gesellschaft «Martirolog» – das belorussische Gegenstück zu unserer Gesellschaft «Memorial» –, an diesem Tag einen Gedenkmarsch nach Kuropatyj bei Minsk, wo in den dreißiger Jahren Massenerschießungen stattgefunden hatten. Der Gedenkmarsch wurde damals von der Miliz und von OMON-Truppen, den Sondereinsatztruppen des Innenministeriums, auseinandergejagt. Heute ist Posnjak Führer der belorussischen Opposition.

Der Prozeß

Ich kann mich nicht darüber beklagen, daß der KGB mich nicht rechtzeitig über meine bevorstehende Verhaftung in Kenntnis gesetzt hätte. Schon im November jenes Jahres 1974 hatten Mitarbeiter der fünften (ideologischen) Abteilung einen Bekannten von mir gebeten, mich doch daran zu erinnern, daß ich «nicht mit zwei Köpfen» geboren worden sei.

Die Durchsuchung meiner Privatwohnung am 23. Dezember war dann schon keine «Warnung» mehr – es war dies eine nahezu rituelle Handlung, die jeder Verhaftung unbedingt vorauszugehen hatte. Leider brachte sie in meinem Falle ganz reale Resultate: Sie fanden und konfiszierten einige Materialien für die 34. Nummer der Chronik.

Nach der Durchsuchung luden sie mich und meine Frau Ljusja zum Verhör ins KGB-Gebäude. Es dauerte nicht lange, und ich erklärte, daß ich nicht bereit sei, an der Untersuchung in irgendeiner Weise mitzuwirken. Der Untersuchungsbeamte, ein KGB-Hauptmann namens Trofimow, nahm meine Weigerung zu Protokoll und entließ uns dann – zu meiner Verwunderung und Ljusjas Freude – wieder nach Hause. Das nächste Verhör setzte er für den folgenden Tag an. (Nebenbei bemerkt, wurde Trofimow im Jahre 1994, nunmehr schon Generalleutnant, zum Chef des Föderalen Gegenspionagedienstes der Stadt und des Großbezirks Moskau ernannt.)

Am nächsten Tag erschien ich also pünktlich auf die Minute in der Untersuchungsabteilung des KGB und wartete darauf, aufgerufen zu werden. Ich wartete zwanzig Minuten, eine halbe Stunde, schließlich eine Stunde – und wurde nicht aufgerufen. Ich durchschaute natürlich diesen Gendarmentrick, das Vorspiel zum Verhör, jemanden dort sitzen und warten zu lassen, bis ihm die Nerven durchgehen. Warum aber sollte ausgerechnet ich bei solchen Psychokriegsspielen mitmachen? Ich ging also zum Fähnrich im Vorzimmer und fragte ihn, was los sei. – «Die Vorgesetzten sind beschäftigt.» – «Nun, dann richten Sie Ihren Vorgesetzten aus, daß ich auch ein sehr beschäftigter Mann bin und nicht weiter warten werde.»

Damit drehte ich mich um und ging. Noch am selben Tag rief Trofimow mich an, entschuldigte sich für die «Terminüberschneidung» und bat mich, selbst einen neuen Tag für unser nächstes Treffen zu benennen.

Wir einigten uns auf den 26. Dezember. Aber am Morgen des 26. erhielt ich die Nachricht, daß Sacharow mich sprechen wolle. Ein Treffen mit Andrej Dmitrijewitsch erschien mir sehr viel verlockender als ein Verhör beim KGB; deshalb rief nun ich meinerseits Trofimow an, entschuldigte mich und bat darum, das Verhör zu verschieben. Trofimow war nicht gerade beglückt, stimmte aber einer Verschiebung des Treffens auf den nächsten Tag zu.

Bis 1970 war ich mit Andrej Dmitrijewitsch nie zusammengetroffen, obwohl ich selbstverständlich von ihm gehört hatte. Vor allem von seinem heftigen Auftritt auf der Vollversammlung der Akademie der Wissenschaften zu Beginn der sechziger Jahre gegen die Aufnahme eines gewissen Nuschdin in die Akademie – eines Spießgesellen des zu trauriger Berühmtheit gelangten Genetikers Trofim Denissowitsch Lyssenko, der mit Stalins Hilfe einer ganzen Generation sowjetischer Wissenschaftler die Lehre aufgezwungen hatte, daß sich auch anerzogene Eigenschaften biologisch vererben. Ich wäre nie darauf gekommen, daß der «Vater der sowjetischen Wasserstoffbombe» – und in dieser Eigenschaft kannte man Sacharow in Wissenschaftskreisen – einmal ein weltweit bekannter Vorkämpfer für die Menschenrechte, Friedensnobelpreisträger und mein enger Freund werden sollte.

Aber ich las mit großem Interesse seinen Artikel «Gedanken über Fortschritt, friedliche Koexistenz und geistige Freiheit» – eine der wenigen Samisdat-Veröffentlichungen mit Thesencharakter. Die Grundidee der «Gedanken» erscheint mir noch heute außerordentlich wichtig: daß man nämlich auf die globalen Herausforderungen, vor denen die Menschheit am Ende des 20. Jahrhunderts steht, auf die Gefahr der atomaren Selbstvernichtung, die ökologische Katastrophe, das Gefälle zwischen Reich und Arm, den Verfall der Kultur und anderes mehr überhaupt nicht antworten kann, ohne vorher das Problem der Rechte und Freiheiten des Menschen gelöst zu haben. Bis zum Erscheinen von Sacharows Arbeit hatte man die Menschenrechte vor allem als moralisches Problem betrachtet, er hingegen stellte den Kampf um Menschenrechte in den Kontext des allgemeinen Kampfes um das Überleben und die Entwicklung der Menschheit.

Zwanzig Jahre später wurde Sacharow, nachdem ihm Gorbatschow die Heimkehr aus der Verbannung erlaubt hatte, einer der Direktoren der internationalen Stiftung «Für das Überleben und die Entwicklung der Menschheit». Und zum Vorsitzenden der stiftungseigenen «Projektgruppe für Menschenrechte» wurde – auf Empfehlung Andrej Dmitrijewitschs – ich gewählt. Ehrlich gesagt, als ich Sacharows Artikel im Jahre 1968 las, hätte ich nie und nimmer geglaubt, daß es in meiner Heimat und noch dazu zu meinen Lebzeiten Organisationen geben würde, die die Ideen dieses Artikels in die Tat umzusetzen versuchen.

Andrej Dmitrijewitsch schreibt in seinen Erinnerungen «Mein Leben», daß wir uns im Oktober 1970 in Kaluga kennengelernt hätten, wo seinerzeit der Gerichtsprozeß gegen den Mathematiker Revolt Pimenow und dessen Freund Boris Wajl stattfand. Revolt Pimenow sollte übrigens sehr viel später mein Kollege im Obersten Sowjet der UdSSR werden. Damals, in Kaluga, verurteilte man ihn zu fünf Jahren Verbannung, weil er Samisdat-Literatur aufbewahrt hatte.

Tatsächlich aber hatten wir uns schon einige Monate früher kennengelernt, als ich im Mai oder Juni bei ihm zu Hause gewesen war. Wir protestierten damals gegen das Schicksal meines Kollegen Schores Medwedjew, ein Biologe, der zwangsweise in einer psychiatrischen Anstalt eingewiesen worden war. Aber damals ging ich in einer vielköpfigen Besucherschar unter.

An meine Anwesenheit bei dem Prozeß in Kaluga aber mußte er sich einfach erinnern. Und zwar wegen der halb kriminellen, halb komischen Affäre um das Heft mit Pimenows schriftlichen Auszügen aus der Anklageschrift. Revolt war gewitzt genug gewesen, es – direkt unter der Nase der Begleitmannschaften – seiner Frau zuzustecken, und Sacharow brachte es dann in Sicherheit. Damals hatte mich der Verantwortliche von Pimenows Bewachern verzweifelt gebeten, ihn in die Zelle zu dem bereits Verurteilten (!) zu begleiten, mit diesem zu verhandeln und herauszufinden, wohin das Heftchen verschwunden war.

Revolt regte sich sehr glaubwürdig über den «Verlust» auf, und ich legte «Befremden» an den Tag – nicht ganz so glaubwürdig, wie ich befürchte. Jelena Bonner, die bald darauf Andrej Dmitrijewitschs Frau werden sollte, hatte draußen auf mich gewartet, und wir beide verpaßten um ein Haar die letzte S-Bahn nach Moskau. Im Zug aber zog Sacharow mit der Geste eines Zauberers das abgeschabte Heftchen unter seinem Hemd hervor: «Ach du liebe Güte! Wie kommt denn das hierher?»

Andrej Dmitrijewitsch und ich schlossen Freundschaft, obwohl er mit Freundschaftsbeweisen stets äußerst zurückhaltend war. Wahrscheinlich wollte er nur jenen Grad von Nähe vermeiden, der seine eigene Unabhängigkeit oder die eines anderen hätte beeinträchtigen können. Es gab da eine Grenze, die er nicht überschritt. Gleichzeitig aber war Sacharow sehr kommunikativ. Es war leicht, mit ihm ins Gespräch zu kommen. Er war äußerst offen und seinem Gesprächspartner gegenüber immer entgegenkommend. Wenn er Einwände hatte, verbarg er sie nie, aber er äußerte sie immer freundschaftlich, formulierte sie positiv und korrekt. Er wurde nie beleidigend.

Der Mitgliedschaft in irgendwelchen Dissidentenorganisationen – «Kommissionen», «Komitees», «Gruppen» – ging Sacharow aus dem Weg. «Ich bin kein Kollektivmensch», pflegte er zu sagen. Möglicherweise hatte er sich dies nach seinem ersten, einzigen und mißlungenen Versuch einer derartigen Zusammenarbeit zur Regel gemacht, und zwar nach dem im Dezember 1970 gegründeten «Komitee für Menschenrechte» (Sacharow, Tschalidse, Twerdochlebow und Schafarewitsch). Nachdem er einmal seinem Beitritt zu diesem Komitee zugestimmt hatte, war Andrej Dmitrijewitsch, so vermute ich, schon bald von dessen Arbeitsweise enttäuscht. Dennoch besuchte er gewissenhaft weiter die Versammlungen, bis Ende 1972 der Hauptgründer, Valerij Tschalidse, in die USA ausreiste, nachdem er sich vorher mit Andrej Dmitrijewitsch zerstritten hatte. Tschalidse hatte für eine «theoretische» Behandlung des Problems der Menschenrechte in der UdSSR plädiert, wobei jeder einzelne «Kasus» (ein Ausdruck Valerijs) lediglich als Illustration der einen oder anderen These galt. «Diese Fälle triefen vor Blut – wie kann ich sie denn da theoretisch untersuchen?» beklagte sich Andrej Dmitrijewitsch bei mir.

Überhaupt war Sacharows Fähigkeit zum Mit-Leid außerordentlich ausgeprägt. In unserem an tragische Fälle durchaus gewöhnten Kreis litt er heftig unter jeder Verhaftung, jeder Nachricht aus den Lagern, unter jeder Entlassung, Relegation vom Studium, unter jeder Ausreiseverweigerung.

Auch jetzt machte ihm meine bevorstehende Verhaftung zu schaffen. Bis zum späten Abend war ich bei ihm. Als ich mich zum Gehen anschickte, versuchten Ruth Grigorjewna, Andrej Dmitrijewitschs Schwiegermutter, Jelena Georgijewna Bonner und Andrej Dmitrijewitsch, mir lauter warme Sachen – Pullover, Schaffelljacke, Pelz – aufzudrängen. Alle gingen davon aus, daß ich am nächsten Tag im Gefängnis verschwinden würde.

Tags darauf hielt Trofimow mir ein Telegramm unter die Nase, eine Anweisung vom KGB der litauischen Sowjetrepublik, mich zu verhaften. Ich wurde ins Lefortowo-Gefängnis gebracht und am nächsten Morgen mit dem Flugzeug nach Vilnius geschickt.

Während der Voruntersuchung blieb ich meinem Prinzip treu, an der Untersuchung in keiner Weise mitzuwirken. Ich begründete dies damit, daß man bei allen mir bekannten Verfahren, bei denen jemand wegen «antisowjetischer Agitation und Propaganda» angeklagt worden war, das Gesetz und die Verfassung verletzt hatte. Ich aber wollte zu einer derartigen Rechtswidrigkeit nicht beitragen.

Mein Untersuchungsrichter, Anatolij Alexandrowitsch Istomin, nahm meine Erklärungen zur Kenntnis, trug sie widerspruchslos ins Protokoll ein, und danach unterhielten wir uns über Gott und die Welt. Er war ein gar nicht so dummer Kerl, durch und durch zynisch. In den Unterhaltungen mit mir aber versuchte er, ein gewisses gesellschaftliches Engagement herauszukehren und die Bereitschaft, meinen Standpunkt zu verstehen. Weiß der Teufel, vielleicht bemühte er sich auf seine Art wirklich, etwas zu begreifen? Unsere Diskussionen drehten sich im wesentlichen um zwei Fragen. Erstens: Trägt die Aktivität der Dissidenten zur Demokratisierung des Sowjetsystems bei, oder steht sie ihr eher im Wege? Zweitens: Kann man die Dissidententätigkeit als «politische» bezeichnen? Istomin bestand darauf, daß unserer Tätigkeit eine bestimmte politische Färbung zu eigen sei. Ich widersprach und beharrte darauf, daß es nur die Verfolgung seitens der Machthaber sei, die allem einen politischen Anstrich verleihe.

Kurz vor Abschluß der Voruntersuchung begannen sich die Untersuchungsbeamten – für mich ganz unerwartet – plötzlich mit dem zu beschäftigen, worin von vornherein ihre Aufgabe bestanden hätte: sie untersuchten den Wahrheitsgehalt gewisser Chronik-Artikel. Sie konfrontierten mich mit dem in der Voruntersuchung gesammelten Material zu konkreten, in der Chronik dargestellten Ereignissen und stellten dazu Fragen. Auf sie zu antworten, hielt ich für meine Pflicht.

Emsig bemühte ich mich, die faktischen Anlässe einiger Chronikmeldungen zu analysieren, die von den Untersuchungsrichtern als besonders «verleumderisch» charakterisiert worden waren, als Istomin mir plötzlich erklärte: «Es reicht, Sergej Adamowitsch, die Zeit drängt, lassen wir das erst mal beiseite!»

Was hieß denn hier schon groß: die Zeit? – Schließlich war es ihr Problem, wie sie damit zurechtkamen. Unverzüglich verfaßte ich eine neue Erklärung, der zufolge ich zu meiner bisherigen Position des Nichtmitmachens zurückkehrte. Als dann aber die Voruntersuchung abgeschlossen war und ich «mit der Anklage bekannt gemacht» wurde, begann ich mich ganz ernsthaft mit einer für mich äußerst interessanten quasistatistischen Untersuchung zu befassen. Ich versuchte nämlich herauszubekommen, wie viele Fehler die Untersuchungsbehörde in den mir zur Last gelegten sieben Chronik-Ausgaben hatte entdecken können. Das Resultat verblüffte mich selbst.

Meiner Zählung zufolge enthielten diese Ausgaben insgesamt über 2800 Meldungen. Überprüft worden waren davon 685, also weniger als ein Viertel – aber immerhin doch eine ziemlich repräsentative Auswahl. In die Prozeßakte waren davon 150 Episoden eingegangen und direkt in die Anklageschrift noch weniger, nämlich um die 80. Die «Falschheit» der Meldungen wurde in der erdrückenden Mehrzahl der Fälle durch die schlichte Erklärung «bewiesen», daß es sich hierbei gar nicht um einen politischen Gefangenen handele, sondern um einen «besonders gefährlichen Staatsverbrecher, der wegen antisowjetischer Agitation verurteilt» worden sei. Ich zählte insgesamt elf Episoden, bei denen man wirklich versucht hatte, faktische Irrtümer nachzuweisen. Und höchstens drei davon enthielten, wenn die Beweise nicht erfunden waren, grobe Fehler. Das Gesamtresultat war also: 3 : 11 : 685.

Mit anderen Worten: Nach höchst voreingenommener Suche hatte der KGB in unseren Meldungen nur 0,4 Prozent grobe Fehler und 1,2 Prozent Ungenauigkeiten gefunden. Nicht schlecht für ein «Untergrunderzeugnis»! Was hätte man wohl bei einer analogen Untersuchung der Zeitung «Prawda» herausgefunden?

Das Oberste Gericht der litauischen Sowjetrepublik beschäftigte sich vier Tage lang mit mir: vom 9. bis zum 12. Dezember 1975. Ich weigerte mich immer noch, irgendwelche Fragen zu beantworten, mit Ausnahme solcher, die die Zuverlässigkeit der Chronik-Meldungen betrafen. In diesen Fällen war ich sogar selbst bereit, den Zeugen Fragen zu stellen. Was mir allerdings nicht immer erlaubt wurde. Auf einen Anwalt hatte ich verzichtet und verteidigte mich selbst.

Schon am zweiten Tag gab es nach der Pause einen Eklat. Man führte mich in den leeren Saal, setzte mich auf die Bank, und ich hatte die Möglichkeit zu beobachten, wie das Publikum zu diesem «öffentlichen» Gerichtsprozeß hereingelassen wurde.

An der Tür herrschte ein gewaltiges Gedränge. Mir völlig unbekannte Menschen wurden durchgelassen, weil sie mit Zettelchen herumfuchtelten, die sich als Passierscheine entpuppten. Gleichzeitig hörte man vom Korridor – nicht zum erstenmal – die Stimme Andrej Dmitrijewitschs: «Ich bin das Akademiemitglied Sacharow, ich habe in diesem Prozeß wichtige Aussagen zu machen. Ich verlange, daß man mich in den Saal läßt.» Danach erkannte ich auch die Stimmen anderer Freunde.

Mich machte das rasend. Da waren diese Menschen extra aus Moskau nach Vilnius gefahren, um an dem Prozeß teilzunehmen – und man ließ sie nicht in den Verhandlungssaal. Nicht einmal Sacharow! Übrigens wußte ich, daß in diesen Tagen in Stockholm die Verleihung des Friedensnobelpreises an ihn in seiner Abwesenheit stattfinden mußte. Zu allem Überfluß ließ man nicht einmal Zeugen aus meinem Freundeskreis in den Saal, die in meiner Angelegenheit bereits verhört worden waren – und das war nun schon ein direkter Verstoß gegen die Verfahrensregeln.

Es entspann sich folgender Dialog:

Vorsitzender: «Ich eröffne die Sitzung.»

Ich: «Nichts dergleichen. Sie werden hier keine Sitzung eröffnen.»

Vorsitzender: «Kowaljow, setzen Sie sich auf Ihren Platz!»

Ich: «Ich denke nicht daran. Sie haben zu einem öffentlichen Prozeß nicht einmal die Zeugen zugelassen, ganz zu schweigen vom Publikum. Mit diesem Unfug muß Schluß gemacht werden! Keinen Moment länger bleibe ich in diesem Sauhaufen. Ich fordere, daß man mich aus dem Gerichtssaal entfernt. Als Antwort auf die beispiellose und gesetzeswidrige Aussperrung der Zeugen erkläre ich den Hungerstreik. Ich werde nicht in den Gerichtssaal zurückkehren, solange die Zeugen nicht zugelassen werden und meinem Antrag auf Anhörung der Zeugen Sacharow und Welikanowa nicht stattgegeben wird.»

Vorsitzender: «Ich erteile Ihnen einen Verweis.»

Ich: «So viele, wie Sie wollen! Entfernen Sie mich aus dem Saal, und halten Sie diese Lumpenversammlung, die Sie für einen Gerichtsprozeß ausgeben, ohne mich ab.»

Vorsitzender: «Ich erteile Ihnen einen zweiten Verweis.»

Ich: «Und wenn's der zweiundzwanzigste wäre! Ich werde meinen Mund nicht halten, bevor Sie mich nicht aus dem Saal entfernt haben.»

Vorsitzender: «Ich verfüge eine Pause.»

Nach der Pause wurde ich nicht wieder in den Gerichtssaal zurückgebracht. Sei's drum, dachte ich, zu den Plädoyers müßte man mich ja doch wieder zurückbringen. Schließlich verteidigte ich mich selbst, ohne Anwalt. Auf mein Verteidigungsplädoyer wollte ich nicht verzichten. Sein Kernstück sollte meine Statistik bilden. Und auch mein «letztes Wort» wollte ich mir nicht nehmen lassen.

Am nächsten Tag wurde ich wieder zum Gericht gebracht. Diesmal waren alle Zeugen schon im Saal. Der Vorsitzende sagte, es sei gestern offenbar zu einem Mißverständnis gekommen, niemand habe beabsichtigt, die Zeugen auszusperren. «Also gut», sagte ich. «Übrigens bitte ich das Gericht um Verzeihung wegen meiner gestrigen Schroffheit und möchte in meinen Ausführungen den Ausdruck ‹Sauhaufen› austauschen gegen ‹Ansammlung von Leuten, die das Gesetz mißachten.› Und wie steht es nun um meine anderen Forderungen?» – «Ihre übrigen

Anträge sind abgelehnt worden.» – «Ach so! Na, dann fahren Sie mich bitte wieder zurück!»

Im großen und ganzen wiederholte sich das gestrige Spektakel, diesmal ohne Grobheiten. Und ich fand mich erneut in der Zelle wieder.

Am Morgen kam der Gefängnisdirektor zu mir: «Machen Sie sich fertig fürs Gericht!» – «Na gut», sagte ich, «was gibt's denn da heute, fangen etwa schon die Plädoyers an?» – «Nein, die Plädoyers sind schon vorbei.» – «Was heißt ‹vorbei›, wessen Plädoyers?» – «Na ja, Sie waren ja abwesend, also hat der Staatsanwalt seine Rede gehalten, und auf diese hat man dann eben die Plädoyers beschränkt.» – «Nicht übel», sagte ich. «Aber wohin wollen Sie mich denn dann bringen?» – «Zur Urteilsverkündung natürlich.» – «Na, dann werde ich nicht fahren. Was soll ich denn bei der Urteilsverkündung? Weiß ich etwa nicht auch so, daß ihr mir sieben Jahre gebt?»

Das Urteil wurde mir direkt im Gefängnis verlesen, in Anwesenheit des Vorsitzenden, der Sekretärin und einer weiteren Person. Ich hatte mich getäuscht. Sie gaben mir nicht sieben Jahre Lager. Sie gaben mir sieben Jahre Lager plus drei Jahre Verbannung – wahrscheinlich für meine Flegeleien vor Gericht.

Im Lager

Ich will nicht viel über meine Lager- und Verbannungsjahre schreiben; es gibt einen ganzen Berg von Memoiren ehemaliger Häftlinge, und es besteht keine Not, ihnen noch ein weiteres Traktat über meine eigenen Leiden hinzuzufügen. Um so weniger, als meine Leiden so außerordentlich gar nicht waren.

Ein politisches Straflager ist ein kompliziertes und vielschichtiges Phänomen, und wenn man vergleicht, wie es auf verschiedene Leute wirkt, wird man unweigerlich an das östliche

Gleichnis von den sechs Blinden erinnert, die einen Elefanten abtasten.

Für die einen ist ein Politlager ein Ort, wo die fürsorglichen Machthaber die Crème de la crème konzentriert haben, wo der Geist und die innere Freiheit über die rohe und dumpfe Gewalt triumphieren. Eine Einrichtung, die einen lediglich um die äußere Freiheit bringen kann.

Für die anderen ist es ein Experimentierfeld, auf dem Ideologien, soziale Projekte, nationale und politische Emotionen und soziale Verhaltensmodelle entstehen, aufeinanderstoßen und sich aneinander reiben. Eine Art Modell der Zukunft, eine Versuchsparzelle, auf der der Welt noch unbekannte Früchte heranreifen, die eines Tages jedermann wird probieren können.

Mir erschien das Lager sehr viel langweiliger und gewöhnlicher, als ich erwartet hatte. Selbstverständlich bestand die Mehrheit dort auch aus beschränkten und wenig gebildeten Menschen; die Sowjetmacht machte sich nicht die Mühe, eine sorgfältige Selektion jener Leute vorzunehmen, die als ihre Feinde zu betrachten sie sich nun einmal in den Kopf gesetzt hatte.

Da war zum Beispiel der Leningrader Wanja P., ein Sportler, ein Riesenbaby mit winzigem Köpfchen auf athletischen Schultern. Seine Haft hatte er sich folgendermaßen eingehandelt: Die Sowjetmacht gefiel ihm nicht, und er beschloß, sie zu bekämpfen. Zu diesem Zweck hörte Wanja regelmäßig die russischen Programme ausländischer Rundfunksender und trug seine daraus geschöpften Kenntnisse über sowjetische Dissidenten in ein Heftchen ein. Als sich in dem Heftchen genug Notizen angesammelt hatten, versuchte er das Heftchen zu übergeben – an einen ausländischen Rundfunksender!

Im Lager reagierte er auf alles aufbrausend, beteiligte sich an allen Streichen und ging mir mit seiner Wehleidigkeit fürchterlich auf die Nerven. So zeigte er mir zum Beispiel einen Pickel am Schulterblatt und klagte: «Gestern war der noch nicht da.

Ich muß doch wohl vermuten, Sergej Adamowitsch, daß die Tschekisten mich mit irgend etwas zu vergiften versuchen.» Bei alledem war er eigentlich ein ganz normaler Junge, eben nur über alle Maßen ungebildet und wehleidig. Und dabei hatte seine Haltung auch noch ihre eigene Logik: Warum sollte die Sowjetmacht, wenn sie einen Menschen wie Wanja P. als besonders gefährlichen Staatsverbrecher hinter Gitter setzt, nicht auch versuchen, ihn zu vergiften?

Ich mache mich hier über den armen Wanja lustig, aber seiner lächerlichen Tat lag doch ein gewisser sittlicher Impuls zugrunde, das Gefühl, das herrschende Regime nicht akzeptieren zu können. Er hätte sich also – da kann man sagen, was man will – sogar mit vollem Recht als «Gewissensgefangenen» bezeichnen können, falls ihm dieser Terminus bekannt gewesen wäre. Wie das Regime, so sind eben auch seine Gewissensgefangenen.

Natürlich war Wanja ein Extremfall. Das gegenteilige Extrem bildeten Leute wie mein Freund Jewgenij Swerstjuk, den es wegen einiger Samisdat-Arbeiten über die Geschichte der ukrainischen Kultur ins Lager verschlagen hatte. Oder der Kiewer Psychiater Slawa Glusman, der zu der gleichen Strafe wie ich verurteilt worden war, weil er sich erlaubt hatte, zum Fall Grigorenko eine alternative psychiatrische Expertise auszuarbeiten. Das waren gebildete und kluge Leute, die bewußt ihren Weg gewählt hatten, «Gewissensgefangene», die verurteilt worden waren, weil sie ihre Meinung gesagt hatten. Im Lager gab es aber auch andere Häftlinge, zum Beispiel litauische und ukrainische Partisanen der Nachkriegsjahre. Von Amnesty International wären sie nicht als Gewissensgefangene anerkannt worden. Sie hatten die Waffe in die Hand genommen, geschossen und getötet. Auf sie war allerdings auch zurückgeschossen worden, auf sie und ihresgleichen, ihre Dorfnachbarn hatte man wie Vieh nach Sibirien getrieben, ihre Verwandten verhaftet und in Lager geschickt, weil sie «Verbindungen zum Wald» unterhielten. Waren das nun politische Gefangene? Auf jeden Fall war es schändlich, sie als «Banditen» zu bezeichnen, wie es die sowjetische Propaganda tat. Sie kämpften gegen ein grausames und blutiges Regime für die Freiheit ihrer Völker mit den Mitteln, die ihnen ihre Zeit anbot.

Für den Terminus «politischer Gefangener» gibt es meines Wissens keine international anerkannte juristische Definition. Ich weiß nicht, ob man ein politisches Tatmotiv immer als mildernden Umstand werten kann. Wenn man andererseits Menschen als «politische Gefangene» bezeichnet, weil die Machthaber von politischen Gründen ausgingen, als sie sie der Freiheit beraubten, dann müßte man zu ihnen auch eine große Zahl der sogenannten Kriegsverbrecher zählen, die mit uns zusammen einsaßen. Das waren Leute, die man wegen Kollaboration mit den Deutschen während des Zweiten Weltkrieges verurteilt hatte. Darunter waren auch echte Verbrecher, die sich zahlreicher Vergehen gegen die friedliche Zivilbevölkerung schuldig gemacht hatten. Aber es gab auch andere, deren zehn- bis fünfzehnjährige Haftstrafe so wenig dem realen Ausmaß ihrer Taten entsprach, daß ich mir sogar eine Hypothese dazu aufstellte: nämlich daß sie mit doppeltem propagandistischem Ziel hinter Gitter gesetzt worden waren. Erstens, um zu beweisen, daß der KGB sein Brot nicht umsonst verdient und nicht nur Dissidenten fängt, die sich schließlich vor niemandem verstecken, sondern auch widerliche Kollaborateure. Zweitens, um der westlichen Welt zu demonstrieren, wie konsequent die sowjetische Politik in ihrem Antifaschismus doch sei.

Und so wurde dann irgendein armes Luder, das unter der Besatzungsmacht zwei Wochen lang als Dorfpolizist gedient hatte, ohne irgend jemandem ein Haar zu krümmen, und dann bei der ersten besten Gelegenheit getürmt war, jetzt, dreißig Jahre danach, an den Haaren aus seinem heimatlichen Kolchos hervorgezerrt – wo alle ohnehin immer über seine Vergangenheit Bescheid gewußt hatten – und unter Propagandagetöse vor dem Bezirksgericht verurteilt. Dabei hatte so ein Mensch in den meisten Fällen gar nichts gegen die Sowjetmacht und sie nichts gegen ihn. Dies alles geschah nur, um die Autorität der «Organe» zu demonstrieren. Waren also diese Unglücksraben auch politische Gefangene?

Und die Millionen von Opfern des Stalinschen Vorkriegsterrors, die aufgrund erlogener und alberner Anklagen in die Lager geraten und sogar erschossen worden waren – müssen wir sie auch für politische Gefangene halten? Eigentlich assoziiert man doch mit diesem Wort irgendeine einschlägige Aktivität, die zur Verhaftung führt.

Man wird mir vielleicht vorwerfen, mich hier auf einen unnötigen Streit um Worte einzulassen. Vor einigen Jahren mußte ich mich aber ganz ernsthaft mit dieser Frage beschäftigen, als nämlich unser Komitee für Menschenrechte das Gesetzesprojekt über die Rehabilitierung vorbereitete. Wir entschieden uns damals für den Terminus «Opfer politischer Repressionen» und schlugen vor, daß alle Menschen gleichermaßen rehabilitiert werden sollten, die infolge rechts- und verfassungswidriger Gesetze verurteilt worden waren, ganz gleich, ob man diese Gesetze zufällig auf sie angewandt hatte oder ob sie selbst bewußt auf Konfrontationskurs mit den Machthabern gegangen waren. Wer aber aufgrund von Gesetzen verurteilt worden war, die einer mehr oder weniger zivilisierten Gesetzgebung entsprachen, konnte auf keine automatische Rehabilitierung zählen. Auf wen ein solches Gesetz zu Unrecht angewandt worden war, der bekam die Möglichkeit, sein Recht noch einmal vor Gericht einzuklagen. Eine bessere Lösung haben wir nicht gefunden.

Was die Lageradministration anbetrifft, so waren meine Beziehungen zu ihr ziemlich gespannt. Nicht zuletzt deshalb, weil ich lange Zeit hindurch nicht begriff, wie man sich zweibeinigen

Wesen gegenüber zu benehmen hat, die allen biologischen Merkmalen zufolge zum menschlichen Geschlecht gehören, aber ihren Reaktionen nach zu urteilen kraß von ihm abweichen. Natürlich rede ich hier nicht von allen, hin und wieder kamen mir auch ganz erträgliche Exemplare unter, sogar mit Anflügen von Menschlichkeit.

Die Gemeinheit der Wärter war immer selektiv und zielgerichtet. Als ich mich ins Lager begab, wußte ich bereits um das System der kleinlichen Reglementierungen in diesen Einrichtungen, schon allein durch meine Arbeit bei der Chronik. Aber ich hatte nie begriffen, warum die politischen Häftlinge aus diesen eigentlich doch lächerlichen Anlässen ständig Konflikte mit der Verwaltung vom Zaun brachen. Wenn «die da» zum Beispiel wollen, daß der oberste Knopf an meinem Hemd immer zugeknöpft ist, dachte ich mir, dann werde ich ihn eben – zum Teufel mit ihnen – immer zuknöpfen. Meine Energien sollte ich mir besser für wichtigere Konflikte aufsparen. Erst an Ort und Stelle begriff ich, wie naiv diese Meinung war.

Der Verwaltung ist mein zugeknöpfter Knopf nämlich piepegal. Mehr noch: Ihr kommt es sogar entgegen, wenn ich unter Verletzung der Knopf-Regel mit offenem Hemd oder sogar halbnackt herumlaufe. Die Aufseher werden sich hüten, zu mir auch nur ein Wörtchen deshalb zu sagen – ehe nicht der richtige Augenblick kommt. Wenn aber der entsprechende Befehl von oben kommt oder wenn den Vorgesetzten irgendwelche eigenen «operativen Erwägungen» zu Kopf gestiegen sind, aus denen heraus sie mich in den Karzer sperren, mir einen Verwandtenbesuch streichen oder mich ins Gefängnis überführen wollen, dann brauchen sie nach einem Vorwand gar nicht mehr zu suchen. Der Regeln sind nämlich so viele, daß du sie dir gar nicht merken kannst. Deshalb kommt auch der Gehorsamste um eine Rüge nicht herum – wenn die Verwaltung es so will.

Diese Gesetzmäßigkeit gilt nicht nur im Lager. Eigentlich ist dies der Grundmechanismus totalitärer Macht überhaupt: Jeder beliebige Untertan eines solchen Staates hat irgend etwas auf dem Kerbholz. Und wann immer man will, kann man ihm die Rechnung präsentieren. Gerade darin besteht in einer solchen Gesellschaftsordnung die Funktion des Gesetzes. In dieser wie in anderer Hinsicht ist das Lager ein grober Abklatsch der Gesellschaft, die es hervorgebracht hat.

Neun Jahre später, im Dezember 1984, landete die Maschine, mit der ich aus Magadan zurückkehrte, auf dem Moskauer Flughafen Domodjedowo. Hinter mir lagen fünf Jahre Politlager im Gebiet von Perm, ein Jahr im Gefängnis der Stadt Tschistopol, wohin man mich zur Strafe für schlechtes Betragen geschickt hatte, dann drei Jahre Verbannung im Dorf Matrossowo an der Kolyma.

Natürlich schloß ich bei meiner Rückkehr nicht aus, daß ich irgendwann wieder ins Permer Lager oder ins Gefängnis von Tschistopol zurückkehren würde. Aber daß es im Zuge einer «Inspektionsreise» dazu kommen würde, daß die mir bekannten Offiziere der Lagerwache vor mir als Vorsitzendem des Komitees für Menschenrechte des Obersten Sowjets der RSFSR und vor meinen Mitarbeitern, ebenfalls ehemaligen politischen Gefangenen, dabei zum Appell antreten müßten, hätte ich mir nicht träumen lassen. Ich erinnere mich besonders an einen Offizier: Während er sich uns im Stechschritt näherte, führte er die Hand an die Mütze und schmetterte: «Wünsche Gesundheit, Sergej Adamowitsch!» Vor noch gar nicht so langer Zeit hatte er mich in den Karzer geschickt und mir einen Verwandtenbesuch gestrichen.

Die Inspektionsreise fand im Sommer 1990 statt, und in den Lagern waren nur noch ganz wenige Menschen, die aufgrund «politischer» Paragraphen saßen. Noch weniger waren unter ihnen, die man als «Gewissensgefangene» bezeichnen konnte, ohne sich in die Tasche zu lügen. Trotzdem erschien es mir wichtig, eine Amnestie für alle zu erreichen, die aufgrund solcher Paragraphen verurteilt worden waren. Schließlich ist eine Amnestie ein Akt der Gnade und nicht der Gerechtigkeit. Für das neue Rußland, so meinte ich, wäre es nur natürlich, einen Strich unter die Geschichte der politischen Lager und Gefängnisse zu ziehen und alle zu befreien, die sich noch in ihnen befanden, ganz gleich, ob sie nun für wirkliche Vergehen einsaßen oder zu Opfern politischer Verfolgung geworden waren. Ich sprach deshalb mit dem Vorsitzenden des Obersten Sowjets, Jelzin, und traf bei ihm, wie mir schien, auf Verständnis. Aber erst im Herbst 1991 fand die Amnestie endlich statt.

Das Ende der Bürgerrechtsbewegung

Nach neun Jahren in einer Welt der Lager kamen mir bei meiner Ankunft auf dem Flughafen meine Familie und einige Freunde entgegen. Da waren meine Frau Ljusja und meine fast erwachsene Tochter Warja. 1974 war sie erst fünf Jahre alt gewesen. Mein sehr viel älterer Sohn Wanja saß inzwischen im gleichen Permer Straflager, aus dem man mich 1980 nach Tschistopol geschickt hatte. Nach meiner Verhaftung hatte er sich stark in der Bürgerrechtsbewegung engagiert: er hatte bei der Chronik mitgearbeitet, offene Briefe unterzeichnet und anderes. Nachdem seine Frau Tatjana, ebenfalls Mitglied in der Menschenrechtsbewegung und der Moskauer Helsinki-Gruppe, 1980 verhaftet worden war, wurde er um so aktiver. Ihn verhafteten sie ein Jahr nach ihr. Bei der Zuteilung des Strafmaßes an beide gab es keinerlei Diskriminierung: Tanja und Wanja bekamen je fünf Jahre Lager plus fünf Jahre Verbannung.

Von meinen allernächsten Freunden war kaum noch jemand in Moskau: Sacharow befand sich in der Verbannung in Gorki,

Tatjana Welikanowa in der Verbannung in Westkasachstan, Sascha Lawut ebenfalls in Verbannung, im Fernen Osten. Viele waren emigriert.

Die Chronik hatte ihr Erscheinen 1983 eingestellt. Während meiner Abwesenheit war die Moskauer Helsinki-Gruppe aufgeblüht, jetzt aber hatten die letzten drei ihrer Mitglieder, die sich noch in Freiheit befanden, ihre Selbstauflösung verkündet. Die Stiftung zur Unterstützung politischer Gefangener ging in den Untergrund. Erneut hing das Wort «Zerschlagung» in der Luft, wie schon 1973.

Ich konnte bei meiner Rückkehr nicht wissen, daß die Situation inzwischen eine ganz andere geworden war. Die historische Mission der Bürgerrechtsbewegung in der UdSSR, so wie sie sich Ende der sechziger Jahre herausgebildet hatte, war erfüllt. Die Idee der Menschenrechte war im gesellschaftlichen Bewußtsein bereits verankert. Es war eher der Umstand, daß sich die «traditionelle» Bürgerrechtsbewegung erschöpft hatte, der es der Regierung möglich machte, einzelne Gruppen zu zerschlagen. Aber die totalitären Methoden reichten trotzdem nicht mehr aus, um die Gesellschaft zu unterwerfen. Ein ökonomisch unbefriedigendes und sittlich zweifelhaftes Regime, das zudem außenpolitisch isoliert war und die Unterstützung eines großen Teils seiner Bevölkerung verloren hatte, konnte sich einfach nicht mehr in der alten Form halten. Es mußte sich ändern oder in sich zusammenbrechen. Wie sich herausstellte, war ihm sowohl das eine wie auch das andere beschieden.

Achtzehn Jahre lang hatten ich und viele meiner Freunde an der sogenannten Dissidentenbewegung teilgenommen. Wir hatten uns nicht nur der repressiven Staatsmaschine widersetzt, sondern auch den in unserer Gesellschaft allgemein anerkannten Verhaltensnormen. Bekanntlich ist das eine gefährliche Art von Widerstand. Man kann sich dabei ebenso verlieren wie im allgemeinen Konformismus, besonders wenn man wie ich in den

Kampf um die Menschenrechte ganz unversehens hineingeschlittert war. Jeder neue Schritt auf diesem Weg ergab sich logisch aus dem vorhergehenden, und in vielerlei Hinsicht bestimmte er schon die nachfolgenden Schritte. Nicht immer hatten wir die Zeit, um die gesellschaftlichen Auswirkungen dessen, was wir taten, zu analysieren. Ich hatte Glück. Das Gericht verschaffte mir die Möglichkeit, zehn Jahre lang nachzudenken. Das, worüber ich in jenen Jahren nachgedacht habe – die Beziehung der Menschenrechtsbewegung zur Politik –, hat seine Aktualität auch heute nicht verloren.

Der Kampf der Bürgerrechtler gegen die Machthaber folgte eigentlich nur einer Forderung: Respektiert endlich eure eigenen Gesetze und eure eigene Verfassung! Die stereotype Antwort darauf war immer: Ihr tut ja nur so, als ob es euch darum ginge. Auf was für ein Gesetzessystem stützt ihr euch denn? In Wirklichkeit seid ihr gegen das Sowjetsystem, ihr seid Feinde des Kommunismus und wollt ihn stürzen. Und das ganze Geschwätz von den Menschenrechten ist nichts anderes als ein Schachzug, den ihr euch ausgedacht habt, um es uns schwer zu machen, euch hinter Gitter zu setzen. Ein Dauerbrenner bei unseren Verhören durch den KGB war immer wieder die Aufforderung: Nun seid doch endlich Männer, und bekennt euch offen als Feinde der Sowjetmacht! Ein offenes Bekenntnis würde uns immerhin Achtung abnötigen!

Ich fürchte, den meisten von uns gelang es nicht, sich diese Art von Achtung zu verschaffen.

Was ist ein System überhaupt wert, das kein anderes Mittel zur Bekämpfung seiner Gegner kennt, als sie hinter Gitter zu setzen? Keinem normalen Menschen, ob er nun Kommunist ist oder Antikommunist oder nur ein schlichter Bürger ohne besonders entwickelte politische Haltungen – niemandem kann ein Regime imponieren, das seinen Opponenten den Mund stopft. Und doch: Ich frage mich, warum man ausgerechnet uns anklagte. War nicht ein Körnchen Wahrheit an diesen Vorwürfen?

Natürlich habe ich nicht allen meinen Mitstreitern in die Seele schauen können, aber immerhin bin ich durch mein Nachdenken zu einigen Hypothesen gekommen.

Erstens: Je besser wir darüber informiert waren, wie es um die Menschenrechte in der UdSSR stand, desto gründlicher hörten wir auf, die Sowjetmacht zu lieben. Und – Hand aufs Herz – weshalb sollten wir sie auch lieben? Unter uns gab es kaum noch welche, die glaubten, daß das Sowjetsystem doch gut und fortschrittlich sei.

Zweitens: Wir hatten durchaus unterschiedliche Vorstellungen davon, wie eine vernünftige Gesellschaftsordnung in diesem Land aussehen könnte. Nicht umsonst findet man heute ehemalige Dissidenten an allen Ecken des russischen Parteienspektrums, bei den Ultranationalisten ebenso wie bei den Radikaldemokraten.

Ich glaube, daß es schon damals keines besonderen Durchblicks bedurfte, um zu bemerken, daß Roj Medwedjew ein überzeugter Kommunist war, Wladimir Bukowskij ein ebenso überzeugter Antikommunist oder Wladimir Ossipow ein russischer Nationalist. Wer oder was sie aber auch gewesen sein mögen, es gab da eine gewisse Kategorie, zu der sie allesamt nicht zählten: zu den Vollidioten. Niemand von ihnen war ein solcher Idiot, das Schreiben von Peditionen für politische Arbeit zu halten und sich einzubilden, damit die gesellschaftliche Struktur des Landes verändern zu können.

Tatsächlich gab es in unserer Bürgerrechtsbewegung zwei verschiedene Grundtypen von Leuten. Die ersten will ich einmal die «Rechtsenthusiasten» nennen. Es paßte ihnen absolut nicht, daß die Würde des Menschen bei uns mit Füßen getreten wurde. Zu ihr gehörten die Chronik-Redakteure der verschiedensten Epochen, unter anderem auch ich. Uns interessierten nicht die Ansichten jener, die von der Staatsmacht verfolgt wurden, sondern die Unrechtmäßigkeit der Unterdrückung von freier Meinungsäußerung. Es war uns völlig gleichgültig, wie sich das Gesellschaftssystem einmal nennen würde, bei dem diese ganzen Schweinereien ihr Ende fänden: ob «Sozialismus mit menschlichem Gesicht», «liberale Marktwirtschaft westlichen Typs» oder «Wiederauferstehung nationaler und christlicher Werte». Heute glaube ich allerdings, daß die Menschenrechte nur im zweiten Falle garantiert sind.

Die zweite Gruppe von Menschenrechtlern möchte ich die «Politiker» nennen. Sie sahen in den Persönlichkeitsrechten vor allem ein bequemes Werkzeug, um bestimmte gesellschaftspolitische Konzeptionen durchzuboxen. Die bestehende Gesellschaftsordnung war eben gerade deshalb von Übel, weil sie mit diesen Konzeptionen nicht übereinstimmte.

Aber weder die «Rechtsenthusiasten» noch die «Politiker» betrieben «Realpolitik». Die Aktionen letzterer unterschieden sich in nichts von denen der «reinen» Bürgerrechtler. Vom Standpunkt eines politischen Pragmatismus aus betrachtet, waren sie alle völlig sinnlos. Der einzige Unterschied bestand darin, daß die «Politiker» ihren Haß auf das bestehende Regime mit verschiedenen ökonomischen, sozialen, nationalen oder religiösen Gründen rationalisierten. Was ihrem Protest aber eigentlich zugrunde lag, davon bin ich zutiefst überzeugt, war das gleiche wie bei den «reinen» Bürgerrechtlern: die eigene moralische Unvereinbarkeit mit einem Regime, das die Würde und die Rechte der Persönlichkeit mit Füßen tritt. Anders kann man das Vorgehen von Leuten nicht erklären, die weder mit einem Sieg rechneten noch mit einem Teilerfolg zu ihren eigenen Lebzeiten. Was wir taten, taten wir in allererster Linie für uns selbst, um uns von der für einen erwachsenen Menschen erniedrigenden Gängelung durch unsere Obrigkeit zu befreien. In allererster Linie wollten wir selbst frei werden, nicht andere befreien.

Wenn wir überhaupt an irgendein «gesellschaftspolitisches» Resultat unserer Auftritte dachten, dann siedelten wir es in einer sehr fernen Zukunft an. Ich denke dabei an den Mathematiker Boris Issakowitsch Zukerman, einen klugen und sympathischen Menschen. Ende der sechziger Jahre wurde er durch geistreiche und brillante Samisdat-Essays berühmt, in denen er seine juristischen Experimente beschrieb, bei denen ihm die verschiedensten sowjetischen Ämter als Versuchskaninchen gedient hatten – vom Hauptpostamt bis zum KGB. Er war mit dem Wirtschaftswissenschaftler Gelfand bekannt und hatte einmal an einem von dessen Seminaren teilgenommen. Wahrscheinlich deshalb bezog Gelfand ihn in seine Überlegungen ein, als er einmal zu mir sagte: «Was wollt ihr eigentlich, Serjoscha und Boris Issakowitsch? Versteht ihr denn nicht, daß ihr es mit einem Imperium zu tun habt? Imperien aber können sich, sogar in unstabilem Zustand, noch Jahrhunderte halten. Das Byzantinische Reich kränkelte noch dreihundert Jahre vor sich hin, bevor es endgültig zusammenbrach.»

Ich erzählte Zukerman von diesem Gespräch. Boris Issakowitsch hörte sich Gelfands Argument sehr ernsthaft an, dachte einen Augenblick lang nach und sagte dann genauso ernst zu mir: «Wahrscheinlich hat Gelfand recht. Aber dreihundert Jahre – die Frist paßt mir eigentlich ganz gut.»

Der politische Aufbruch

In den ersten Perestrojka-Jahren suchte ich, wie so viele andere auch, meinen Platz in einer sich ändernden Welt. Eben noch war ich ein beinahe erledigter Abweichler gewesen und hatte nur zwischen drei Möglichkeiten die Wahl gehabt: wieder hinter Gitter zu wandern, zu emigrieren oder mich ins Privatleben zurückzuziehen. Aber nun, in unserer neuen Realität, wurde vieles möglich, was uns gestern noch undenkbar erschienen wäre.

Ich konnte jetzt aus Kalinin zu meiner Familie nach Moskau fahren, ohne befürchten zu müssen, daß man mich wegen Verstoßes gegen die Meldeauflagen verhaftete. Und im Oktober 1987 durfte ich mich, wenn auch nur auf Zeit, bei meiner Frau polizeilich melden und mit ihr in derselben Moskauer Wohnung sein, in der ich vor meinem Arrest gelebt hatte.

Es bestand sogar Aussicht, wieder zur wissenschaftlichen Arbeit zurückzukehren. Ich drängte mich allerdings nicht danach. Ich wußte, daß ich im Laufe von zwei Jahrzehnten den wissenschaftlichen Anschluß weitgehend verloren hatte. Wonach aber in dieser neuen Zeit Nachfrage bestand, das war die in meiner Dissidentenzeit gesammelte gesellschaftspolitische Erfahrung; und auch mir selbst erschien der Versuch interessant, mich auf diesem Gebiet zu engagieren. Aber wo sollte ich anfangen?

Vom Dissidenten zum Deputierten

Im Jahre 1988 leitete ich eine Projektgruppe zu den Menschenrechten bei der internationalen Stiftung «Für das Überleben und die Entwicklung der Menschheit». Die Gruppe sollte hauptsächlich analysieren und vergleichen, wie es um die Grundrechte in der UdSSR und im Westen bestellt war, und nach Möglichkeit bei uns Gesetzesprojekte dazu entwickeln. Das war eine Arbeit nach meinem Herzen – einerseits ging es dabei um theoretische Fragen des Rechtes, und andererseits winkte doch auch eine praktische Umsetzung.

In meiner Eigenschaft als Vorsitzender der Projektgruppe war ich zum erstenmal in meinem Leben im Ausland, in den USA. Neben allem anderen war das für mich auch eine Möglichkeit, meinen Sohn wiederzusehen. Wanja und seine Frau hatten vorzeitig aus der Verbannung heimkehren dürfen und waren kurz danach in die Vereinigten Staaten ausgewandert.

Als ich im Frühling 1989 nach Moskau zurückkehrte, geriet ich in einen Strudel von Versammlungen und Demonstrationen. Ein paarmal trat ich auch selbst bei Massenversammlungen auf. Aber meine Beiträge paßten schlecht zur Atmosphäre der endachtziger Jahre. Es mangelte ihnen an Pathos.

Für einen Deputiertensitz im Obersten Sowjet der RSFSR wollten mich Aktivisten der Bewegung «Memorial» aufstellen, die mit der noch größeren und einflußreicheren Bewegung «Demokratisches Rußland» kooperierte. Ich versprach, darüber nachzudenken.

Ich wollte mich vorher mit Sacharow beraten, dessen Meinung für mich ausschlaggebend war. Sie fiel unerwartet eindeutig aus: «Du bist einfach verpflichtet zu kandidieren.» Diese nahezu kategorische Äußerung entsprach so wenig Sacharows bekannter Abneigung, sich in das Schicksal anderer einzumischen, daß ich sogar vergaß, ihn zu fragen, warum er denn meine Kandidatur für so wichtig halte. Ich stellte meine Bedenken beiseite und sagte zu.

Ich hatte keine Zeit mehr, Zweifel zuzulassen. Unser Gespräch hatte am 11. Dezember 1989 stattgefunden. Am Abend des 14. Dezember starb Andrej Dmitrijewitsch. Die Frage meiner Teilnahme an den Wahlen war damit entschieden. Mehr noch: Jetzt fühlte ich mich verpflichtet zu gewinnen.

Erste Resultate der Stimmenauszählung wurden am Abend des 4. März 1990 bekanntgegeben. Das waren noch unvollständige Angaben, aber am Sieg war schon nicht mehr zu zweifeln: über die Hälfte der Wähler meines Kreises hatten für mich gestimmt. Auf diese Weise war ich schon in der ersten Runde durchgekommen. Der Staat, in dessen Parlament man mich gewählt hatte, hieß damals offiziell noch nicht Rußland, sondern: Russische Sowjetische Föderative Sozialistische Republik, und auch mein Wahlkreis nannte sich «Sowjetischer Bezirk» der Stadt Moskau. Zwei Tage vorher war ich 60 Jahre alt geworden.

Der «Sowjetische Bezirk» hieß auch Nord-Tschertanowo, ein typischer, mit Hochhäusern vollgepflasterter Schlafbezirk. Wem hatte dieser Wahlkreis also seine Stimme gegeben? Ich begriff: nicht mir persönlich. Jene, die für mich gestimmt hatten, wollten vor allem einen «Demokraten» und akzeptierten mich, weil ich von der Gesellschaft «Memorial» und von der Bewegung «Demokratisches Rußland» aufgestellt worden war. Außerdem wollten sie auch einen «Dissidenten», worunter die meisten Leute jemanden verstanden, der bereits in der Vor-Gorbatschow-Zeit gegen die Sowjetmacht gekämpft hatte. Sie hatten bewußt einen Freund des verstorbenen Akademiemitgliedes Sacharow gewählt; einen ehemaligen politischen Gefangenen, mit anderen Worten: jemanden, der durch das Regime gelitten hatte. Dies alles zusammengenommen bedeutete für sie, daß dieser Mann gegen die Kommunisten sein mußte – und für die Gerechtigkeit. Im Jahre 1990 war ein derartiger Ruf nahezu gleichbedeutend mit dem Sieg. Ich will nicht verschweigen, daß ich mich freute.

Ich bin in die Politik gegangen, weil ich die Idee der Freiheit von der Parlamentstribüne herunter verteidigen und nach Kräften bei der Rechts- und Verfassungsreform mitwirken wollte. Aber wie kann man bestimmte Werte und Rechte in einer gesetzgebenden Versammlung verteidigen, deren absolute Mehrheit für diese Werte nicht das geringste übrig hat? Ich machte mir von vornherein keine Illusionen über die Zusammensetzung des neuen Parlaments, in dem schließlich nicht nur die großen Städte vertreten sein würden, sondern auch die tiefste russische Provinz, bis zu der die Veränderungen der letzten Jahre noch nicht gedrungen waren.

Aber ein frei gewähltes Parlament spiegelt den Zustand der Gesellschaft, die es gewählt hat, und dieses Parlament war wirklich als Resultat einer relativ freien Willensäußerung der Bürger entstanden. Und wenn es auch eingeschüchterte, betrogene und gekaufte Wähler gab, so hatten sie sich doch selbst einschüchtern, betrügen und kaufen lassen – das heißt also: Auch ihre Entscheidung spiegelte die Verfaßtheit der Gesellschaft wider.

Ich wußte, daß ich ständig gezwungen sein würde, auf Konfrontationskurs zur Deputiertenmehrheit zu gehen, mit ihnen zu streiten und zu versuchen, sie umzustimmen. Schließlich würde kein anderes als dieses Parlament die Zukunft Rußlands bestimmen, wie gut oder schlecht es auch immer war.

Aber leider sollte sich sehr schnell zeigen, daß die Diskussion über die Zukunft des Landes für die Mehrheit der Deputierten des Obersten Sowjets der RSFSR sich auf die Frage nach der Verteilung der Macht beschränkte. Es war eine Ironie des Schicksals, daß die Niederschlagung des kommunistischen Putsches im August 1991 und der darauffolgende Zerfall der UdSSR das Gewicht der staatlichen Institutionen Rußlands enorm verstärkte; dies aber führte zu einem verschärften Gerangel um Sessel und Ressorts und – parallel dazu – zu immer kleinlicheren Intrigen. Gegenüber Leuten wie mir, die immer noch an gewissen Ideen hingen und gewisse Reformen durchzusetzen versuchten, formierte sich bald eine zwar nicht gerade feindselige, aber doch ironisch-herablassende Haltung: was wollen diese «Ideologen» eigentlich? Wir wissen doch alle, daß Politik in erster Linie ein Kampf um Macht und Einflußsphären ist.

Wie seltsam es auch erscheinen mag, aber gerade diese schulterzuckende Haltung der «Pragmatiker» erlaubte in der ersten Zeit mir und meinen Gesinnungsgenossen, die unumgänglichen Gesetzesentwürfe durchzuziehen. Übrigens begriffen die konservativen Deputierten dann doch ziemlich schnell: Das ganze Gequassel von den Menschenrechten, das dieser nicht allzu aggressiv wirkende Alte, dieser Sacharow-Freund, so von sich gibt, ist nicht so harmlos, wie es auf den ersten Blick scheint. Es widerspricht der Grundlage unseres Lebens und unseres Landes (denn das Land sind schließlich wir), dem russischen Nationalcharakter (die Russen, das sind nämlich auch wir) und den Staatsinteressen (denn das sind nun wirklich wir).

Deshalb konzentrierte ich meine gesamte Energie im Parlament auf das Komitee für Menschenrechte, dessen Vorsitzender ich wurde. Es gelang uns, um das Komitee herum eine Mannschaft von Gesinnungsgenossen zu versammeln, nicht nur, was die Mitglieder des Komitees anbetraf, sondern auch seine angestellten Mitarbeiter. Mir scheint, daß wir ziemlich professionell gearbeitet und einiges erreicht haben, zumindest was die konstitutionelle und gesetzgeberische Absicherung der Menschenrechte in unserem Land betrifft – und das ist nicht wenig.

Als der Oberste Sowjet 1993 aufgelöst wurde, ernannte man mich zum Vorsitzenden der Menschenrechtskommission beim Präsidenten. Der größte Teil meiner Mitarbeiter aus dem Komitee wechselte mit mir zu dieser Kommission über. Ich weiß, wie umstritten die Arbeit und die Effektivität dieser Kommission in den Jahren 1993–95 ist, aber immerhin sind wir es gewesen, die die Institution des nationalen Ombudsmannes durchsetzten. Obwohl mich die Duma im März 1995 vom Posten des Menschenrechtsbevollmächtigten entfernte – und ich selbst dann später, im Januar 1996, den Posten des Vorsitzenden der Präsidentenkommission kündigte –, lag dem im Frühjahr 1996 angenommenen Gesetz über den Bevollmächtigten für Menschenrechte noch unser Entwurf zugrunde.

In den höheren Etagen der russischen Macht gab es außer mir kaum jemanden mit Dissidentenvergangenheit. Und ich sah durchaus, wie verschiedene politische Kräfte versuchten, aus meiner Vergangenheit Kapital zu schlagen. Möglicherweise bilden sich heute irgendwelche Leute ein, daß es ihnen gelungen ist, mich zu «benutzen». Das ficht mich nicht an. Ich habe mich immer an die Maxime gehalten: «Tu, was du kannst – und alles übrige ergibt sich von selbst.»

Ebendeshalb glaubte ich mich auch im Recht, in den Jahren 1993 und 1995 noch zwei weitere Male für das Parlament zu kandidieren. In beiden Fällen kandidierte ich nicht auf irgendwelchen Parteilisten, sondern per Direktmandat, und zwar im selben Wahlkreis Tschertanowo, Moskau Nr. 208, in dem ich 1990 zum ersten Male gewählt worden war. Beide Male siegte ich mit einem gehörigen Abstand zu den übrigen Kandidaten. Ich würde daraus gerne schließen, daß meine Wähler meine unabhängige Position verstanden und gebilligt haben.

1990, als ich Mitglied der ersten Volksvertretung wurde, formierte sich das russische Parlament in zwei Etappen: Zuerst wählte die Bevölkerung den «Kongreß der Volksdeputierten», und dann erst wählte dieser «Kongreß» das amtierende Parlament – den Obersten Sowjet. Ich war mir sicher, daß ich Mitglied des Obersten Sowjets werden würde, denn die Regionen hatten so etwas wie eine Platzquote im Parlament, und die Aufstellung der Kandidatenlisten wurde von den regionalen Deputierten-Delegationen vorgenommen. In der Moskauer Delegation aber gehörte die überwältigende Mehrheit der Deputierten zum «Demokratischen Rußland»; sie kannten und schätzten mich.

Auf die regionale Liste kam ich deshalb ohne große Probleme. Bei meiner Bestätigung durch den Kongreß aber gab es welche. Die kommunistische Minderheit der Moskauer Delegation erklärte, sie sei auf der Liste nur unzureichend vertreten, und forderte eine Einzelabstimmung. Der Einspruch der Kommunisten erschien mir teilweise begründet, was ich bei meinem ersten Auftritt auf der Tribüne dieses Kongresses auch hervorhob. Das hatte amüsante Folgen: Bei der Abstimmung über die Kandidaten der Moskauer Liste bekam ich mehr Stimmen als alle anderen. Außer den «Demokraten» hatten für mich nämlich auch einige «Rote» gestimmt. Danach kamen einige Kollegen vom «Demokratischen Rußland» zu mir und gratulierten mir zu diesem politischen «Schachzug». Muß ich noch hinzufügen, daß ich nichts dergleichen im Sinn gehabt hatte? Ich hatte die Forderungen der Kommunisten wirklich zum Teil begründet gefunden. Jedenfalls wurde ich Parlamentsmitglied. Man ging daran, die parlamentarischen Komitees und Kommissionen zu gründen und schließlich auch das erste Komitee für Menschenrechte.

Bald darauf lud mich Jelzin zu sich ein, der auf dem Kongreß eben erst mit großer Mühe die Schlacht um den Sessel des Vorsitzenden des Obersten Sowjets gewonnen hatte. Er schlug mir vor, dieses Komitee zu leiten, und auf der Sitzung des Obersten Sowjets legte er sich unglaublich ins Zeug, damit ich auf diesen Posten gewählt wurde.

Der Vorsitzende eines Parlamentskomitees gehörte qua Amt zum Präsidium des Obersten Sowjets. Rein formell betrachtet, avancierte ich damit zu einem der führenden Repräsentanten der Republik, denn nach der damaligen Verfassung lag die Staatsmacht während der Intervalle zwischen den Kongressen der Volksdeputierten und den Tagungsperioden des Parlaments praktisch in den Händen des Präsidiums. So schnell hatte ich vordem nur einmal in meinem Leben Karriere gemacht – in der Verbannung, im Matrossow-Bergwerk an der Kolyma, wo ich innerhalb von drei Jahren vom Hilfsarbeiter zum kommissarischen Leiter des Laboratoriums aufgestiegen war. Dieser Karrieresprung war einfach zu erklären gewesen: Niemand außer mir hatte die Experimentalanlage für die Schnellanalyse des Goldgehaltes im Gestein bedienen können. Mir aber hatten meine wissenschaftlichen Kenntnisse und meine Laborerfahrung geholfen, diese grandiose wissenschaftlich-technische Aufgabe zu lösen.

Die Leitung des Komitees erforderte einen außerordentlich hohen Arbeitsaufwand und ließ mir fast keine Zeit mehr für eine politische Tätigkeit im engeren Sinne. Ich mußte an den großen politischen Schlachten auf den Sitzungen und Kongressen teilnehmen und als Mitglied des Präsidiums an den Sitzungen des Obersten Sowjets. Das war keine einfache Aufgabe, vor allem nicht im Herbst 1993, als der politische Kampf zwischen Präsident Jelzin und dem Vorsitzenden des Obersten Sowjets, Ruslan Chasbulatow, seinen Höhepunkt erreichte. Chasbulatow wurde damals von der Mehrheit der Deputierten sowohl des Kongresses als auch im Obersten Sowjet und in dessen Präsidium unterstützt; ich aber blieb ein ziemlich konsequenter Parteigänger Jelzins und war deshalb zu fast ununterbrochener Opposition gegenüber meinen Kollegen verdammt.

Heute kennt man mich in Rußland und im Ausland als unversöhnlichen Kritiker des Präsidenten und seiner Politik. Mein Bruch mit ihm erfolgte im Januar 1995, kurz nach Beginn des Tschetschenien-Krieges. Aber während der fünf vorhergehenden Jahre galt ich als «Jelzinist». Trotzdem stand ich dem heutigen Präsidenten niemals besonders nahe. Ich zählte nie zu seinem engeren Kreis, weder damals, als ich mich im Konflikt mit dem Unions-Zentrum (sprich: mit Gorbatschow) auf seine Seite stellte, noch später, als ich ihn konsequent in seinem Kampf gegen Chasbulatow unterstützte; und natürlich erst recht nicht, nachdem ich der Hauptkritiker seiner Tschetschenien-Politik geworden war. Wir sahen einander relativ selten, noch seltener haben wir unter vier Augen miteinander gesprochen. Und dennoch hat sich bei mir eine bestimmte Vorstellung über die Persönlichkeit dieses Menschen und über seine politische Einstellung herausgebildet.

Der Präsident: zwischen Reformen und Nomenklatura

Wie viele Mitglieder der Intelligenz hatte ich mich in den ersten Perestrojka-Jahren vorsichtig und mißtrauisch gegenüber Boris Nikolajewitsch Jelzin verhalten. Ich brachte dem Ersten Sekretär des Moskauer Staatskomitees der KPdSU und Politbüro-Kandidaten, der den Zorn Gorbatschows hervorgerufen hatte und bei ihm in Ungnade gefallen war, keine besondere Sympathie entgegen. Nicht wegen seiner Vergangenheit im Apparat, nein, sein Radikalismus erschien mir einfach zu wenig demokratisch und allzu demagogisch. Als ich im Frühling 1989 in den USA war, sagte ich in einem Interview mit einer dortigen Lokalzeitung, Jelzins Erfolg bei den Wahlen zum Obersten Sowjet der UdSSR erkläre sich vor allem dadurch, daß die Leute «gegen» verschiedenes gestimmt hätten. Gegen das Politbüro, das Jelzin ausgestoßen hatte, gegen die Unentschlossenheit und Zögerlichkeit Gorbatschows, gegen die kommunistische Vergangenheit.

Als ich dann nach Moskau zurückgekehrt war und an den demokratischen Versammlungen jener Tage teilnahm, sah ich Boris Nikolajewitsch zum erstenmal aus der Nähe – und wieder rief sein Anblick keine besonders warmen Gefühle in mir hervor. Wahrscheinlich lag das weniger an ihm als vielmehr an der vieltausendköpfigen Menge, die rasend skandierte: «Jelzin! Jelzin!» Bei mir und vielen meiner Freunde hinterließ das ein ziemliches Unbehagen.

Als ich beschloß, für meinen Deputiertensitz zu kandidieren, hatte ich ein langes Gespräch mit Aktivisten des «Demokratischen Rußland». Sie befragten mich über meine Ansichten und insbesondere über meine Beziehung zu Jelzin, um zu entscheiden, ob sie meine Kandidatur unterstützen sollten. Ich äußerte mich vorsichtig und skeptisch: Ich könne aus seinen Auftritten nicht erkennen, was er politisch wolle, einige seiner Losungen fände ich richtig und attraktiv, andere würden mich durch ihren Populismus verwirren. Ja, und dann seien da noch diese Gerüchte über sein reichlich extravagantes Verhalten in gewissen Situationen. Natürlich könne es sich bei alldem um Lügen handeln, aber eben davon müßte ich mich erst einmal selbst überzeugen.

Eine Woche später, bei der Beerdigung Sacharows, erhielt mein skeptisches Bild von Boris Nikolajewitsch einen Riß. Bei der Trauerfeier hatte Jelzin schweigsam und düster dagestanden. Am Abend, beim Totenmahl im Restaurant des Hotels Rossija, ging er zum Mikrophon. An dem, was er sagte, war nichts Besonderes, es war eine gewöhnliche, ungeschickte und sogar ein wenig ungehobelte Rede. Wichtig waren nicht die Worte, sondern die Intonation. Nach all den politischen Auftritten, an denen dieser Tag so unangebracht reich gewesen war, nach den schönen und glatten Reden jener, die – und das wußte ich ganz genau – Andrej Dmitrijewitsch ihr ganzes Leben lang gefürchtet und gehaßt hatten, spürte ich nun hinter den Worten Jelzins aufrichtige Verehrung und aufrichtiges Leid um den Verstorbenen. Diese Gefühle brachen so unerwartet unter den routinierten Wendungen hervor, daß es mich rührte. Auch ehemalige Parteisekretäre können, so merkte ich, das Besondere, das Sacharow hatte, wenn auch nicht verstehen, so doch immerhin empfinden.

Im Frühling 1990, vor der Eröffnung des Kongresses der Volksdeputierten, und später, als der Kampf um den Vorsitz des Obersten Sowjets entbrannt war, jagte eine Deputiertenversammlung die nächste. Niemand stellte eine ernsthafte Konkurrenz für Jelzin dar, zu ihm gab es keine Alternative. Alle spürten, daß es sich bei Boris Nikolajewitsch um einen Vogel handelte, der besonders weit fliegen konnte. Ihm rechnete man Fähigkeiten zu, die den anderen abgesprochen wurden. Er verfügte über politische Erfahrung, und wenn es auch eine von der Partei vermittelte Erfahrung war, so betraf sie doch die Staatsgeschäfte. Wahrscheinlich haben wir alle damals die Bedeutung einer solchen Erfahrung überschätzt, und das ist nur natürlich: Man schätzt immer das hoch ein, was einem selbst fehlt.

Noch lange sollte Jelzin unter den demokratischen Politikern seinen oft beschworenen «Vertrauensbonus» genießen. Wir alle erblickten in ihm gleichsam einen Spezialisten, den einzigen unter uns, der die Arbeit im Apparat wirklich kannte. «Ein echter Politiker», sagten wir anerkennend. Ich glaube immer noch, daß er ein Vollblutpolitiker ist. Aber leider hat ihn als Politiker in erster Linie der Apparat geprägt und dann erst das Gemeinwesen. Das macht übrigens eine Gemeinsamkeit mit Gorbatschow aus, nur daß Jelzin schroffer ist, gröber und leichter dazu neigt, alles auf eine Karte zu setzen. Der Kampf zwischen beiden entschied sich in dem Moment, als Boris Nikolajewitsch es riskierte, die Grenzen der Politik über den Apparat hinaus auszudehnen und sich auf die Macht der öffentlichen Meinung zu stützen – wozu Gorbatschow sich nicht entschließen konnte.

Als Jelzin, nun schon als Präsident und als Begründer einer neuen russischen Staatlichkeit, gewisse politische und Personalentscheidungen traf, die uns nicht ganz geheuer waren, da sagten viele Demokraten: «Er muß es wissen – schließlich kennt er sich in diesen Dingen aus. Wir zweifeln ja nicht, daß er und wir dasselbe wollen: die demokratische Umgestaltung. Wir wissen, was wir wollen, und er weiß, wie man das verwirklicht.»

Auch ich selbst dachte ziemlich lange so. Zudem lehrten mich meine persönlichen Beobachtungen, daß Boris Nikolajewitsch damals ein Mensch war, der zuhören und begreifen konnte. Mir war zwar durchaus klar, daß er von Demokratie etwa ebensoviel verstand wie von Molekularbiologie – aber ganz offensichtlich wollte und konnte er lernen. Natürlich entschlüpften ihm hin und wieder politische Äußerungen, die gleichsam einer anderen politischen Vorstellungswelt anzugehören schienen. Besonders häufig kam das vor, wenn er «für das Volk» sprach, da schwangen sofort alle möglichen populistisch-demagogischen Versprechungen mit. Es war offensichtlich, daß er sich nicht von der «sowjetischen» Vorstellung der väterlichen Fürsorge der Staatsmacht verabschieden konnte, die die Menschen zu abhängigen Mündeln machte. Er hatte kein Gespür dafür, daß die Aufgabe des Staates in einem freien Land in erster Linie darin besteht, die Leute nicht am Gehen zu hindern.

Aber ich verstand, daß solche Veränderungen für einen ehemaligen Sekretär eines Bezirkskomitees nicht allzuleicht zu begreifen sind. Innerlich war ich bereit, einem Menschen mit einer derartigen Biographie ein gewisses Handicap zugute zu halten. Und ich freute mich, als ich merkte, wie er an sich arbeitete. Er gab sich Mühe, sich in den für ihn neuen Vorstellungen von Liberalität, Rechtsstaatlichkeit und Demokratie irgendwie zurechtzufinden.

Ich erinnere mich an ein Gespräch im Herbst 1991 über die Todesstrafe. Ich versuchte, ihm klarzumachen, daß es in einem demokratischen Rußland keine Todesstrafe mehr geben dürfe. «Aber wie sollen wir denn dann mit den Putschisten verfahren, mit Janajew, Krjutschkow und den anderen?» fragte er. «Sie müßten doch eigentlich zum Tode verurteilt werden!» Ich widersprach ihm. Da sagte Jelzin plötzlich hocherfreut: «Ich weiß, wie wir das machen. Soll das Gericht sie doch ruhig zum höchsten Strafmaß verurteilen, und ich werde sie dann gleich darauf begnadigen!» Das klang so unerwartet kindlich und – milde ausgedrückt – nicht gerade demokratisch. Dabei wußte ich allerdings, daß Boris Nikolajewitsch praktisch allen Gnadengesuchen stattgab, die man ihm vorlegte. Das blieb so bis zum Jahre 1994. Dann änderte sich die Situation grundsätzlich: offenbar hatte irgend jemand den Präsidenten davon überzeugt, daß die Todesstrafe eine der Hauptstützen des Staates im Kampf gegen das Verbrechen sei.

Während ich seine persönliche Entwicklung in den Jahren 1990 bis 1991 verfolgte, weichten meine anfänglichen Vorbehalte auf, und ich hoffte immer stärker darauf, daß er sich wirklich an die Spitze der demokratischen Umgestaltung unseres Landes setzen würde. Besonders gefiel mir seine harte und entschlossene Reaktion auf das Blutvergießen in Vilnius im Januar 1991. Er erklärte unverzüglich, daß Rußland Litauen in seinem Streben nach Unabhängigkeit unterstütze und das Gemetzel verurteile, das Militäreinheiten dort veranstaltet hatten. Darüber hinaus gelang es ihm auch noch, einen analogen Beschluß im Rat der Regierungschefs der Sowjetrepubliken durchzusetzen, ein Organ, das von der Unionsregierung geschaffen worden war.

Als Gorbatschow und Jelzin 1991 das Tauziehen um die Machtverteilung zwischen der Unionsregierung und der Regierung Rußlands begannen, waren meine Sympathien ganz entschieden auf seiten Jelzins. Hauptsächlich deshalb, weil ich hoffte, Rußland könne zum Motor der demokratischen Umgestaltung in der UdSSR werden. Aber auch die persönlichen Eigenschaften der beiden Führer spielten für mich eine große Rolle: Gorbatschow hatte meiner Ansicht nach sein reformerisches Potential bereits erschöpft, Jelzin hingegen begann das seine gerade erst zu entfalten.

Natürlich spielte bei dem ganzen Konflikt auch der «menschliche Faktor» eine Rolle: Jelzin konnte dem Generalsekretär eine Reihe öffentlicher Anlässe nicht verzeihen, bei denen dieser

– angefangen vom Herbst 1987 – seinen widerspenstigen Rivalen erniedrigt hatte. Gorbatschow begriff einfach nicht, daß er sich in Jelzin nicht nur einen politischen Gegner einhandelte, sondern auch einen persönlichen Feind. Noch 1990 tat der Generalsekretär alles, um die Wahl Boris Nikolajewitschs zum Vorsitzenden des Obersten Sowjets Rußlands zu verhindern. Er selbst und ihm nahestehende Personen verhandelten mit den Deputierten Rußlands, nicht zuletzt mit den Repräsentanten der Bewegung «Demokratisches Rußland», über einen Alternativkandidaten für diesen Posten. Er wäre sogar mit einem Demokraten einverstanden gewesen, wenn er sich Jelzin auf diese Art und Weise vom Halse hätte halten können. Als das Akademiemitglied Schatalin mir diese Position begreiflich zu machen suchte, entgegnete ich ihm, daß ich auf weiter Flur keinen ernsthaften Kandidaten außer Jelzin erblickte.

Auch heute noch halte ich das nicht für einen Fehler. Und ich glaube nicht, daß sich Boris Nikolajewitsch in den Jahren 1990 bis 1992 irgendwie verstellt hatte. Er wollte ganz aufrichtig ein demokratischer Führer sein – aber damit hatte er sich übernommen.

Natürlich zählte es für mich, daß er mir immer die Stange hielt, wenn es darum ging, die Menschenrechte in der Verfassung zu verankern. Heute allerdings frage ich mich, ob diese Frage für ihn nicht einfach nur ein demokratisches Aushängeschild war. Ob nicht die Zustimmung zu den konstitutionellen Rechten und Freiheiten der Bürger auch deshalb so leicht fiel, weil man sie mit jedem präsidialen Erlaß wieder außer Kraft setzen konnte.

Ich möchte nicht ganz ausschließen, daß Jelzin in den Menschenrechten auch eine Art «Exportgut» sah, das für gut Wetter im Ausland sorgen sollte. Nicht umsonst gehörte ich auf seinen Wunsch hin zu allen möglichen russischen Delegationen bei den internationalen Organisationen. Ich erinnere mich, wie Boris

Nikolajewitsch bei seinem USA-Besuch im Sommer 1992 anläßlich eines Empfangs in der Washingtoner Russischen Botschaft eine Rede hielt, aus der hervorging, daß der Kommunismus in Rußland nun ein für allemal erledigt sei. «Kowaljow und Molostwow haben unter dem alten Regime ‹gesessen›», sagte er aus diesem Anlaß und zeigte mit einer breiten Geste auf mich und Michail Michailowitsch. «Jetzt aber sitzen sie hier, unter uns, als Mitglieder einer Regierungsdelegation!» In diesem Zusammenhang fungierten wir sozusagen als «materielle Beweisstücke» gegenüber dem Westen. Aber vielleicht nicht nur ihm gegenüber? Mir jedenfalls schien es damals so, als ob der Präsident auch sich selbst irgend etwas zu beweisen versuchte.

Mir gegenüber legte er immer eine merkwürdige Mischung von Wohlwollen und Gehemmtheit an den Tag, als wäre er sich nicht ganz sicher, mit welcher Spezies er es in mir eigentlich zu tun hatte. Übrigens beschlich mich bei unseren persönlichen Kontakten die gleiche Melange aus Sympathie und Unbehagen wie ihn.

Wenn ich jetzt über die politische Entwicklung des ersten Präsidenten Rußlands nachdenke, wird mir eines immer klarer: Wie viele demokratische Worte Jelzin – völlig aufrichtig – auch ausgesprochen haben mag, in einer Hinsicht blieb er doch immer der Bezirks-Parteisekretär: in allen Personalfragen. «Die Kader entscheiden alles», hatte einst der Genosse Stalin gesagt. Für das sowjetische Regierungssystem, das sich nicht auf das Recht, sondern auf die Macht stützte, war dies ein Glaubenssatz.

Dieser Präsident aber mußte Reformen im Rahmen des alten Verwaltungssystems durchsetzen, das immer noch intakt war. Das war der Preis für den evolutionären Charakter der Reformen – dafür, daß wir uns eine Revolution erspart hatten. Und natürlich fanden sich im Kreise seiner engsten Helfer – erst recht aber auf den folgenden Stufen der Beamtenhierarchie – genug Menschen, die nie etwas anderes als den alten Stil kennengelernt hatten. Die Konsequenz davon war, daß Neues – neue Leute, neue Ideen, und das waren in den Jahren 1991 bis 1993 gar nicht so wenige – mit allen Mitteln ausgegrenzt oder nach dem eigenen Ebenbilde umgemodelt wurde. Dementsprechend ließ man die Reformprojekte sich entweder totlaufen, oder man entstellte sie bis zur Unkenntlichkeit, selbst wenn sie von ganz oben initiiert worden waren.

Ich erinnere mich zum Beispiel an die geradezu kafkaeske Geschichte, als Jelzin Ende 1991 Golowkow, einen Reformer, zum Leiter des Regierungsapparates ernannte. Als dieser sein Amt antreten wollte, stellte sich heraus, daß der entsprechende Erlaß des russischen Präsidenten verlorengegangen war. Er blieb auch verloren und war absolut nicht aufzufinden. Daraufhin unterschrieb Jelzin ein zweites Mal eine entsprechende Verfügung. Und – was für ein Pech! – auch diese war nicht aufzufinden. Zu guter Letzt «entdeckte» der erste Gehilfe des Präsidenten, Iljuschin, den Präsidentenerlaß unter seinen Papieren. Golowkow konnte nun seinen Posten antreten – allerdings mit zweimonatiger Verspätung. Ja, und inzwischen waren natürlich alle Schlüsselposten im Regierungsapparat schon besetzt worden – ganz ohne sein Zutun.

Als ich kurz darauf im Präsidialrat in Anwesenheit von Jelzin und Iljuschin die Rede auf diese Geschichte brachte, reagierte keiner von beiden darauf, ebensowenig wie irgendein anderer im Saal. Als hätte ich irgend etwas Unanständiges gesagt, worüber wohlerzogene Leute einfach hinweghören. Vielleicht befand sich Jelzin aber auch in einer Art von schweigendem Einverständnis mit seinen Beamten und stellte sich einfach dumm?

Ein anderer Fall betraf mich und meine Arbeit. In den Straflagern bei Perm gab es immer noch Menschen, die nicht mit der Mehrheit der politischen Gefangenen in den Jahren 1987/88 freigelassen worden waren. Es handelte sich um einzelne Fälle, die man kaum als politische Gefangene im engeren Sinne bezeichnen konnte, aber man konnte auch kaum behaupten, daß sie sich schwerer Staatsverbrechen schuldig gemacht hätten. Als ich mit Jelzin darüber im Frühjahr 1991 sprach, stimmte er mir zu, daß eine Amnestie die beste Lösung wäre. Er schlug mir vor, den Entwurf für einen entsprechenden Erlaß vorzubereiten und ihm zur Unterschrift vorzulegen. Was ich auch tat. Es verging ein Monat, noch einer – und es tat sich nichts. Bei einem Routinetreffen erinnerte ich den Präsidenten an die Amnestie. – «Na, ich warte doch auf Ihren Entwurf; ich habe schon mehrfach danach gefragt.» – «Aber Boris Nikolajewitsch, ich hatte ihn Ihnen schon im Juni übergeben lassen!» Der Entwurf war einfach «verlorengegangen». Und die Amnestie fand erst im Frühherbst statt, nach der Niederschlagung des August-Putsches.

Daß ein Beamtenapparat die Sabotage zum System erhebt, ist eine Möglichkeit, die man politisch ins Kalkül ziehen muß. Aber in beiden Fällen hätte sich der Präsident entrüsten, mit Füßen trampeln, ein Dienstaufsichtsverfahren einleiten, irgend jemanden entlassen müssen. Aber er tat nichts dergleichen.

Jelzin hatte zu Beginn seiner Präsidentschaft eine ganze Reihe qualifizierter Spezialisten in seine Mannschaft aufgenommen: Wirtschaftswissenschaftler, Juristen, Gelehrte und erfahrene und bewährte Praktiker auf den verschiedenen Feldern. Gleichzeitig hielt er aber an Männern wie Iljuschin und Lobow fest, an seinen Mitarbeitern aus den alten Swerdlowsker Zeiten, und mußte darüber hinaus auch noch weitere Leute unterbringen, die erst später auftauchten: Poltoranin, Schumejko, Korschakow und Soskowjez. Seine Entourage bestand also auf der einen Seite aus aufrichtigen und überzeugten Anhängern der demokratischen Umgestaltung, deren Loyalität gegenüber dem Staatsoberhaupt von dessen Treue zum Reformkurs abhing, auf der anderen Seite aus Mitarbeitern, die offenbar bereit waren, jede beliebige Entscheidung des Präsidenten zu unterstützen, weil sie ihr Schicksal und ihre Karriere mit seiner Person verbanden. Was fehlte, war eine für Außenstehende transparente Prozedur der Beschlußfassung. Statt dessen wurde fleißig unter den Teppich gekehrt. Und – wie Churchill es einmal ausgedrückt hat – hin und wieder wurden Leichen darunter gefunden, Gott sei Dank nur politische. Anfang 1996 waren es Filatow und Tschubajs und im Juni desselben Jahres Korschakow, Barsukow und ihr «geistiger Vater» Soskowjez.

In der Mannschaft des Präsidenten stießen aber nicht nur zwei ideologische Konzeptionen aufeinander, sondern auch zwei grundsätzlich unterschiedliche Haltungen zur Verwaltung. Der vom kommunistischen Regime überkommene Apparat sperrte sich von Anfang an gegen die Reformer. Aber der Ausgang dieses Kampfes hing in entscheidendem Maße vom Mann an der Spitze ab. Anfangs hatten wir geglaubt, dieser Mann würde mehr auf die neue Generation von Politikern und Verwaltungsfachleuten als auf die alte Nomenklatura hören.

Leider stellte sich heraus, daß es Jelzin nicht einmal in seinen besten Jahren gelang, sich von seinen eigenen Nomenklatura-Reflexen freizumachen. Als dann die Wirtschaftsreform, anstatt unverzüglich Früchte zu tragen, wie er naiverweise gehofft hatte, in eine qualvolle Dauerkrise überging und als die Justizreform auf den einhelligen Widerstand der Behörden stieß, da griff er auf das zurück, was seine lange Parteikarriere ihn gelehrt hatte: sich auf die persönliche Ergebenheit seiner Mitarbeiter zu stützen.

Alles andere war für die neue Nomenklatura nur noch eine Frage der Technik und der Zeit. Es genügte, die Verwaltung des Präsidenten von Reformern zu säubern und ihn selbst von Informationen über die wirkliche Lage im Lande abzuschneiden. Nachdem der Apparat dann anschließend seine Homogenität und Identität wiederhergestellt hatte, konnte er jeglichen neuen Anschlag auf seine Interessen abwehren – jedenfalls bis zu den nächsten Präsidentenwahlen. Was den damit verbundenen

Wandel der politischen Konzeptionen betraf, so behielt der Präsident jene Fähigkeit bei, die mich seinerzeit so für ihn eingenommen hatte: der eigenen Umgebung zuzuhören und sich mit fremden Meinungen auseinanderzusetzen; nur daß seine Umgebung inzwischen eine andere – und für ihn wahrscheinlich vertrautere – geworden war. Die Phraseologie war geblieben, Worte sind schließlich bloß Schall und Rauch.

Zu Beginn der Tschetschenien-Krise stand für mich bereits fest, daß Jelzin nicht zum Anführer der demokratischen Umgestaltung im Lande geworden war. An der Spitze des Landes steht heute der ehemalige Erste Sekretär eines provinziellen Gebietskomitees der KPdSU, der sich von der kommunistischen Doktrin abgewandt und sie durch einen Kult des Etatismus und des Großmachtdenkens ersetzt hat. Ein Mensch, der sich immer weiter von der Realität entfernt, der immer häufiger seinen menschlichen – in einer anderen Situation durchaus verzeihlichen – Schwächen nachgibt. Ein Chef, der immer stärker von seiner – vorwiegend eigennützigen – Umgebung abhängt und immer weniger in der Lage ist, den Grad dieser eigenen Abhängigkeit zu erkennen. Ein Politiker, dessen moralische Prinzipien mit katastrophaler Geschwindigkeit verfallen.

Jetzt, da ich mich bemühe, die politische und menschliche Evolution Boris Nikolajewitsch Jelzins zu verstehen, erfaßt mich Ärger und Bedauern. Ich dachte immer daran, daß dieser Mann titanische Anstrengungen unternommen hat, um sich selbst zu ändern. Er hat sich eine gewaltige Verantwortung für das Land auf die Schultern geladen. Er hat mutige und schwere Entscheidungen getroffen und tragische Fehler gemacht. Wir wollen nicht vergessen: Einige Jahre lang hielt er gewaltigem Druck stand, und zwar mit bewundernswerter Standhaftigkeit. Als sich aber seinem Land konkret die Aufgabe stellte, sein Herrschaftssystem zu ändern – da zerbrach er und verlor alles, was er sich vordem erworben hatte.

1990, als meine Bekanntschaft mit Jelzin noch frisch war und ich ins Parlament gegangen war, verstand ich mich nicht als Politiker im herkömmlichen Sinne des Wortes. Die gängigen politischen Alltagsaufgaben – wer Regierungsmitglied werden sollte; wer unbedingt von der Macht ferngehalten werden müßte; wie das Staatsvermögen am besten privatisiert werden könnte; zu welcher der ehemaligen Bruderrepubliken wir unsere Beziehungen unbedingt weiterentwickeln müßten – all diese Fragen standen nicht im Zentrum dessen, was ich als meine Hauptaufgabe erachtete. Allerdings konnte ich sie auch nicht ganz links liegenlassen, schließlich mußte ich mich ja auch an den entsprechenden Abstimmungen beteiligen. Und die Verteidigung der Menschenrechte im Parlament hatte nicht mehr viel gemein mit dem Kampf für die gleiche Sache auf den Seiten eines Untergrundjournals oder in der Strafzelle im Gefängnis. Zum Beispiel ist es dazu unumgänglich, seine Ideen in der Plenarversammlung durchzusetzen, dafür wiederum muß man sich auf irgendwelche Deputierten-Gruppierungen stützen. Die aber muß man nicht nur von der prinzipiellen Richtigkeit der eigenen Position überzeugen, sondern auch von der politischen Nützlichkeit und Notwendigkeit eines ganz bestimmten Gesetzesentwurfes.

Kurz gesagt, ich mußte mich entscheiden, ob ich ein weißer Rabe bleiben oder ob ich mit einem Schwarm mitfliegen wollte. Zu letzterem ja zu sagen ist für einen eingefleischten Individualisten nicht ganz einfach, der an seine persönliche Entscheidungsfreiheit und an persönliche Verantwortung gewöhnt ist. Als typischer russischer Intelligenzler hatte ich zudem ein wenig Angst vor dem Wort «Politik» – und zwar nicht nur davor, daß ich in alle möglichen Intrigen hineingezogen werden könnte, sondern auch vor meinem eigenen Mangel an Professionalität.

Allerdings hatte ich bereits vor dem ersten Kongreß der Volksdeputierten an den Sitzungen der Deputiertengruppe «Demokratisches Rußland» teilgenommen. Und während ich zuhörte, was dort so geredet wurde, entdeckte ich um mich herum lauter solche russischen Intellektuellen, die von den gleichen Ängsten geplagt wurden wie ich selbst. Ich muß zugeben, daß mich das sogar ein wenig enttäuschte, hatte ich doch in der Tiefe meiner Seele gehofft, professionelle und gebildete Politiker vorzufinden, die zwar meine eigenen Werte teilten, aber über eine feste Vorstellung verfügten, wie diese umzusetzen seien. Abgesehen von den politischen Karrieristen, die es schon damals auch in diesen Kreisen zur Genüge gab, waren hier Menschen versammelt, die die gleichen Grundwerte im Auge hatten; was aber den Professionalismus anbelangte, sah es düster aus. Aber woher sollten in diesem Lande auch professionelle Politiker kommen? Nur eine Gruppe unter den Demokraten verfügte über eine gewisse Routine im Kampf um Macht und Einflußsphären – die Renegaten aus der KPdSU-Spitze. Was das bedeutet, hat die jüngste Entwicklung in unserem Lande in ihrer unglückseligen Wechselbeziehung zwischen der Qualität der Demokratie und der Qualität der Demokraten gezeigt.

Die Demokraten waren die einzige politische Kraft, von der ich mir eine Unterstützung meiner Verfassungs- und Gesetzesprojekte erhoffen konnte. Dementsprechend orientierte ich mich an ihnen und unterstützte ihre aktuellen politischen Anliegen. Auch ein weißer Rabe kann in einem Schwarm mitfliegen, wenn er dort er selbst bleiben darf und seine Farbe nicht wechseln muß.

Deshalb schloß ich mich noch im Obersten Sowjet der gemäßigt demokratischen Gruppe «Eintracht für den Fortschritt» an. 1993 beteiligte ich mich dann an der Gründung des Blockes «Rußlands Wahl». Später wandelte sich dieser Block zur politischen Partei DWR (Demokratische Wahl Rußlands), und ich wurde auf meine alten Tage noch zum Parteimitbegründer. Ich muß gestehen, daß mein Aufenthalt in den «Reihen der Partei» meine Bereitschaft zum Mitfliegen in Schwärmen bisweilen auf eine ernsthafte Probe stellte.

Im Jahre 1993 standen auf unseren Listen nicht wenige Kandidaten, die man an sich von allen politischen Aktivitäten hätte fernhalten müssen: Karrieristen, politische Opportunisten und Machtverliebte. Ich stand vor der Wahl, dagegen zu protestieren oder meinen Hut zu nehmen. Ich protestierte, aber wie ich fürchte, nicht energisch genug.

Sehr viele von diesen Leuten verließen uns gleich nach den Wahlen wieder, als klargeworden war, daß wir nicht die entscheidende Mehrheit in der Duma bekommen hatten. Und noch mehr verabschiedeten sich, je deutlicher wurde, daß die Entfernung zwischen uns und der politischen Führung, die der Präsident verkörperte, eher wuchs. Ich denke, daß dies schon mal die Spreu vom Weizen trennte.

Im Frühjahr 1996 geriet ich durch meine Parteizugehörigkeit wieder in eine komplizierte Situation. Die DWR hatte beschlossen, Jelzin bei den Präsidentenwahlen zu unterstützen. Ich aber und ein anderer Führer der DWR, Arkadij Muraschow, traten in das Komitee zur Unterstützung Grigorij Jawlinskis ein. Der politische Rat der DWR erteilte uns einen Verweis und «empfahl» uns, unsere Mitgliedschaft in jenem Komitee einzustellen. Weder Muraschow noch ich folgten dieser Empfehlung. Ob uns jetzt wohl eine Parteirüge erwartet? So eine Parteirüge fehlt mir in meiner Biographie eigentlich noch!

All diese negativen Erfahrungen haben allerdings nicht meine Beziehung zu Jegor Timurjewitsch Gajdar trüben können. Der Name dieses Mannes, der selbst zum Symbol für Reformen geworden ist, ruft heute die widersprüchlichsten Reaktionen hervor. Natürlich maße ich mir kein Urteil über die Vor- und Nachteile seiner diversen ökonomischen Konzeptionen an. Aber mir gefallen sein politischer Stil und seine weltanschaulichen Prinzipien; mir imponieren seine Standhaftigkeit und Unabhängigkeit von der politischen Konjunktur; zu guter Letzt halte ich ihn einfach für einen besonders würdigen, ehrlichen, klugen und mutigen Menschen – und das ist in der Politik eine große Seltenheit. Es tut mir leid, daß unsere Ansichten über den Kurs der DWR bei den Präsidentenwahlen so kraß auseinanderklafften. Aber ich bin der Ansicht, daß sogar sein Entschluß, Jelzin zu unterstützen, nicht konjukturbedingt war, sondern seinen ehrlichen Vorstellungen von der eigenen politischen Verantwortung entsprang.

Das sperrige Gebäude, das sich «Kongreß der Volksdeputierten – Oberster Sowjet» nannte, wurde von einem Türmchen gekrönt – dem Präsidium. Den Ton im Präsidium gab der Vorsitzende an.

Man muß Jelzin Gerechtigkeit widerfahren lassen – solange er Vorsitzender war, verliefen die Parlaments- ebenso wie die Präsidiumssitzungen in einer ruhigen, sachlichen Atmosphäre. Aber dann wurde Jelzin Präsident. Und sofort versuchte er, mit aller Macht seinen bisherigen Stellvertreter, Ruslan Chasbulatow, auf den nunmehr freigewordenen Platz durchzuboxen. Die Mehrheit des «Kongresses» widersetzte sich dieser Ernennung hartnäckig. Die Ironie des Schicksals wollte es, daß die Hauptgegner Chasbulatows damals die Kommunisten waren, weil sie in ihm in erster Linie einen treuen Parteigänger Jelzins erblickten. Aber auch die Demokraten unterstützten Ruslan Imranowitsch keineswegs einhellig. Es gab eine kleine Gruppe von demokratischen Deputierten – zu denen auch ich gehörte –, die wieder und wieder gegen diese Kandidatur stimmten.

Wir fürchteten, daß Chasbulatow sich mit der Leitung der Parlaments- und Präsidiumssitzungen nicht zufriedengeben würde, und vor dem Hintergrund der theoretisch unbegrenzten Vollmachten, mit denen die alte Verfassung das Präsidium des

Obersten Sowjets ausstattete, konnte ein derartiger Ehrgeiz viel Unglück anrichten.

Das wollte Jelzin damals einfach nicht sehen. Ihn interessierte nur, daß Chasbulatow ihn persönlich unterstützte. Er begriff damals nicht – und begreift es bis heute nicht –, daß persönliche Treue in der Politik eine außerordentlich unzuverlässige Größe ist. Er setzte den Deputierten mit Worten zu, beharrte auf seinem Standpunkt und übte Druck aus. Vor den Augen des Landes aber, das keinen wirklichen Einblick in diese Konfliktlage haben konnte, schien sich folgendes Szenario abzuspielen: Eine kleine Gruppe demokratischer Radikalinskis hat sich mit den Kommunisten solidarisiert und blockiert die Bemühungen des Präsidenten und des größten Teils der Demokraten, einen der wichtigsten Staatsposten mit einem demokratischen Politiker zu besetzen. Viele meiner Freunde drückten damals ihr Unverständnis für meine Dickköpfigkeit aus. Was konnte ich ihnen antworten? Daß der progressive Kandidat ein Schleimer und für das Land gefährlich war? Schließlich war das nur ein persönlicher Eindruck – wenn auch nicht von mir allein.

Zu guter Letzt: als der August schon vorüber war, gaben fast alle Dickköpfe unter den Demokraten dem Druck des Präsidenten von oben und der öffentlichen Meinung von unten nach. Ich will mich nicht selbst loben, aber ich stimmte bis zuletzt dagegen.

Als Chasbulatow Vorsitzender des Obersten Sowjets war, hatte ich notgedrungen regelmäßig mit ihm zu tun. Aber bis heute ist mir dieser Mensch unverständlich geblieben. Eigentlich war das ein verständiger, ziemlich gebildeter, schlauer und vorsichtiger Mann – aber er hatte die Neigung zu Ausfällen, die sich keiner erklären konnte. Ich denke dabei noch nicht einmal an die Ereignisse vom Herbst 1993, als Ruslan Imranowitsch die Witterung der höchsten Macht aufgenommen und dabei den Kopf verloren hatte. Aber wie soll man seine früheren – milde gesagt exzentrischen – Exzesse erklären? So soll er bei der Präsentation seines Buches über den August 1991 demonstrativ den Schutzumschlag zerrissen haben, auf dem ein Jelzin-Porträt abgedruckt war. Oder Anfang 1992 (nachts!) die Direktoren der Moskauer Hotels zu sich gerufen und verfügt haben, alle seine tschetschenischen Landsleute, die in diesen Hotels wohnten, unverzüglich vor die Tür zu setzen.

Oder eine andere Szene, bei der ich selbst anwesend war: Auf dem offiziellen Empfang des Präsidiums des Obersten Sowjets für eine tschechoslowakische Regierungsdelegation erklärte Chasbulatow plötzlich völlig unerwartet, daß er einige Paragraphen des soeben vom Präsidenten geschlossenen – und übrigens für Rußland sehr vorteilhaften – Vertrages mit diesem Land nicht anerkennen würde. In dem Vertrag sei die Rede von Kompensationszahlungen für den ökologischen Schaden, den die sowjetischen Streitkräfte in der Tschechoslowakei angerichtet hätten? Wenn dem so sei, dann werde er, Chasbulatow, auch Kompensation fordern, und zwar für den Aufenthalt tschechischer Legionäre in Sibirien während des Bürgerkrieges 1918–20! Und das war nicht als humoristische Einlage gemeint. «Ist der übergeschnappt?» fragte mich flüsternd ein Mitglied der tschechoslowakischen Delegation.

Vielleicht litt der Vorsitzende des Obersten Sowjets Rußlands ja wirklich an einer psychischen Erkrankung? Aber jetzt, nachdem Chasbulatow aus der großen russischen Politik ausgeschieden ist und sich mit den Problemen seiner tschetschenischen Heimat beschäftigt, erweckt er bei seinen Auftritten gar nicht mehr den Eindruck eines Geistesgestörten. Ich bin zwar nicht mit all seinen Vorschlägen einverstanden, bei einigen scheinen auch seine persönlichen Interessen eine Rolle zu spielen; aber im großen und ganzen wirken sie viel vernünftiger und der Situation angemessener als die heutige Politik seines früheren Hauptopponenten Jelzin.

Ich nehme an, daß die Ursache des inadäquaten Verhaltens Chasbulatows nicht medizinischer, sondern charakterlicher Natur war. Darin drückte sich die extreme moralische Haltlosigkeit eines Menschen aus, der die höchsten staatlichen Ämter erreicht hatte und sich jetzt einbildete, ihm sei alles erlaubt.

Bis zum Herbst 1991 gehörte es zu den Kompetenzen des Präsidiums, die Begnadigungsgesuche der zum Tode Verurteilten zu prüfen. Wie bereits erwähnt, war ich ein prinzipieller Gegner dieser «Strafe» und stimmte immer für die Begnadigung. Meistens gehörte ich zur Minderheit, und manchmal blieb ich damit allein. Ein anderes Mitglied des Präsidiums, der Vorsitzende des Komitees für Glaubensfragen und Gewissensfreiheit, der orthodoxe Geistliche Polossin, enthielt sich immer der Stimme. «Eine geistliche Person hat kein Recht, über Leben und Tod zu entscheiden», pflegte er zu sagen. Gewöhnlich wurden diese Gesuche gegen Ende der Sitzung geprüft, wenn alle schon müde waren und endlich mit der Arbeit fertig werden wollten. Und wenn dann bereits die ersten Gesuche abgelehnt worden waren, sagte Ruslan Imranowitsch manchmal: «Irgendwie guckt Sergej Adamowitsch so sauer aus der Wäsche... Vielleicht machen wir ihm mal ein kleines Geschenk und geben dem nächsten Gesuch statt?» Er liebte solche Scherze. Und die Präsidiumsmitglieder stimmten dann für Begnadigung. Ihnen war es sowieso einerlei.

Was hätte ich in dieser Situation tun sollen? Dem Vorsitzenden des Obersten Sowjets Rußlands eine runterhauen? Aufstehen, mit der Tür knallen und auf die Teilnahme an diesem ganzen Zirkus ein für allemal verzichten? Ich tat das einzige, was ich tun konnte – und stimmte immer für Begnadigung.

So stellte sich mir die Welt der Politik und der Politiker dar. Jene Welt, zu der ich von nun an gehörte. Und ungefähr so hatte ich sie mir auch vorgestellt. Und was dachten die Ureinwohner dieser politischen Welt über mich? Schwer zu sagen. Aber mir scheint, daß sie mich lange Zeit hindurch einfach nicht ernst nahmen.

Im August 1991 zeigte mir Jelzin eine Xerokopie der von den Putschisten angefertigten Internierungsliste – die seinen Worten zufolge auch eine Liste der zu Erschießenden war. Die Liste bestand aus 22 mit der Maschine getippten Familiennamen. Natürlich stand seiner obenan. Ganz am Ende stand mein Name, offensichtlich im letzten Moment von irgend jemandem schief dazugetippt. Ich war also für die Verschwörer nicht von allzu großem Interesse.

Was aber die neue, demokratische russische Staatsführung betraf, so behandelte sie mich meiner Ansicht nach weiterhin als «Exportartikel». Gleich nach den August-Ereignissen wurde ich – vermutlich auf Jelzins Betreiben – Kovorsitzender der sowjetischen Delegation auf der Moskauer Konferenz der KSZE-Staaten über Menschenrechte. Das war kein nomineller Titel. Ich erhielt damit die reale Möglichkeit, auf den politischen Kurs des Landes – damals noch der ganzen Sowjetunion – auf dem Gebiet internationaler Menschenrechtsabkommen einzuwirken. Auf dieser Konferenz unterstützte die sowjetische Delegation die radikalsten Vorschläge. Das versetzte die westlichen Delegationen derart in Erstaunen, daß sie einige davon sogar annahmen. Bei den wichtigsten Anträgen allerdings besann sich der Westen und schmetterte sie ab. Sie betrafen die Verschärfung der internationalen Kontrolle und ein Abrücken vom obligatorischen Konsensus aller Mitgliedsstaaten für gewisse Interventionsmaßnahmen. Diese Vorschläge waren von Deutschland eingebracht und von uns unterstützt worden. Amüsanterweise bedienten unsere Gegner sich dabei eines traditionellen sowjetischen Argumentes: Einmischung in die inneren Angelegenheiten eines anderen Staates ist einfach unzulässig. Nichts für ungut. Dafür habt ihr jetzt euer Jugoslawien, und wir haben unser Tschetschenien.

Später übertrug man mir das Amt des Leiters der russischen Delegation beim Komitee für Menschenrechte der UNO, häufig nahm ich an Verhandlungen mit der Europäischen Gemeinschaft teil, im Europaparlament und bei anderen internationalen Organisationen. Ich werde einfach den Gedanken nicht los, daß außer allen möglichen konjunkturellen Erwägungen unsere Regierenden sich dabei von der unbewußten Vorstellung leiten ließen: Die Menschenrechte, das ist eben so etwas Außenpolitisches. Damals war mir das gleich, denn ich glaubte noch, die juristischen Aspekte unserer außenpolitischen Beziehungen real beeinflussen zu können. Heute, da bei uns in der Außenpolitik der sogenannte Pragmatismus gesiegt hat, da Länder wie Kuba, der Iran, der Irak, China, Nordkorea wieder die besten Freunde des neuen Rußland geworden sind, brauche ich nicht mehr ins Ausland zu fahren. Ich kann nur dann entsprechend den Weisungen aus Moskau abstimmen, wenn ich sie für moralisch annehmbar halte. Glücklicherweise gilt in der Parlamentarischen Versammlung des Europarates, deren Mitglied ich kürzlich geworden bin, daß der einzelne nur sich selbst, nicht aber seinem Land verantwortlich ist.

Die Konsequenz des Augusts 1991 war der Zusammenbruch des kommunistischen Regimes. Die Tätigkeit der kommunistischen Partei im Lande wurde gestoppt. Ein Jahr später fand der sogenannte «Prozeß gegen die KPdSU» statt.

Ich war und bin Befürworter eines Gerichtsprozesses gegen die KPdSU, in dessen Verlauf die Tätigkeit dieser «gesellschaftlichen Vereinigung» – vom Moment der kommunistischen Machtergreifung am 25. Oktober 1917 an – genau untersucht und juristisch bewertet werden sollte. Ich bin immer noch davon überzeugt: wenn sich damals das Gericht – sei es ein nationales oder internationales – aus vorurteilslosen und qualifizierten Mitgliedern zusammengesetzt hätte, dann wäre ein Verfahren zustande gekommen, das den Nürnberger Prozessen über die NSDAP in nichts nachgestanden hätte. Das heißt: die KPdSU wäre zur verbrecherischen Organisation erklärt, ihr wäre jegliche Tätigkeit, unter allen möglichen vergangenen und zukünftigen Namen, verboten worden. Aber der Prozeß vor dem Verfassungsgericht Rußlands im Sommer 1992 hatte mit einer solchen moralisch unvermeidlichen und juristisch adäquaten Auseinandersetzung nichts zu tun.

Erstens war der Prozeß von den Kommunisten selbst provoziert worden, die gegen Jelzins Erlaß über die Auflösung der Kommunistischen Partei klagten, weil er der Verfassung widerspräche. Man stelle sich einmal vor, die Nürnberger Prozesse wären dank einer Klage der Nazis entstanden. Übrigens war das Vorgehen der Kommunisten durchaus im Rahmen von Recht und Gesetz. Und das Gericht kam wahrscheinlich gar nicht umhin, der Sache nachzugehen. Erst später wurde von einer Gruppe von Deputierten des Obersten Sowjets der Antrag formuliert, die KPdSU selbst als verfassungswidrig zu erklären.

Darüber hinaus vertrat die Mehrheit der Richter den Standpunkt, die Klage der KPdSU erlaube es lediglich, den Inhalt des Präsidentenerlasses zu überprüfen, in dem nur von der Beteiligung der KPdSU am Versuch eines Staatsstreiches vom 19. bis 21. August 1991 die Rede war. Dementsprechend kam das Gericht zu einem beispiellosen Urteil, nämlich den Präsidentenerlaß in Hinsicht auf die zentralen Strukturen der Partei als verfassungskonform, in bezug auf die unteren Parteizellen aber als unrechtmäßig anzuerkennen und aufzuheben. Noch einmal: man stelle sich ein entsprechendes Verdikt in Nürnberg vor!

Drittens weigerte sich das Gericht einfach, die Frage der grundsätzlichen Verfassungsmäßigkeit der KPdSU zu prüfen. Die Gegenkläger forderten, die Tätigkeit der Partei für die gesamte Zeit, in der sie die Macht innehatte, juristisch einzuschätzen. Der damalige Vorsitzende des Gerichtes, Valerij Sorkin, aber erklärte, daß «historische Prozesse» nicht Gegenstand der gerichtlichen Expertise im gegenwärtigen Verfahren sein dürften. Aus den Parteiarchiven hatte man schauderhafte Dokumente zutage gefördert, die von Blut nur so trieften und eindeutig zeigten, daß die Partei der Hauptorganisator einer breitangelegten terroristischen Tätigkeit gegen die Bevölkerung unseres Landes gewesen war. Aber Sorkin bezeichnete diese Dokumente hartnäckig als «Qumran-Schriftrollen» und weigerte sich, sie einzubeziehen.

Ich trat bei diesem Prozeß als Zeuge auf und bezichtigte die Partei grober massenhafter Rechtsverletzungen. Allerdings fügte ich auch hinzu, daß ein Teil der Schuld dafür auch bei jedem einzelnen von uns läge. Anschließend kamen Repräsentanten der KPdSU im Gericht zu mir und dankten mir für meine ehrliche und objektive Rede. Die Ehrlichkeit und Objektivität erblickten sie darin, daß ich öffentlich von unser aller Mitschuld an ihren Verbrechen gesprochen hatte. Wenn das kein absurdes Theater war!

Natürlich feierte die Partei gleich nach dem Urteil fröhliche Wiederauferstehung und konnte neue Kräfte sammeln. Es versteht sich von selbst, daß sie sich dabei nicht zu einer Variante der Sozialdemokratie wandelte, wie die kommunistischen Parteien Osteuropas das taten. Vielmehr konsolidierte sie sich unter Rückgriff auf Lösungen aus der Mottenkiste des Nationalismus, des Großmachtdenkens und sogar eines «gemäßigten Stalinismus». Mit anderen Worten: auf der Grundlage jener Weltsicht, die bereits in den letzten Jahrzehnten der Sowjetmacht die inoffizielle Ideologie der KPdSU gebildet hatte. In den Jahren 1995/96 präsentierten sich die KPRF und ihr Führer, Genosse Sjuganow, bereits als reale Prätendenten auf die Staatsführung – was nach jenem Prozeß im Jahre 1992 zu erwarten gewesen war.

Der Oktoberputsch 1993

Ich will hier keine Chronik des russischen politischen Lebens verfassen. Doch es gibt ein dramatisches Thema, über das ich nicht mit Schweigen hinweggehen kann. Ich meine den stürmischen Herbst 1993, als die lange und angespannte Konfrontation zwischen dem Präsidenten und dem Obersten Sowjet mit der Auflösung des letzteren und Panzerschüssen auf den Moskauer Straßen endete. Viele Leute, und nicht nur meine Gegner, werfen mir vor, ich sei vom Prinzip der Rechtsbindung abgewichen, das ich während meines gesamten vorhergehenden Lebens verteidigt hatte. Ich möchte versuchen, meine damalige Position zu beschreiben.

In diesem Konflikt war ich seit Winter 1992 ein entschiedener Parteigänger des Präsidenten gewesen. Damals flackerte der politische Kampf zwischen dem Präsidenten und dem Parlament ein weiteres Mal auf, im Vorfeld des berühmten April-Referendums über das «Vertrauen» der Bevölkerung zum Präsidenten. Auf dem Kongreß der Volksdeputierten trat ich sogar mit einer kurzen, aber ziemlich schneidenden propräsidialen Rede auf. Dies brachte mich erstens sofort in Opposition zur Kongreßmehrheit und, was damals noch wichtiger war, zum Speeker Chasbulatow. Zweitens brachte es mich in eine ziemlich bunt zusammengewürfelte Gesellschaft von Politikern, die sich aktiv an die Vorbereitung des Referendums gemacht hatten. Diese Gesellschaft wurde später der Kern der Bewegung «Rußlands Wahl». Nach seinem Sieg bei dem Referendum im Frühjahr 1993 war ich nur in einer Hinsicht mit Jelzin nicht einverstanden: Ich fand, daß man sofort nach der Veröffentlichung der Abstimmungsergebnisse einschneidende Maßnahmen ergreifen konnte und mußte. Ich bin auch heute noch der Meinung, Jelzin hätte dem Parlament spätestens Mitte Mai eine ehrenhafte Kapitulation anbieten sollen. Die Resultate des Referendums hatten das

Parlament völlig demoralisiert, und es wäre wahrscheinlich zu jedem Kompromiß bereit gewesen. Wenn aber der Oberste Sowjet, entgegen allen Erwartungen, mit einer vernünftigen Lösung der Situation nicht einverstanden gewesen wäre, dann hätte man – jawohl, unter Verletzung der damals geltenden Verfassung! – das Parlament auflösen und Neuwahlen ansetzen müssen. In jenem Moment hätte das kaum zu Exzessen geführt. Auf diese Weise wäre es noch möglich gewesen, das Blutvergießen zu vermeiden und damit die darauffolgende Spaltung unserer Gesellschaft.

Halbherzige Maßnahmen, wie etwa die Einberufung einer konstitutionellen Versammlung mit völlig unklaren Vollmachten, verdarben die ganze Angelegenheit nur. Nachdem sie sich von ihrem anfänglichen Schrecken erholt hatten, sammelten Chasbulatow und seine Gefolgsleute alle Kräfte unter den Politikern und im Apparat, die nach Revanche geradezu dürsteten. In den Korridoren des Weißen Hauses konnte man nun merkwürdige Gestalten sichten, die dort von Amts wegen nichts zu suchen hatten, Kosaken in phantastischen Uniformen und andere schillernde Gestalten. Der Präsident aber unternahm nichts dagegen und fuhr statt dessen in Urlaub ins Waldaj-Gebiet.

Im Juli oder August beschlossen Lew Ponomarjow, ein Deputierter vom «Demokratischen Rußland», und ich, Jelzin nachzufahren und ihn von den vereinzelten Konferenzen des Vorsitzenden des Obersten Sowjets mit den Kommandeuren der Wehrkreise zu informieren. Boris Nikolajewitsch war äußerst ungehalten darüber, daß wir seinen Urlaub unterbrachen, und versuchte uns weiszumachen, daß er auch so auf dem laufenden sei und wir völlig umsonst gekommen seien. Tatsächlich stellte sich aber heraus, daß er überhaupt nicht informiert war. Gegen Ende unserer Unterredung wurde er sehr ernst, ja düster und hörte uns aufmerksam zu. Damals, so meinte ich, habe man schon zu viel Zeit versäumt und auch die Unterstützung der Bevölkerung verloren. Deshalb könne man die Frage nur noch auf dem Verhandlungswege lösen. Gewaltaktionen könnten nun zu Blutvergießen führen, und das wäre eine Katastrophe für das Land, unabhängig davon, wer siegte.

Am Morgen des 21. September warf ich auf der Sitzung des Obersten Sowjets dem Vorsitzenden in scharfer Form vor, daß er die ohnehin schwierige Situation durch sein herausforderndes und grobes Benehmen weiter verkompliziere. Ich dachte dabei an eine Geste, die sich Chasbulatow kurz zuvor bei einem öffentlichen Auftritt erlaubt hatte: Während er darüber redete, auf welche Weise der Präsident Entscheidungen fälle, schnippte er ausdrucksvoll mit den Fingern an die Kehle und spielte auf diese in Rußland geläufige Weise auf eine Schwäche Jelzins für harte Spirituosen an.

Ruslan Imranowitsch wischte meinen Vorwurf beiseite: «Was soll das, Sergej Adamowitsch? Wissen Sie etwa nicht, daß sich schon Streitkräfte auf Moskau zubewegen?»

Mein Präsidiumskollege, der Vorsitzende des Komitees für die Kontrolle über die Staatssicherheitsdienste und künftige Direktor des Föderalen Staatssicherheitsdienstes (FSB), Stepaschin, protestierte energisch: er habe diese Gerüchte überprüft, niemand bewege sich auf Moskau zu.

Abends begab ich mich – wie üblich verspätet – zu einem Treffen der Bewegung «Rußlands Wahl». Ich kam dort aber gar nicht an, denn zufällig kam mir Nikolaj Rjabow entgegen, damals ebenfalls Mitglied des Präsidiums des Obersten Sowjets und noch unlängst ein leidenschaftlicher Parteigänger Chasbulatows. In den letzten Wochen hatte er sich allerdings immer mehr der Linie des Präsidenten angenähert. «Das Treffen findet nicht statt», sagte er. «Um 20 Uhr wird der Präsident über das Fernsehen die Auflösung des Obersten Sowjets verkünden.»

Ich stürzte in den Kreml. Dort stellte sich heraus, daß der Präsident schon auf seine Datscha gefahren und nicht leicht zu erreichen war. Da rief ich direkt aus dem Vorzimmer des Präsidenten den damaligen Außenminister Kosyrew an. Ich bat ihn, sich über seinen Spezialdraht in meinem Namen mit Boris Nikolajewitsch in Verbindung zu setzen und ihm auszurichten, daß der Erlaß über die Auflösung des Obersten Sowjets meiner Meinung nach ein gefährlicher Fehler sei, der tragische Folgen haben könne. Man müsse die Sache doch wenigstens noch einmal sorgfältig überdenken und bis dahin die Fernsehausstrahlung der Rede aufschieben.

Andrej Vladimirowitsch hörte mir aufmerksam zu. Er sagte, er werde versuchen, dem Präsidenten meinen Standpunkt darzulegen, sei aber nicht sicher, ob ihm dies gelinge. An seiner Reaktion merkte ich, daß er bereits informiert war.

Es war zehn vor acht. Rjabow und ich schalteten den Fernsehapparat im Vorzimmer an, und da schallte uns auch schon die Rede Jelzins entgegen. Die Sache war gelaufen. Ich begab mich in das Weiße Haus und packte meine Unterlagen zusammen, denn ich hatte sofort beschlossen, für mich persönlich das Dekret Nr. 1400 zu befolgen. Dort traf ich den Vorsitzenden der Kommission zur Kontrolle der Sicherheitsdienste, Stepaschin, der mich völlig perplex fragte: «Was soll ich jetzt bloß sagen, wenn mir Chasbulatow begegnet?!»

Ich bin Befürworter einer Entwicklung, die sich auf Verfassung und Gesetze gründet, und doch hatte ich den Präsidenten in seiner Absicht unterstützt, die Vollmachten des Obersten Sowjets aufzuheben. Ich hatte den Präsidenten unterstützt, war aber trotzdem gegen den Erlaß Nr. 1400 gewesen. Ich war gegen das Dekret gewesen, hatte es aber dennoch befolgt. All dies bedarf der Erklärung.

Daß Jelzin der Führer der Demokraten war, während die Mehrheit des Obersten Sowjets und seine Führung die Interessen reaktionärer Kräfte repräsentierten, dies hatte bei meiner

Unterstützung der Präsidentenabsicht, das Parlament aufzulösen, zwar auch eine Rolle gespielt – aber es war nicht der eigentliche Grund dafür gewesen.

Der Kongreß, der Oberste Sowjet, sein Präsidium und dessen Vorsitzender beriefen sich in diesem Konflikt auf die Verfassung. Ich will hier nicht über die Mängel dieser Verfassung sprechen, zu der der Grundstein in den Jahren des Stalinschen Terrors gelegt worden war und deren aktueller Text in den Niederungen der Breschnewschen Stagnationsperiode entstand. Ja, ich will auch nicht von den ewigen Korrekturen reden, die man in den Jahren 1990–93 an ihr vorgenommen und die sie in eine verworrene und inkohärente Loseblattsammlung verwandelt hatte, auf der man kein Rechtssystem begründen kann. Wichtig ist etwas anderes: Die Berufung auf die Verfassung bildete ein allzu fadenscheiniges Mäntelchen für das Streben des Kongresses nach totaler Machtergreifung.

Die Geschichte kennt repräsentative Versammlungen, die das Prinzip der Gewaltenteilung zurückwiesen und in ihren Händen die ganze Fülle der exekutiven und legislativen Macht gleichzeitig konzentrierten. Dazu gehört zum Beispiel der Nationalkonvent der Jahre 1792–94 in Frankreich. Dazu gehört das Allrussische Zentrale Exekutivkomitee der Arbeiter- und Soldaten-Deputierten in den Jahren 1917/18. In beiden Fällen wurde die Überlegenheit des «echten und volkstümlichen» Parlamentarismus über das formale Recht deklariert. Aber in all diesen Fällen endete das Ganze mit der Machtergreifung politischer Extremisten, mit der Errichtung einer äußerst etatistischen und totalitären Diktatur, mit der Unterdrückung von Minderheiten und damit, daß schließlich von einem wie auch immer gearteten Parlamentarismus keine Rede mehr sein konnte.

Dies ist kein Zufall. Die Gewaltenteilung ist in jedem beliebigen Land die wichtigste Garantie einer demokratischen Entwicklung. Denn jede Überkonzentration der Macht stellt per se ein Unterwerfungsinstrument dar. Und wenn ein solches Instrument schon einmal fertig zur Hand ist, dann findet sich immer ein Meister, der es zu benutzen weiß. Die ungeteilte Macht – oder die «Sobornost»*, wie sich unsere Neoslawophilen gern ausdrücken – schließt die Kontrolle der Gesellschaft über diejenigen aus, die diese Gesellschaft einmal an die Macht berufen hat. Es kann nicht den geringsten Zweifel daran geben, daß der Sieg Chasbulatows und seiner Gefolgsleute eine äußerst strenge «Reinigung» des Obersten Sowjets und die Verlängerung der Vollmachten der übriggebliebenen Deputierten nach sich gezogen hätte. Möglicherweise wären auch gleich noch die «Nachfolger» per Diktat bestimmt worden, natürlich ausschließlich «im Interesse der Stabilität». Dies hätte das Ende der Demokratie bedeutet, das Ende des Parlamentarismus und – last, not least – das Ende der Freiheit in Rußland.

Was nun mein negatives Verhältnis zum Erlaß Nr. 1400 betrifft, so gibt es dafür gleich mehrere Ursachen. Die erste liegt auf der Hand: Der Allmacht der Sowjets drohte die Allmacht des Präsidenten zu folgen. Bis zu einem gewissen Grade ist diese gefährliche Entwicklung auch eingetreten. Kaum jemand wird bestreiten, daß unsere neue Verfassung eine starke Schlagseite zugunsten der Exekutive aufweist, besonders aber in Richtung auf deren Haupt. Wahrscheinlich wird eine künftige Generation von Gesetzgebern diese Präsidiallastigkeit korrigieren müssen. Aber trotzdem ist der Präsident heute nicht allmächtig, eine gewisse parlamentarische Kontrolle über seine Handlungen ist in der neuen Verfassung vorgesehen. Was die Hauptsache ist: Die Gesetzgebungs- und Haushaltskompetenz – sozusagen die

* Bis vor kurzem vergessener Ausdruck, der sich am besten mit dem englischen Wort «togetherness» übersetzen läßt und eine angeblich urslawische kollektivistische Denk- und Handlungsweise bezeichnet; d. Übers.

Grundfesten des Parlamentarismus – bleiben der Staatsduma erhalten.

Zweitens: Schon bevor es zur Auflösung des Parlaments kam, sah ich diese Maßnahme als Versuch, die aktuellen politischen Widersprüche zu lösen, kommen. Aber was dann? Mußte man nach einem solchen Schritt nicht entweder dem Parlamentarismus überhaupt ade sagen oder aber mit einer noch weit verworreneren Situation rechnen als vorher? Schließlich spiegelt eine mehr oder weniger frei gewählte Versammlung von Repräsentanten des Volkes den Zustand der Gesellschaft wider. Wenn vielleicht nicht gerade ihre realen Interessen, so doch das Niveau der politischen Kultur, den Grad ihrer Aufgeklärtheit, das Maß ihrer Müdigkeit und Enttäuschung usw. Seit 1989 rufen uns die einen oder anderen unserer Publizisten und Philosophen immer wieder dazu auf, einen «aufgeklärten Autoritarismus» zu etablieren. Aber selbst wenn wir einmal annehmen würden, der Herrscher selbst – ein Gorbatschow oder ein Jelzin – sei derart fortschrittlich und aufgeklärt, daß er, jedem Mißbrauch eines solchen Regimes abhold, dies nicht zur Festigung seiner persönlichen Macht, sondern zur vernünftigen Reformierung des Landes nutzen würde, so würde uns dennoch ein solches System keinen Schritt zur Überwindung der Kluft zwischen Regierenden und Regierten voranbringen. Wir müssen ein für allemal Schluß machen mit der für Rußland so typischen Entfremdung der Machthaber vom Volke, müssen den Staat entmystifizieren, um – letztendlich – eine Gesellschaft zu schaffen, die sich auf gleiches Recht für alle und die Würde eines jeden einzelnen gründet.

So absurd es vielleicht erscheinen mag, aber manchmal glaube ich: Die schroffe Kehrtwendung des Präsidenten nach den Dezemberwahlen 1993, sein Umschwenken auf die Großmacht-Ideologie und die Wiederannäherung an jene Nomenklatura, mit der er schließlich vorher zwei Jahre lang gekämpft hatte – dies alles könnte damit zusammenhängen, daß er mit der Zeit selbst zu den eben geschilderten Einsichten gelangt ist. Vielleicht denkt er: Was wollt ihr überhaupt von mir? Daß ich noch einmal diese niederträchtige Duma auseinanderjage? Dann wird mir das Volk ja doch nur eine neue wählen, die noch viel ekliger ist. Ein Autokrat werden und überhaupt keine Duma mehr einberufen? Das will ich auch nicht, denn dann hätte ich nicht soviel von Demokratie reden dürfen. Der Schluß allerdings, den er offenbar aus dieser Erkenntnis zieht, ist so typisch für einen Politiker der sowjetischen Schule. Das Volk ist gegen die Demokraten? Na, dann muß ja wohl auch der vom ganzen Volk gewählte Präsident sein Aushängeschild wechseln. Wer bin ich denn, wenn nicht der Diener meines Volkes? – Damit ein Politiker bereit ist – im Rahmen des Gesetzes, aber gegen die herrschende Mentalität –, gewisse politische Prinzipien durchzusetzen, damit er das Risiko eingeht, manchmal unverständlich zu bleiben und abgelehnt zu werden – dazu muß er wahrscheinlich eine andere politische Schule durchlaufen haben. Eine Schule, in der der Sieg und der Wille zur Macht nicht alles bedeuten.

Drittens: Das Dekret als solches konnte ich nicht billigen, weil es den Geist einer primitiven Kompromißlosigkeit in die Politik einführte. Denn die Möglichkeiten zum Kompromiß waren damals bei weitem noch nicht ausgeschöpft. Wenn wenigstens der Präsident unmittelbar vor dem Dekret noch einmal eine Initiative zur Versöhnung und zu einer konstruktiven Lösung der Krise ergriffen hätte! Wenn diese dann gescheitert wäre, hätte der präsidiale Erlaß ohne Zweifel auf größeres Verständnis in der Bevölkerung rechnen können. Wenn aber, entgegen allen Erwartungen, der Oberste Sowjet auf den Kompromiß doch noch eingegangen wäre, dann wäre auch kein Erlaß nötig gewesen. Natürlich wäre dies im September bei weitem nicht mehr so leicht hinzukriegen gewesen wie noch im Mai. Aber mußte es deshalb dazu kommen, daß das ganze Land die Verantwortung für die Fehler und die Untätigkeit seiner höchsten Amtspersonen zu tragen hatte? Und viertens bewahrheiteten sich auch meine Befürchtungen, daß dieses Dekret zu schrecklichem Blutvergießen führen könnte.

Und weshalb habe ich es dann letztendlich doch befolgt? Die Antwort liegt, meiner Ansicht nach, auf der Hand. Im gegebenen Fall mußte ich zwischen zwei feindlichen Lagern wählen. Chasbulatow oder Ruzkoj konnte ich aus prinzipiellen Gründen nicht unterstützen, und sei es nur deshalb, weil sie schon seit längerer Zeit allerhand Bürschchen mit stilisierten Emblemen auf den Ärmeln, die nur zu sehr an ein Hakenkreuz erinnerten, um sich versammelten. Mit einem Publikum aber, das auf seinen Ärmeln Hakenkreuze spazierenträgt – und seien es auch bloß stilisierte –, habe ich nichts zu schaffen.

Der Aufruf des Obersten Sowjets zur Verteidigung der Verfassung war ein Köder, an den einige von mir politisch sehr geschätzte Menschen von aufrichtig demokratischer Gesinnung prompt anbissen, unter ihnen viele Bürgerrechtler. Ich aber hätte dafür meine Vorstellung von Recht – und wie man es verteidigt – verraten müssen. Mit gutem Gewissen für eine Verfassung einzutreten, in der das Prinzip der Gewaltenteilung und die These von der Allmacht der Sowjets friedlich koexistieren, ist unmöglich und sinnlos. Übrigens unternahm der damalige Vorsitzende des Verfassungsgerichts, Valerij Sorkin, diesen Versuch trotzdem. Was seine Integrität anbetrifft, so hatte ich da schon seit längerer Zeit meine Zweifel.

Außerdem: die Würfel waren gefallen. Die Gefahr eines Bürgerkriegs und damit des Todes von Millionen von Menschen stand vor der Tür. Es bedurfte nicht besonders hohen Verstandes, um zu orten, von wo diese Gefahr ausging. Und jeder unbedachte Schritt – das heißt auch eine unbedachte öffentliche Kritik an diesem Dekret – konnte zum zündenden Funken werden. Überzeugen konnten wir uns davon am Beispiel des Verfassungsgerichts, das mit seiner Entscheidung vom 22. September buchstäblich binnen weniger Stunden ein Regime formaler Doppelherrschaft kreierte.

Am 3. Oktober saßen einige meiner engsten Mitarbeiter und ich im Gebäude der Projektgruppe für Menschenrechte am Nowinskij-Boulevard, der sich nur einen Steinwurf vom belagerten Weißen Haus entfernt befand. Wir bereiteten Anfragen an die «Macht-Minister» * in bezug auf alles, was am vorherigen Abend auf dem Smolensker Platz vorgefallen war, vor. Dort war es zu Zusammenstößen zwischen Demonstranten und der Miliz gekommen. Es hatte Verwundete auf beiden Seiten gegeben. Ein Teil der Hüter des Gesetzes verhielt sich verdächtig passiv, andere aber ließen sich vom typisch russischen Chaos mitreißen.

Plötzlich hörten wir Gewehrschüsse. Kurz darauf sahen wir, wie die Kette der Milizionäre vor dem Weißen Haus durchbrochen worden war und die Milizionäre panisch auseinanderstoben. Und dann erhob sich der Lärm einer triumphierenden Menge, falls man diese Ansammlung so bezeichnen konnte. Denn eigentlich mußte man diesen Leuten Respekt bezeigen: ihre nicht übel organisierten Kolonnen, deren erste Reihen sich effektvoll mit den der Miliz abgejagten Schilden bedeckten – sie hatten keine große Ähnlichkeit mit einer amorphen Masse.

Mein Mitarbeiter, Arsenij Roginskij, und ich liefen auf die Straße – in Richtung Weißes Haus. Mit eigenen Augen sahen wir, wie das Bürgermeisteramt gestürmt wurde, wie sich die Burschen aus den paramilitärischen Einheiten auf verschiedene Lastwagen verteilten und sich aufmachten, um den Sender «Ostankino» zu stürmen.

Das war der Anfang eines Bürgerkrieges. Nun hing es von der Entschlossenheit und Handlungsfähigkeit der Regierung ab, wie

* So nennt man in Rußland den Innen- und Verteidigungsminister sowie die Leiter der Sicherheitsdienste; d. Übers.

lange das Gemetzel dauern würde – einige Stunden oder einige Jahre –, ob es Hunderte oder Hunderttausende von Opfern kosten würde. Nicht nur mir stiegen historische Analogien in den Kopf. Kurz nach unserer Rückkehr in das Büro am Nowinskij-Boulevard stürzte eine Horde aufgeregter «Memorial»-Aktivisten herein, mit einem weiteren engen Mitarbeiter und Freund von mir an der Spitze: Oleg Orlow. Auch sie kamen von dem Platz vor dem Weißen Haus und hatten beobachtet, was dort vorging. Schon auf der Schwelle schrie Orlow: «Na, Sergej Adamowitsch, jetzt hast du zusammen mit deinem Jelzin ausgespielt: der Oktober-Putsch steht vor der Tür!» Und gleich darauf propagierte er eine völlig wahnwitzige Idee: Wir alle sollten uns unverzüglich zum Ostankino begeben, um dort eine «lebende Kette» zwischen den Angreifern und den Verteidigern zu bilden. Glücklicherweise gelang es uns, Oleg davon abzubringen, indem wir uns auf irgendwelche technischen Hindernisse beriefen.

Danach fuhren Leute von «Memorial» zwar doch noch zum Ostankino, aber nur als «Beobachter». Ich aber trieb einen Wagen mit Chauffeur auf und fuhr – durch bereits «befreites Territorium» – in den Kreml. Auf den Straßen der Stadt war weit und breit kein einziger Milizionär mehr zu erblicken.

Manchmal beschleichen mich Zweifel: vielleicht bildeten ja die Ereignisse nach dem 3. Oktober wirklich die Konsequenz eines schlau eingefädelten Komplotts unserer Regierung, die sich damit einen Vorwand verschaffen wollte, um Militär gegen das Weiße Haus einzusetzen? Wenn ich mich aber an den Kreml in der Nacht vom 3. zum 4. Oktober erinnere, dann verflüchtigen sich diese Zweifel. Die höchsten Beamten der präsidialen Administration waren außer sich, ja in Panik. Sie ordneten irgendwelche hilflosen Maßnahmen an, um die Regierungsgebäude zu schützen. An die Milizionäre vor den Eingängen wurden Maschinengewehre ausgeteilt. Im ganzen Kreml waren Feuerwehrschläuche ausgebreitet. Nicht etwa Wasserwerfer, sondern simple

Feuerwehrschläuche. Aber anscheinend war das Wasser abgestellt. Und dann die Gerüchte! Da hieß es, der Präsident habe sich auf eine Sitzung der Spitze des Verteidigungsministeriums begeben, wo der Minister – und künftige «Held Rußlands» – Pawel Gratschow seinen Oberkommandierenden grob in die Schranken gewiesen und erklärt hatte, er, Jelzin (!), verfüge nicht über das Recht, hier irgendwelche Befehle zu erteilen. Daß man den Innenminister Jerin, noch so einen künftigen Helden Rußlands, nirgendwo auftreiben könne. Daß sich angeblich Truppen auf Moskau zubewegten. Daß man diese Truppen vorläufig zum Stehen gebracht habe. Und so weiter. Nein, das sah nicht nach Provokation, sondern eher nach normaler Kreml-Schlamperei aus.

Ich weiß nicht, ob die Handlungen der Gegenseite als gut organisierter Aufstand charakterisiert werden konnten. Oder ob man dort, eher ungeschickt und spontan, versucht hatte, die aufschäumenden Leidenschaften zu kanalisieren. Eher schon das zweite. Überhaupt, wann immer sich in Rußland die Frage stellt: Verschwörung oder zufällige Kettenreaktion – dann trifft meist das zweite zu.

In dieser Situation traf ich meine Wahl zwischen den kämpfenden Parteien aufgrund der Verantwortung, die ich für die Zukunft empfand. Mit wem sich Chasbulatow und Ruzkoj verbündet hatten, wer im Falle ihres Sieges zur realen politischen Kraft im Lande würde, wem es dann an den Kragen ginge – an alldem bestand kein Zweifel.

Später allerdings kamen mir Zweifel: Hatte es wirklich dieser militärischen Maßnahmen bedurft, um den Aufstand niederzuschlagen? War es wirklich nötig, das Weiße Haus mit Panzern zu beschießen? War das nicht eine Geste demonstrativer Härte, weniger an die Adresse der dort Belagerten als vielmehr an die des ganzen Landes: Seht her, mit welch harter Hand ich regiere! Welch härtere braucht ihr denn noch? Auf diese Frage weiß ich keine Antwort. Die Antwort kennen nur einige wenige Menschen. Und die werden sie uns nicht verraten.

Die Ereignisse des Oktobers 1993 haben im Bewußtsein der russischen Gesellschaft eine Wunde hinterlassen, die bis heute nicht verheilt ist. Sie haben zu einer tiefen Spaltung geführt, auch zu einer Spaltung der demokratischen Bewegung. Meine nächsten Freunde haben sich über diesem Thema zerstritten. Und auch ich bin in dieser Frage immer noch uneins mit mir selbst.

Heute haben wir Machthaber, die damals Blut gerochen haben. Die Wende von demokratischen und rechtsstaatlichen Normen zur Polizeiwillkür begann buchstäblich am Tage nach dem Sturm auf das Weiße Haus. Die Ausschreitungen der OMON-Truppen auf den Straßen Moskaus während des Ausnahmezustandes sind bekannt. Gleichzeitig versuchte man, einige oppositionelle Zeitungen zu schließen, bei anderen eine Zensur einzuführen. Was aber die Moskauer Miliz betrifft, so begann sie, nach Anweisung aus dem Bürgermeisteramt heimlich, still und leise ihren langjährigen Traum zu verwirklichen: nämlich «Personen kaukasischer Nationalität» aus der Stadt hinauszuschaffen.

Gemeinsam mit Andrej Kosyrew schrieb ich dem Präsidenten über all diese Vorgänge einen Brief und erhielt darauf eine ebenso lakonische wie ermunternde Antwort: «Kowaljow, Kosyrew, Kasannik: handelt!» Es ist zwar nicht ganz klar, was in der vorliegenden Situation Außenminister Kosyrew ausrichten konnte – aber ich habe ja bereits darauf hingewiesen, daß die Menschenrechte in Rußland als außenpolitische Angelegenheit gelten. Was mich und den soeben erst ernannten Generalstaatsanwalt Kasannik betraf, so war unsere Rolle schon verständlicher: ich sollte die Situation untersuchen und Kasannik Strafverfahren einleiten. Leider kamen sogar die an den Fingern einer Hand abzuzählenden Anklagen, die Alexander Petrowitsch Kasannik nach langem Drängen schließlich erhob, gar nicht erst vors Gericht, sondern fielen unter den Tisch.

Die von der neuen Macht damals gewonnene Erfahrung, verworrene politische Situationen durch Gewaltmaßnahmen zu lösen, setzte sich ein gutes Jahr später fort, als der tragische Beschluß zur «tschetschenischen Operation» gefaßt wurde.

Die Politik der «harten Hand»

Zwei Tage nach dem Dekret Nr. 1400 beauftragte mich Jelzin, eine neue Menschenrechtskommission zu gründen und zu leiten – diesmal beim Präsidenten der Russischen Föderation. Auf diese Weise verwandelte ich mich von einem Mitglied des Präsidiums der Legislative in einen hohen Beamten der Exekutive.

Einige Wochen später stand die Zusammensetzung der Kommission fest. Ihr gehörten bekannte Rechtswissenschaftler an, Diplomaten, Philosophen, Literaten und ehemalige Bürgerrechtler. Was unser Büro anbetraf, so versuchten wir, jene Mitarbeiter hinüberzuretten, die uns schon beim Obersten Sowjet zur Seite gestanden hatten. Bald erhielt die Kommission einige Räume in dem Gebäude am Alten Platz, in dem früher das ZK der KPdSU untergebracht gewesen war und nun die Administration des Präsidenten. Meine Reise durch die Welt der großen Politik ging weiter.

An und für sich war das ein vernünftiger Beschluß gewesen. Das alte Parlament existierte schließlich nicht mehr, und das neue sollte nicht vor Januar zusammentreten. Und trotzdem stellt sich die interessante Frage: Wieso zerbrach sich Jelzin in den äußerst kritischen Tagen zwischen dem 21. September und dem 4. Oktober ausgerechnet den Kopf über eine Kommission zur Verteidigung der Menschenrechte?

In jenen Tagen wurden übrigens noch eine Reihe anderer

wichtiger Amtsträger ernannt: zum Beispiel das Haupt der präsidialen Kommission für Gesetzgebung, Mitjukow; der Vorsitzende der zentralen Wahlkommission, Rjabow. Alle diese Ernennungen hatten eines gemeinsam: sie betrafen ehemalige Mitglieder des Präsidiums des Obersten Sowjets und andere Parlamentarier, die sich dem Dekret Nr. 1400 zumindest nicht widersetzt hatten.

Ich möchte Jelzin ja nicht unrecht tun, aber mir scheint doch, daß die Einrichtung meiner Kommission eine Art Lohn für meine Loyalität gewesen ist. Natürlich bewegten Jelzin in diesem Fall auch noch andere Gründe. Zum einen konjunkturell-propagandistische: die Gründung der Kommission erweckte bei vielen Leuten in Rußland und im Westen die Hoffnung auf einen liberalen Kurs in der Zukunft. Dazu die aufrichtige, naive Hoffnung, daß jetzt, nachdem die Sowjetmacht ein für allemal gestürzt worden war, Kowaljow im Lande endlich die Menschenrechte garantieren werde. Überhaupt war der Präsident in jenen Tagen voller Hoffnung.

Natürlich hatte der Status dieser Kommission etwas Zweideutiges. Ihre Mitglieder arbeiteten ehrenamtlich, bekamen dafür keine Entlohnung, und deshalb galt es für ausgemacht, daß es sich bei dem Ganzen um ein unabhängiges Organ handelte. Aber sie nannte sich «Kommission beim Präsidenten» und war im Gebäude der Administration des Präsidenten untergebracht. Und ihre Angestellten gehörten zur Administration des Präsidenten.

Einerseits klang das irgendwie ganz gut: die Exekutive schafft freiwillig unabhängige Strukturen, die dazu dienen sollen, sie selbst zu kontrollieren. Zeugt das nicht von Zivilisiertheit? Andererseits: Würde man uns nun nicht überall für Präsidialbeamte halten, für eine Unterabteilung des präsidialen Verwaltungsapparates? Erwartete man von uns nun weiterhin Loyalität?

Der größte Teil der Kommission gebärdete sich fürderhin unabhängig. Aber da blieb noch die Frage, wieweit wir für die allgemeine Politik des Präsidenten mitverantwortlich gemacht werden konnten. Als der Krieg in Tschetschenien begann, verließen einige Mitglieder die Kommission. Und einige der Mitarbeiter kündigten zwar nicht gleich (immerhin ist die Kommission unabhängig!), aber sie weigerten sich, ihre Gehälter in Empfang zu nehmen (schließlich ist das Präsidenten-Geld!).

Bald darauf erhielt ich deutliche Signale aus den oberen Etagen der präsidialen Administration: man sähe es nicht ungern, wenn ich dem Beispiel meiner Kollegen folgen und zurücktreten würde. Das könnte euch so passen, dachte ich, wenn ihr das wollt, dann müßt ihr schon etwas dafür tun! Warum sollte ich den Präsidialbürokraten das Leben leichtmachen? Und so blieb ich auf meinem Posten bis zum Januar 1996.

Wahrscheinlich bin ich ein schlechter Antikommunist: immer wieder ärgere ich mich über die Losungen der radikalen Demokraten. Es ist leicht zu schreien: «Nieder mit dem KGB!» – aber wie soll man das verwirklichen? Hinter jedem «Nieder!» sollte außer dem Pathos auch noch ein konstruktiver Plan stehen. Ich wollte in dieser Hinsicht konstruktiv wirken und suchte mir eine entsprechende Arbeit.

Zu meinen Mißerfolgen kann ich die langwierigen und wenig effektiven Versuche rechnen, die Geheimdienste zu reformieren. Die zahlreichen Umbenennungen des KGB im Laufe der letzten vier Jahre haben dieses Problem auch nicht gelöst. Im Herbst 1993, nach den Moskauer Ereignissen, brüllte sogar Jelzin einmal in einem Wutanfall: «Diese Organisation ist prinzipiell nicht reformierbar!» Er dachte dabei allerdings weniger an die von den Geheimdiensten ausgehende Gefahr für die Demokratie als vielmehr an die Untätigkeit des damaligen Sicherheitsministeriums, das nichts unternommen hatte, um den bewaffneten Konflikt zu verhindern.

Ich trat 1994 der Kommission bei, die sich mit der Reinigung des damaligen Föderalen Gegenspionagedienstes (FSK) von kompromittierten Mitarbeitern in führenden Stellungen beschäftigen sollte. Es war die schändlichste Episode in meiner staatlichen Tätigkeit, bei der ich versagt habe. Das war auch wenig verwunderlich, denn die übrigen Mitglieder der Kommission verfolgten grundlegend andere Ziele als ich – unter ihnen der Berater des Präsidenten für nationale Sicherheit Baturin; der Sekretär des Sicherheitsrates Lobow; der Direktor des FSK Stepaschin und andere hochgestellte Persönlichkeiten.

Ich war nämlich der Ansicht, man solle den FSK vor allem von Leuten befreien, die ihre Karriere mit politischer Gesinnungsschnüffelei gemacht hatten: ein zivilisierter Sicherheitsdienst würde ihre Fertigkeiten nicht benötigen. Sobald meine Kollegen in der Kommission meine Kriterien begriffen hatten, versuchten sie mich davon zu überzeugen, daß sich unter den von uns zu überprüfenden Kandidaten überhaupt niemand befände, auf den dies zuträfe. Da gäbe es weder Untersuchungsführer, die sich mit Fällen nach dem Paragraphen 70 befaßt, noch Mitarbeiter der fünften Abteilung des KGB, die sich mit dem Kampf gegen «ideologische Diversionen» beschäftigt hätten. Nur lauter heroische Spione und Gegenspione.

Natürlich wußte ich, daß das gelogen war. Ich erinnerte mich doch schließlich persönlich an den ehemaligen Hauptmann Trofimow, der mich im Dezember 1974 verhaftet hatte und inzwischen zum General aufgestiegen war. Ich wußte sehr wohl, daß die übrigen Kandidaten auch nicht unbelastet waren. Aber nur in einem oder zwei Fällen konnte ich mich durchsetzen und verhindern, daß eingefleischte Geheimdienstleute ein Unbedenklichkeitszeugnis ausgestellt bekamen. Und trotzdem erzählte man mir, die Ljubjanka werde von panischen Gerüchten heimgesucht: da sitzt doch in dieser Kommission so ein rachsüchtiger alter Knabe und stellt uns allen der Reihe nach ein Bein!

Was konnte ich schon groß tun? Mich in jede einzelne der über zweihundert Personalakten verbeißen, die man der Kommission auf den Tisch gelegt hatte? Erklären, daß ich persönlich alle Dienstlisten durchsehen müsse, weil ich niemandem von den anderen Kommissionsmitgliedern vertraue? Genauso handeln wie damals in der Begnadigungskommission des Obersten Sowjets, nur mit umgekehrtem Vorzeichen: mechanisch gegen jeden stimmen? Zum Präsidenten gehen und sagen, daß der Kommissionsbeschluß, die ganze Arbeit innerhalb von zwei Wochen zu erledigen, mir nicht genehm sei?

Heute denke ich, daß ich damals einfach von der Mitarbeit in der Kommission hätte zurücktreten müssen. Denn nun steht unter den persönlichen Beglaubigungsschreiben aller führenden Mitarbeiter des Föderalen Sicherheitsdienstes (FSB) die Unterschrift «Sergej Kowaljow». Und an allem, was diese Organisation heute so treibt, trage auch ich ein Quentchen Schuld.

Hätte man vielleicht überhaupt einen ganz anderen Weg beschreiten und alle höheren Staatsämter für die Mitarbeiter und Agenten des ehemaligen KGB sperren sollen? Also Zuflucht nehmen zur «Lustration», wie die Prozedur zur Durchleuchtung der Vergangenheit in den osteuropäischen Ländern genannt wurde? In den Jahren 1991/92 hatte die demokratische Presse in Rußland ein solches Verfahren lebhaft diskutiert. Ich war damals dagegen gewesen.

Macht es für einen demokratischen Staat Sinn, so fragte ich mich, seine Existenz mit einer Hexenjagd zu beginnen? Im übrigen hatte mich die Erfahrung mit der Lustration in den osteuropäischen Ländern und meine eigene Erfahrung mit der Arbeit in Archiven gelehrt, daß sogar Archivdokumente nicht immer die volle und wahrheitsgemäße Information darüber enthalten, wieweit der eine oder andere Mensch kompromittiert ist. Heute aber frage ich mich manchmal, ob ich mit meiner Ablehnung der Lustration wirklich recht hatte.

Im Januar 1995 kehrte ich zusammen mit einer guten Bekannten aus Grosnyj zurück, die Journalistin bei einer Moskauer Zeitung ist. Wir fuhren an den endlosen Ruinen von Wohnhäusern entlang, vorüber an den Riesenfackeln, in die sich die von Artilleriegeschossen zerfetzten Gasleitungen verwandelt hatten. Und diese Korrespondentin, die mir sonst recht wohlgesinnt ist, sagte: «Sehen Sie, Sergej Adamowitsch, das ist Ihr Werk. Sie tragen die Schuld daran, mit Ihrem Fimmel, sich die Hände nicht zu beschmutzen, mit Ihrer Ablehnung der Lustration und Ihrer Angst vor Hexenjagden.» Ich denke auch heute noch, daß die Lustration für eine junge Demokratie eine moralisch äußerst zweifelhafte und gefährliche Maßnahme ist. Aber diese Anschuldigung an meine Adresse kann ich nicht so einfach abschütteln, denn sie enthält ein Körnchen Wahrheit.

Die ungeklärte Situation der Kommission für Menschenrechte hielten deren Mitglieder lange Zeit hindurch für einen vorübergehenden Zustand. Alle warteten darauf, daß bald das in der neuen Verfassung vorgesehene Amt eines Bevollmächtigten für Menschenrechte der Russischen Föderation installiert und damit eine wirklich von niemandem abhängige staatliche Institution geschaffen werde.

Auf ihrer ersten Sitzung im Januar 1994 ernannte die Staatsduma mich zum Menschenrechtsbeauftragten. Aber was weiter? In der Verfassung hieß es, der Beauftragte wirke auf der Basis eines föderalen Gesetzes, das seinerseits wiederum verfassungskonform sei. Ein solches Gesetz aber gab es nicht! Der Entwurf dafür war in erster Lesung verabschiedet worden und wurde nun regelmäßig zur zweiten Lesung vorgelegt. Und genauso regelmäßig wurde er wieder von der Tagesordnung gestrichen. Zu guter Letzt erließ der Präsident ein Dekret, das diesen Knoten vorübergehend durchschlug. Aber bis es soweit war, gab es noch ein Zwischenspiel.

Bis 1994 wurde meine Arbeit noch vom Präsidenten gefördert oder zumindest von seiner Administration nicht behindert. Aber nach den Wahlen im Dezember 1993 setzte der Präsident endgültig auf das Regieren mit «harter Hand», so wie er es verstand. Die neue Linie wurde im Juni 1994 anschaulich demonstriert, mit dem berühmten Dekret Nr. 1226 «Über den Kampf mit dem Verbrechen, der Korruption und dem Banditismus». Dieses Dekret bezeichnete den Beginn einer Ausnahmegesetzgebung und widersprach in einigen Paragraphen der eben erst angenommenen neuen Verfassung. Man denke nur an die darin legitimierte Möglichkeit, Bürger bis zu 30 Tage ohne Anklage in Haft zu halten! Leider schien das außer uns niemanden zu stören.

Nachdem der Präsidentenerlaß bekanntgeworden war, sammelte ich die Mitglieder meiner Kommission um mich und stellte sie vor die Frage: Soll ich sofort zurücktreten? Meine Kollegen waren sich nicht sicher, sie rieten, abzuwarten und dem Präsidenten unsere Position zu erklären. Ich schrieb einen ziemlich barschen Brief an Boris Nikolajewitsch und erhielt von ihm eine persönliche Antwort. Jelzin schrieb, daß er die Gefahr begreife, die sein Erlaß für die Menschenrechte darstelle. Allerdings habe er sich als Präsident gezwungen gesehen, diesen Schritt angesichts der kriminellen Situation im Lande zu tun. Mich aber, als Vorsitzenden der präsidialen Kommission, bitte er, darüber zu wachen, daß bei der Umsetzung die Menschenrechte nicht verletzt würden!

Da hatten wir's! Der Präsident war absolut nicht gewillt zu begreifen, daß allein schon die Existenz eines verfassungswidrigen Erlasses von Recht und Gesetz abwich. Den Ombudsmann hielt er allerdings offenbar immer noch für notwendig. Denn ein paar Wochen später erließ er dann den erwähnten Erlaß, dem zufolge dieser seine Arbeit aufnehmen sollte – «im Rahmen der Vollmachten des Vorsitzenden der Menschenrechtskommission beim Präsidenten, solange die Duma noch kein Gesetz über den Bevollmächtigten angenommen hat».

Hinter dieser merkwürdigen Formulierung konnte sich so etwas wie gesunder Verwaltungsverstand verbergen: ein Gesetz gibt es vorerst nicht, und wann die Duma es zu erlassen geruht, ist nicht bekannt. Aber eine entsprechende Dienststelle muß man trotzdem gründen. Also mit welchen Mitteln? Wie soll das im Staatshaushalt begründet werden? Wo sollen die Mitarbeiter herkommen, und wer soll ihnen ihre Anstellung bescheinigen?

Aber vielleicht ließen sich Jelzins Ratgeber auch noch von anderen Überlegungen leiten? «Irgendwie grummelt Kowaljow in letzter Zeit soviel wegen unserer Politik. Eigentlich ist er ja ein ganz braves Onkelchen: ist gegen die Kommunisten, und in den entscheidenden Minuten hat er immer dem Chef die Stange gehalten. Man muß ihm irgendwie zu verstehen geben, daß wir so etwas honorieren.»

Jedenfalls erlaubte der Erlaß es, den Dienst des Vorsitzenden auf der Basis der präsidialen Kommission zu begründen und sich dabei doch an unserem Gesetzesprojekt zu orientieren. So beschlossen wir jedenfalls, die Sache aufzufassen. Und während des Tschetschenien-Krieges hielt ich es für meine Pflicht, in Übereinstimmung mit unserer Konzeption vom Amt eines Ombudsmannes zu agieren, ohne mich um die Exekutive oder Legislative zu scheren. So ist es in den meisten Ländern Brauch, in denen analoge Institutionen existieren.

Auf den ersten Blick sollte man meinen, daß die Tätigkeit eines Menschen, der über keinerlei Machtbefugnisse verfügt, außer dem Recht, Anfragen zu stellen, Informationen zu erhalten und seine Einschätzungen auch zu publizieren, den Inhabern anderer staatlicher Ämter kein allzu spitzer Dorn im Auge sein könnte. Das aber ist ein Irrtum, denn die öffentliche Meinung in einem demokratischen Staat ist eine größere Macht, als viele glauben. Die tschetschenischen Ereignisse haben die öffentliche

Wirksamkeit des Amtes bewiesen. Nachdem sie dies begriffen hatte, beeilte sich die Duma, mich meiner Vollmachten zu berauben, und im März 1995 wurde ich meines Amtes enthoben.

Die Presse führte dies auf die Unvereinbarkeit der reaktionären Duma-Mehrheit mit dem progressiven Demokraten Kowaljow zurück. Ich nehme an, daß sich hier auch noch die tiefe Unvereinbarkeit der traditionellen sowjetischen Machtpsychologie mit einer modernen politischen Philosophie auswirkte, besonders mit der Konzeption der gesellschaftlichen Kontrolle, auf die sich die Idee eines unabhängigen Ombudsmann-Dienstes selbst gründet.

Die letzten fünf Jahre könnte man in gewisser Weise als mein drittes Leben bezeichnen. Mein erstes Leben war die Wissenschaft gewesen, das zweite die Dissidentenbewegung und das Lager. Wenn ich von diesem dritten Leben nun die Bilanz ziehe, so muß ich sagen: Mit sehr vielem darin bin ich zutiefst unzufrieden. Überhaupt bin ich mit dem bisherigen Gang der Reformen in Rußland nicht zufrieden. Ich glaube nicht, daß die unglaubliche Schwierigkeit, das Land zu reformieren, als Rechtfertigung für die Reformer selbst herhalten kann. Sehr vieles wurde versäumt oder, noch schlimmer, falsch gemacht, aufgrund der intellektuellen, moralischen oder organisatorischen Impotenz jener, die diese Aufgabe auf sich nahmen.

Rußland brauchte sowohl eine wirtschaftliche, eine juristische und eine politische Reform. Was die Wirtschaft betrifft, so beschränkt sich mein Interesse an ihr auf die Perspektive, die Bürger von der Allmacht der Beamten zu befreien. Bei uns aber haben die Reformen – besonders nach dem Sturz der demokratischen Regierung Gajdars – zur Verschmelzung von Bürokratie und Kapital geführt. Dies aber bedeutet, daß Rußlands chronisches Geschwür heute nicht abheilt, sondern sich noch ausbreitet. In erster Linie sind daran die demokratischen Reformer selbst schuld; wie konnten sie sich nur ins politische Abseits manövrieren lassen und dann auch noch ihren Gegnern erlauben, ihnen die Schuld für den Zustand des Landes in die Schuhe zu schieben!

Die Rechtsreform hatte mehr als alles andere in dieser Zeit mit meiner Arbeit zu tun. Auf einigen Gebieten haben wir hier Siege zu verzeichnen. Von der Verfassung her sind die Menschenrechte jetzt bei uns nicht schlecht abgesichert. Aber die Umsetzung der rechtlichen Garantien für die Bürger in die Praxis ist total gescheitert. Auch der Versuch, die Macht der Behörden zu beschränken, vor allem derer, von denen die größte Gefahr ausgeht, ist total gescheitert. Den heftigen Widerstand dieser Ämter gegen jegliche Umgestaltung konnte und mußte man voraussehen – und hätte rechtzeitig Gegenmaßnahmen ergreifen müssen. Ich fürchte, wir haben allzu oft gewirkt wie jenes Abführmittel aus dem Reklamewitz: «Führt leicht und behutsam ab, ohne den Schlaf zu unterbrechen!» Für unsere Unentschlossenheit bezahlt das Land heute.

Die politische Reform ist am weitesten gediehen. Zerstört ist die Allmacht der einen Partei. Zerstört ist die Macht der Sowjets – die zweite Verteidigungslinie der Nomenklatura. An die Stelle der vorgetäuschten Pressefreiheit ist in Rußland eine echte getreten. Es werden mehr oder weniger freie, mehr oder weniger ungefälschte Wahlen abgehalten. Wenn es dabei auch zu erschreckenden Resultaten kommt, so ist dies ein Indikator für die Unreife und Verantwortungslosigkeit eines Teils der Gesellschaft. Aber die Tatsache, daß es diese Wahlen überhaupt gibt, markiert einen gewaltigen politischen Erdrutsch. Auf einmal existieren eine ganze Menge unabhängiger gesellschaftlicher Organisationen – die ersten Triebe einer Zivilgesellschaft.

Die wichtigsten Erfolge sind meiner Meinung nach den Bürgern selbst zu verdanken, weniger den politischen Führern.

Die politische Freiheit haben uns nicht die Reformer aus dem ZK der KPdSU oder aus der Bewegung «Demokratisches Rußland» geschenkt. Sie stellt eine gesellschaftliche Notwendigkeit dar, die von der Gesellschaft im großen und ganzen auch begriffen wurde. Besonders betrifft dies die Freiheit des Wortes, für die wir schon vor dreißig Jahren den Kampf aufgenommen hatten. Die Forderungen der Gesellschaft haben die herrschende Elite zu Konzessionen gezwungen – und die Resultate liegen auf der Hand.

Vielleicht die wichtigste Lektion, die uns die vergangenen Jahre gelehrt haben, besagt: In diesem Lande kann man heute nichts mehr «von oben» durchsetzen, ohne Rücksichtnahme auf das Volk. Die jahrtausendealte Teilung in Regierende und Regierte läßt sich schon nicht mehr wiederherstellen. Die erste Aufgabe aller Reformer besteht jetzt also im Kampf um die öffentliche Meinung.

Alle bitteren Worte, die ich über unsere Reformer sage, gelten auch für mich selbst. Auf jenen Staatsposten, die ich eingenommen habe, hätte ich mehr tun können und müssen.

Trotzdem halte ich die Arbeitsresultate, die meine Mitkämpfer und ich erzielten, für nicht so gering. Hier eine Liste unserer Haupterrungenschaften:

Im Januar 1991 nahm der Kongreß der Volksdeputierten der RSFSR eine von uns erarbeitete Deklaration der Rechte der Bürger Rußlands an, ein Rahmendokument, auf das wir uns bei unserer gesamten weiteren Arbeit stützen konnten.

Im Oktober des gleichen Jahres verabschiedete der Oberste Sowjet das Gesetz zur Rehabilitierung der Opfer von politischen Repressionen. Dieses Gesetz hat den guten Namen und die Menschenwürde Zehntausender Lebender und vieler Millionen Toter wiederhergestellt. Noch wichtiger ist, daß mit diesem Gesetz der Staat seine Schuld vor den Bürgern anerkannt und die Verbrechen der Vergangenheit verurteilt hat – wozu sich das Verfassungsgericht ein Jahr darauf nicht in der Lage sah. Auf diese Weise wurden auch erste rechtliche Garantien gegen eine Wiederholung dieser Verbrechen geschaffen.

Ungeachtet des verbissenen Widerstandes vieler Deputierter gelang es uns, im Kodex über Arbeitsstrafen Korrekturen und Ergänzungen vorzunehmen, die die Humanisierung der Lebensbedingungen der Häftlinge und eine Erweiterung ihrer Rechte betreffen.

Zahlreiche Anhörungen im Parlament, die wir zum Teil gemeinsam mit anderen Organisationen, wie «Memorial», veranstalteten, dazu unsere intensiven Kontakte zu internationalen Organisationen, wie zum Beispiel dem Europarat oder der OSZE, trugen zur Verbesserung der Lage rechtlich diskriminierter nationaler Minderheiten in ehemaligen Sowjetrepubliken bei, speziell der Russen in Moldawien und in Estland. Wir lenkten die internationale Aufmerksamkeit auf Verletzungen der Menschenrechte in Mittelasien und im Transkaukasus, auf die Gefahr antisemitischer und «antikaukasischer» Strömungen in Rußland selbst.

Unsere Kommission begann damit, Jahresberichte über die Situation der Menschenrechte in Rußland zu veröffentlichen. Ich hoffe, daß die Kommission in ihrer neuen, bereits nach meinem Rücktritt bestätigten Zusammensetzung nicht zulassen wird, daß diese Jahresberichte verwässert oder zur «Geheimsache» erklärt werden. Entsprechende Versuche seitens der Administration des Präsidenten gab es sofort nach dem Erscheinen des ersten Berichtes im Jahre 1994.

Wir haben den Grundstein für eine unabhängige und spezialisierte staatliche Institution zur Verteidigung der Bürgerrechte gelegt: für die Dienststelle des Beauftragten der Russischen Föderation für Menschenrechte. Mir scheint, daß unser Vorgehen während der Tschetschenien-Krise die russische Öffentlichkeit von der Wichtigkeit und Nützlichkeit dieser Dienststelle überzeugt hat. Allerdings ist es nach meiner Entfernung aus diesem Staatsamt vorläufig nicht gelungen, einen neuen Beauftragten zu finden. Aber vielleicht hat auch das sein Gutes. Denn um das allgemeine Vertrauen in den Ombudsmann zu untergraben, bedarf es überhaupt nicht viel. Es reicht schon aus, eine zu diesem Zweck geeignete Persönlichkeit auf den Posten zu setzen. An solchen aber herrscht – so fürchte ich angesichts der gegenwärtigen Zusammensetzung der Duma – kein Mangel.

Und schließlich die Hauptsache: Wir haben die Konzeption des zweiten Kapitels der heute geltenden Verfassung über «Rechte und Freiheiten der Bürger» erarbeitet und in der Verfassungskommission durchgesetzt. Und wir haben erreicht, daß das zweite Kapitel für unabänderlich erklärt wurde, wodurch es zum historischen «Modelltext» wurde, wie etwa die Bill of Rights. In der wahnwitzigen Atmosphäre des Herbstes 1993 gelang es uns, zahlreiche Anschläge der Beamten aus der Administration des Präsidenten auf das zweite Kapitel abzuwehren und ihrem Versuch zuvorzukommen, eine «zensierte» Variante in den zum Referendum vorgelegten Verfassungsentwurf einzuschmuggeln.

Natürlich kann man die Freiheit nicht durch Verfassungsartikel herbeizaubern; die massenhaften Verstöße gegen die Menschenrechte in Rußland seit 1993 beweisen dies. Aber für alle, die bereit sind, wirklich für die Menschenrechte zu kämpfen, sind die unveräußerlichen Verfassungsnormen, an die sich alle Gerichte zu halten haben, eine angemessene und effektive Waffe.

Was mich betrifft, so glaube ich, mir und anderen bewiesen zu haben, daß man auch auf einem so – wie man bei uns sagt – «verseuchten» Gebiet wie der Politik arbeiten und trotzdem man selbst bleiben kann. Zur Zusammenarbeit mit Leuten, die andere, ja sogar feindliche Positionen vertreten, muß man Kompromisse schließen. Aber man braucht dafür nicht die eigenen Prinzipien aufzugeben. Vielleicht war meine Arbeit nicht immer auf ideale Weise organisiert – überhaupt fällt mir das Organisieren schwer –, aber sie war ehrlich.

Und als im Dezember 1994 mein Leben wieder eine schroffe Wende nahm, erschien vielen mein Verhalten wie eine bewußt getroffene Entscheidung. Manche hielten das sogar für einen besonders geschickten Schachzug, der mir Popularität und politisches Gewicht bescheren sollte. Ich aber hatte gar keine Wahl.

Die tschetschenische Tragödie

Die Tschetschenien-Krise bildet einen Wendepunkt in der russischen Geschichte der letzten Jahre. Natürlich kann man die Ereignisse in der winzigen Bergrepublik nicht getrennt von dem betrachten, was im übrigen Rußland vorgeht. Das Blutvergießen in Tschetschenien bedeutet eine entschiedene Abwendung der neuen Herrschaftselite von den demokratischen Werten. Die antidemokratischen Tendenzen in Rußland waren nie ganz verschwunden, denn ihr Träger und Vermittler war und ist der gewaltige und mächtige Staatsapparat, den die Ereignisse des Jahres 1991 nur oberflächlich angekratzt haben. Nachdem er durch den Zusammenbruch der kommunistischen Ideologie einen kurzen Schock erlitten hat, macht sich dieser Apparat – zuerst schüchtern, dann immer selbstsicherer – an die Wiedereroberung verlorener Bastionen. Zuerst war das vor allem ein Kampf hinter den Kulissen, und zwar um Posten und Zuständigkeiten. Dann kam der Kampf um den Einfluß auf den Präsidenten. Größtenteils aus der zweite Garde der alten Partei- und Sowjet-Elite, die es geschafft hatte, rechtzeitig mit der KPdSU zu brechen, bestand das «neue Establishment». Zu guter Letzt wurde es zu jener Kraft, die die entscheidenden Vorgaben für die staatliche Politik und die wichtigsten Regierungsbeschlüsse machte.

Der Tschetschenien-Krieg wurde nicht nur zum Indikator, sondern auch zum Katalysator dieser Prozesse. Das war nicht nur ein Versuch, mit Waffengewalt eine nationalseparatistische Bewegung zu unterdrücken. Das war eine Kraftprobe, ein Versuch, herauszufinden, ob der neue russische Staat das Erbe des alten schon angetreten hatte – die Verachtung des Rechtes, der öffentlichen Meinung und des Wertes, der einem Menschenleben zukommt – und ob die demokratischen Institutionen der Gesellschaft in der Lage sein würden, dieser verhängnisvollen Tradition Einhalt zu gebieten. Die Entscheidung steht noch aus.

Ich bilde mir ein, zum ersten Mal im September 1994 in Tschetschenien gewesen zu sein. Ich äußere mich dazu so unbestimmt, weil die Staniza Asinowskaja, jenes Grenzdorf, in dem meine Gruppe von Abgesandten damals einige Stunden zubrachte, direkt auf der Grenze zwischen der tschetschenischen Republik und Inguschetien liegt. Just in dem Moment, als wir uns dort befanden, sah sich niemand mehr in der Lage zu bestimmen, zu welcher der beiden Republiken dieser Ort eigentlich gehörte.

Zwei Jahre vorher, im Herbst 1992, war es hier, im «Prigorodnyj-Bezirk», zu blutigen Zusammenstößen zwischen Osseten und Inguschen gekommen. Präsident Jelzin hatte uns mit dieser Reise beauftragt, um herauszufinden, was dort vor sich ging. Zu meiner Schande muß ich gestehen, daß ich erst damals – zwei Jahre nach Ausbruch des ossetisch-inguschetischen Konfliktes – begriff, daß diese Konfrontation überhaupt nicht so verlaufen war, wie uns gewisse Persönlichkeiten in der Föderationsregierung hatten weismachen wollen. Und wir hatten ihnen geglaubt!

Die föderale Armee, deren Aufgabe eigentlich darin bestand, das Blutvergießen zu beenden, schlug sich praktisch auf die Seite der Osseten. Und die föderale Obrigkeit schloß die Augen davor, daß die ossetische Führung ihre eigenen bewaffneten Einheiten gründete. Später wurden sie sogar unter dem Namen «Volksmiliz» legitimiert. Ihre Waffen bezogen sie aus den Arsenalen der russischen Streitkräfte.

Nach unserer Rückkehr übergab ich Jelzin ein Protokoll zur Lage in der Konfliktzone. Erstens hielten wir es für erforderlich, den Ausnahmezustand im «Prigorodnyj-Bezirk» zu verlängern, zweitens die Miliz der Osseten von dort zu entfernen und die Funktion des Ordnungshüters einer provisorischen Administration anzuvertrauen, die direkt Moskau unterstellt sein sollte.

Der Stab dieser provisorischen Administration, der sich bisher in Wladikawkas, der nordossetischen Hauptstadt, befand, sollte dazu in eine der Ortschaften des «Prigorodnyj-Bezirks» verlegt werden. Außerdem sollten die sogenannten Schlichtungskommissionen ihres Rechtes beraubt werden, wie bisher allein über die Rückkehr von inguschetischen Familien in deren Heimatdörfer zu entscheiden. Bisher waren diese Kommissionen einseitig mit Osseten besetzt worden. Künftig sollte die «provisorische Verwaltung» das letzte Wort haben.

Als unsere Hauptaufgabe betrachteten wir es aber nach dieser Reise, jene Rechtsunklarheit zu beseitigen, die vom unheilvollen sechsten Artikel des Gesetzes «Über die Rehabilitierung der deportierten Völker» ausging und zum Sprengstoff für die blutigen Ereignisse des Jahres 1992 im Nordkaukasus geworden war. Der Artikel sah eine «territoriale Rehabilitierung» für alle Völker vor, die zur Stalinzeit über sogenannte national-territoriale Gebilde verfügt hatten und von dort gewaltsam verschleppt worden waren. Mit anderen Worten: Dieses Gesetz befahl, die Grenzen wiederherzustellen, wie sie vor fünfundvierzig Jahren bestanden haben.

Man mußte nicht besonders phantasievoll sein, um zu begreifen, was diese Art von «Rehabilitierung» in der von Feindseligkeit aufgeheizten Atmosphäre zwischen den Nationalitäten des Nordkaukasus bedeutete. Schon 1990, bei der Verabschiedung im Obersten Sowjet, hatte ich den Deputierten zu erklären versucht, daß das Gesetz blutigen Streit provoziere. Es war ausgerechnet Ruslan Chasbulatow, der mir damals widersprach. «Bisher haben wir Sergej Adamowitsch für einen aufrechten Kämpfer für die Menschenrechte gehalten. Jetzt zeigt sich sein wahres Gesicht! Ihm ist es offensichtlich nur um die Rechte des einzelnen zu tun, die Rechte ganzer Völker aber scheinen ihn gar nicht zu interessieren!» Das Gesetz wurde angenommen, und kaum ein Jahr später hatten wir uns den ersten bewaffneten

Konflikt auf dem Territorium der Russischen Föderation eingehandelt – eben den Konflikt zwischen Inguschen und Osseten um den «Prigorodnyj-Bezirk».

Schon bald nach unserer Reise in das Konfliktgebiet lud mich der Präsident zu sich ein. Er gab sich warm und freundschaftlich, dankte mir für die «brillante und nützliche Arbeit» – und setzte so gut wie keine der von uns vorgeschlagenen Maßnahmen in die Praxis um. Heute verstehe ich: wozu das alles, wenn die Vorbereitungen zu dem Blitzkrieg in Tschetschenien auf vollen Touren schon liefen?

Auf jener Erkundungsfahrt ins tschetschenisch-inguschetische Grenzgebiet beschloß unsere Gruppe, mehr als eine Staniza mit gemischter russisch-weinachischer* Einwohnerschaft zu besuchen. Unsere Kommission hatte Hinweise darauf bekommen, daß die russische Bevölkerung dieser Stanizen von den örtlichen Behörden diskriminiert würden. Im ersten Ort, in dem wir ankamen, namens Trojzkaja, wurde sofort klar, daß sich dies nicht bestätigte. Die Siedler unterhielten sich mit uns bereitwillig und völlig ungezwungen. Sie gaben zu, daß es wirklich Diskriminierungen gegeben hatte, daß aber alle Unverschämtheiten eingestellt worden seien, und zwar seit der Wahl Ruslan Auschews zum Präsidenten Inguschetiens. «Auschew hat für Ordnung gesorgt», sagten die Leute. Und wirklich: zum Zeitpunkt unseres Besuches in diesem Dorf hatten die Russen nicht nur aufgehört, von hier zu flüchten. Viele, die 1991/92 emigriert waren, begannen schon, zurückzukehren. Anzeichen für ernsthafte Spannungen zwischen den verschiedenen Nationalitäten fanden wir in Trojzkaja nicht.

* Als Weinachen bezeichnet sich selbst eine Gruppe engverwandter Völker, zu denen die Tschetschenen, ebenso wie die Inguschen, gehören; d. Übers.

Ein ganz anderes Bild zeigte sich uns in Asinowskaja. Diese Staniza unterstand bereits der Jurisdiktion Grosnyjs, und hier herrschte die tschetschenische Miliz. Die alten Russen – die Mehrheit der jüngeren war schon gegangen – fürchteten sich offenbar davor, daß ihnen der Kontakt mit uns zum Nachteil gereichen könnte. Auf unsere Fragen antworteten sie einsilbig und unwillig, wobei sie sich nach allen Seiten umschauten. Schließlich war die Nachricht von unserer Ankunft schon bis zu den Dorfnatschalniki gedrungen, und um unseren Gesprächspartnern keine Unannehmlichkeiten zu bereiten, mußten wir uns schnell davonmachen. Was wir aber in den wenigen ungestörten Gesprächen unter vier Augen mit russischen Einwohnern von Asinowskaja erfahren hatten, zeugte nicht nur von Einschüchterung, sondern von geradezu kriminellem Terror: Diebstahl, Mord, Vergewaltigung, Erpressung. Und wer darunter litt, dem wurde keinerlei Hilfe von der tschetschenischen Obrigkeit zuteil. Manche Russen wurden von ihren tschetschenischen Nachbarn gegen die Banditen verteidigt. Helfen konnte das aber nur dann, wenn ihre Beschützer zu einflußreichen Familien gehörten.

Welche Schlüsse mußte eine Kommission für Menschenrechte aus dem Gehörten und Gesehenen ziehen? Hatten wir es da mit einer zielgerichteten Politik der Dudajew-Regierung gegen die russische Bevölkerung zu tun? Oder mit einem Beweis für die Schwäche dieser Regierung und mit ihrer Unfähigkeit, Recht und Ordnung durchzusetzen? Wovon zeugte schließlich der Umstand, daß sich die kriminellen Gewalttaten in Asinowskaja ausgerechnet gegen die Russen richteten? Bildete die russische Bevölkerung dort nicht automatisch für Kriminelle aller Art eine sehr viel bequemere Zielscheibe als die Tschetschenen, die einander durch Familienbande verpflichtet waren und Blutrache praktizierten? Wie auch immer, keine der beiden Annahmen läßt General Dudajew in gutem Licht erscheinen.

Auf jeden Fall begriffen wir, daß wir keine Chance hätten, in Tschetschenien im Sinne der Menschenrechte tätig zu werden, bevor nicht die politische Grundsatzfrage geklärt war: ob nämlich Tschetschenien zur Russischen Föderation gehörte oder ob Moskau seine Unabhängigkeit de facto anerkennen wollte. Gab es einen festen Standpunkt dazu? Und wenn ja, gab es eine bestimmte Politik, die diesen durchsetzen konnte?

Für Nationalitätenprobleme war in der russischen Regierung Sergej Michajlowitsch Schachraj zuständig, damals Vizepremier. Gerade er war es gewesen, der uns Ende 1992 von der Richtigkeit der einzelnen Regierungsschritte im tschetschenisch-inguschetischen Konflikt zu überzeugen versucht hatte. Er schien mir ein tüchtiger und energischer Mann zu sein, der sich strikt an demokratische Prinzipien hielt, dazu ein kompetenter Jurist. Zwar unterschieden sich seine juristischen Vorstellungen von meinen. Aber wenigstens hatte er überhaupt welche, was man von der Mehrheit der Regierungsmitglieder damals nicht behaupten konnte. Viel zu spät begriff ich, daß Schachraj unaufrichtig und hinterlistig war, ein Mann, dem seine politische Karriere viel wichtiger war als irgendeine seiner Überzeugungen. Wenn er überhaupt welche hatte.

Ausgerechnet Schachraj war es, der die Föderation bei den Verhandlungen zwischen Moskau und Grosnyj vertrat, die sich manchmal belebten, um dann wieder für lange Zeit abzubrechen. Über den Inhalt dieser Gespräche hat die Öffentlichkeit bis heute nichts erfahren. Aber auch ich, der ich damals nicht gerade der letzte in diesem Staate war, wußte weder, wie diese Verhandlungen vonstatten gingen, noch worin ihr Ziel bestand und ob es überhaupt eines gab. Hin und wieder sickerte durch, daß ein Treffen zwischen Jelzin und Dudajew vorbereitet werde. Dann wieder hieß es – nein, das ist abgeblasen worden: der Ihre hätte den Unseren einen «russischen Säufer» genannt. Und in diesem Stile ging es weiter.

Ich habe den Verdacht, daß in den drei Jahren niemand die Zeit fand, eine Strategie des föderalen Zentrums gegenüber Tschetschenien zu formulieren, die es erlaubt hätte, die Beziehungen auf die eine oder andere Weise zu regulieren.

Ende 1994 begann General Dudajews Stern in seiner Republik zu verblassen. Die nördlichen Tejpe (Clans) und Virten (religiöse Gemeinden) machten keinen Hehl aus ihrer Opposition gegenüber der Regierung in Grosnyj. Nicht nur ihrer Herkunft nach, sondern auch in ihrem Rang in der tschetschenischen Gesellschaftshierarchie und in ihren moslemischen Ritualen unterscheiden sich diese sozialen Einheiten voneinander. Dudajew hatte nämlich eine Art von sozialer Revolution vollzogen, indem er die Leute aus dem Norden in Politik und Verwaltung zurückdrängte, die deren traditionelle Pfründe gebildet hatten, und Ämter Angehörigen aus dem großen Vorgebirgsclan Kischi-Hadschi übertrug. Mit der neuen Regierung war aber auch einer der stärksten südlichen Clans nicht zufrieden, die Kunta-Hadschi, deren Führer Beslan Gantemirow sich offen der Opposition anschloß. Den Bergclans, seiner traditionellen Stütze, fiel Dudajew allmählich auch zur Last. Die Weinachen, besonders die Bergbewohner, sind überhaupt nicht besonders geneigt, sich irgendeiner Art von Staatsmacht unterzuordnen. Dudajew aber, genauso wie anderthalb Jahrhunderte vor ihm Schamil, versuchte, einen Staat zu schaffen, der über den Clans stand. In dieser Situation gab es nicht wenige Menschen im Lande, die bereit gewesen wären, sich formell dem fernen Moskau – dem kleineren Übel – zuzuordnen, allerdings nur, wenn diese Unterordnung freiwillig und ohne Gewalt hätte verlaufen können. Im Jahre 1995 hatte Rußland eine einzigartige Chance, die Eingliederung eines der unversöhnlichsten Völker des Nordkaukasus demokratisch zu legitimieren. Ich bin davon überzeugt, daß sogar noch eine Zeitlang nach Beginn der Kampfhandlungen in

Tschetschenien die Hoffnung auf einen derartigen Ausgang bestand. Zwar war Dudajew damals schon zum Symbol des nationalen Widerstandes geworden – aber die Menschen wußten sehr wohl zu differenzieren zwischen ihm als Symbol und ihm als Politiker. Ich habe mich mit Hunderten von Dudajews Freischärlern unterhalten, mit Dorfbewohnern und Städtern, Bauern und Intellektuellen, die sich nicht gerade durch einen besonderen Respekt ihrem Führer gegenüber auszeichneten. Zwar hing in jedem tschetschenischen Haus gut sichtbar ein Dudajew-Porträt, gleich neben dem Porträt von Scheich Mansur, dem tschetschenischen Anführer des Widerstands gegen die russischen Eroberer zu Beginn des vorigen Jahrhunderts. Aber wenn sie über ihn sprachen, dann war ihr Ton nicht gerade ehrerbietig, eher ein wenig herablassend. Es mag sein, daß sich das Verhältnis zu Dudajew nach seinem Tode gewandelt hat.

Daß gegen eine friedliche Beilegung des Konfliktes von seiten einiger Moskauer Politiker so entschlossen Widerstand gezeigt wurde, kann ich nur mit einem einzigen Argument erklären. Der erste Tag des Friedens hätte dem ganzen Land nicht nur die Perspektivlosigkeit, sondern auch die Überflüssigkeit dieses Krieges gezeigt. Die Frage nach den Schuldigen hätte sich gestellt. Wer war für die Situation in Tschetschenien persönlich verantwortlich? Was war unternommen worden, um eine blutige Lösung auszuschließen? Gab es jemanden, der daran interessiert war, den undefinierten, außerrechtlichen Status dieser Republik zu erhalten? Schließlich strömten durch die selbstproklamierte unabhängige Republik Itschkerija gewaltige Geldmengen! Ich will damit nicht sagen, daß zum Beispiel Schachraj materiell daran interessiert war, die tschetschenische Frage drei Jahre lang in der Schwebe zu halten. Aber die dienstliche und persönliche Verantwortung dafür trägt er ohne Zweifel. Und das Ministerium für Nationalitätenangelegenheiten, das 1994 Nikolaj Jegorow leitete, der 1995/96 noch ein Zwischenspiel als Leiter der Administration des Präsidenten geben durfte? Nach allem, was bekannt ist, müssen wir diese Behörde ebenfalls dafür verantwortlich machen, daß nicht einmal Versuche unternommen wurden, das Tschetschenien-Problem zu lösen.

Im Sommer 1994 waren meine Kollegen und ich über die politisch-rechtliche Entwicklung in unserem Land besorgt. Es wurde immer deutlicher, daß der Präsident seine Macht nicht auf sein von der Gesellschaft verliehenes Mandat stützte – was ihn öffentlich rechenschaftspflichtig gemacht hätte –, sondern auf die Treue der «Macht-Minister». Deren Rechte und Befugnisse nahmen ununterbrochen zu und gingen zeitweilig über den Rahmen der Verfassung hinaus. Nach dem Oktober 1993 war Jelzin offenbar zu der Überzeugung gekommen, jedes Problem könne durch Gewaltanwendung zur rechten Zeit und am rechten Ort gelöst werden. Ob er wohl begriff, daß ein derartiger Ansatz uns auf die traditionelle Auffassung von Staatsmacht zurückwarf, die in diesem Lande immer außerhalb und über der Gesellschaft gestanden hatte? Daß diese Auffassung mit Demokratie nichts gemein hatte? Ich fürchte, daß er über solche Fragen nicht einmal nachdachte.

Und trotzdem hätte ich mir damals nicht vorstellen können, daß die Neigung des Präsidenten zu gewaltsamen Lösungen Rußland bereits im Dezember in einen echten Krieg auf eigenem Territorium hineinstoßen sollte. Viele haben mir im nachhinein Vertrauensseligkeit und Kurzsichtigkeit vorgeworfen. Und tatsächlich hätte ich schon im Sommer stutzig werden müssen, als das halbvergessene Tschetschenien-Thema wieder in den Zeitungen auftauchte und offiziell in einer neuen Version kommentiert wurde.

Flugzeugentführungen und Geiselnahmen im Nordkaukasus, wie sie dort gewöhnlich von Verbrechern zu Erpressungszwekken vorgenommen wurden, schob man nun den Agenten von Dudajews Sicherheitsdienst in die Schuhe – eine Version, an der ich immer noch zweifle. Da tauchten Meldungen über die gnadenlose Abrechnung des «kriminellen Regimes in Grosnyj» mit der Opposition auf, über zur Abschreckung ausgestellte abgehackte Köpfe und dergleichen mehr. Morde haben zweifellos stattgefunden, Zusammenhänge mit Dudajew sind nicht erwiesen. Am wahrscheinlichsten handelte es sich um Fälle von Blutrache.

Die Hauptsache aber – Moskau, das sich bisher aus den innertschetschenischen Streitigkeiten immer herausgehalten hatte, begann demonstrativ, die antidudajewsche Opposition zu unterstützen und sie darüber hinaus auch noch zu bewaffnen. Dies war so ziemlich die dümmstmögliche Taktik. Hier ist nicht der richtige Ort, zu entscheiden, inwieweit wir das dudajewsche Regime als «kriminell» bezeichnen können. Ich möchte dazu nur bemerken, daß die großen Finanzaffären der vorhergehenden Jahre, an denen Dudajews Administration beteiligt gewesen sein soll, wohl kaum ohne Mittäter auf den höchsten Moskauer Rängen möglich gewesen sind.

Auf jeden Fall aber dürften die Oppositionsführer – übrigens fast lauter ehemalige Weggenossen, die es nicht geschafft hatten, mit ihm Macht und Einfluß zu teilen – nicht weniger mit kriminellen Strukturen liiert gewesen sein als er selbst. Daß nun die föderale Regierung diese Opposition unterstützte, kompromittierte beide: die Opposition verlor wegen ihrer Bindung an Rußland ihren Rückhalt in der Bevölkerung, und Rußland verlor seine moralische Autorität in Tschetschenien, indem es mit allerhand Typen gemeinsame Sache machte. Ich wüßte nur zu gern, welcher Schlaukopf sich diese Politik ausgedacht hatte. Doch nicht etwa schon wieder Schachraj?

Erst jetzt wurde gemeldet, daß man den damals schon von Moskau unterstützten Vizepremier der späteren prorussischen tschetschenischen Regierung, Beslan Gantemirow, verhaftet hatte, und zwar unter der Anklage, einige Millionen Dollar aus der Moskauer Aufbauhilfe für die tschetschenische Wirtschaft unterschlagen zu haben.

Ab Sommer 1994 kam das Thema Tschetschenien auch im Expertenrat beim Präsidenten zur Sprache. Auf jeder der Sitzungen trug der Leiter der Administration des Präsidenten, Sergej Filatow, einen fünf- bis siebenminütigen Bericht über die Lage in Tschetschenien vor. Und jedesmal schloß er mit der Versicherung, daß von einer bewaffneten Einmischung der Föderation in den innertschetschenischen Konflikt keine Rede sein könne. – Ja, wir sympathisieren mit der Opposition. Ja, wir helfen ihr materiell. Aber sie zu bewaffnen, daran denken wir nicht. Und von einer direkten Einmischung föderaler Streitkräfte dort kann überhaupt keine Rede sein. Welch ein Wahnsinn das wäre, wissen schließlich alle. Anders steht es mit dem Problem der Renten. Da sich Dudajew nun einmal geweigert hat, in der Republik einen Rentenfonds zu gründen, in den wir das Geld aus dem föderalen Haushalt überweisen könnten, sehen wir es als moralisch gerechtfertigt an, dieses Geld dem Führer der Opposition, Awturchanow, auszuhändigen.

Soweit mir bekannt ist, wurden tatsächlich eine Zeitlang in dem von der Opposition kontrollierten Nadteretchnyj-Bezirk die Renten für ganz Tschetschenien ausgezahlt. Allerdings nicht lange.

Man fragt sich, wozu, zum Teufel, es eigentlich einen Expertenrat beim Präsidenten gab, wenn sich seine Sitzungen doch nur auf das Anhören von Informationen aus verschiedenen – größtenteils geheimen – Diensten beschränkten. Schließlich entstand der Eindruck, daß man sich mit Tschetschenien befasse und Verhandlungen vorbereite, die die Beziehungen zwischen Moskau und Grosnyj auf rechtlicher Grundlage klären sollten.

Vielleicht hat Sergej Alexandrowitsch Filatow uns damals nicht absichtlich ausgetrickst, vielleicht wußte er ganz einfach nicht, welche Pläne in der nächsten Umgebung Jelzins ausgearbeitet wurden. Filatow galt in der Präsidialadministration als Liberaler, und zu jener Zeit wurden die Meinungen des Präsidenten von ganz anderen Leuten geprägt.

Heute ist klar: Bestimmte einflußreiche Kräfte – welche, weiß ich allerdings nicht – wollten schon lange eine militärische Lösung. Ich nehme an, daß der Präsident selbst sich bis zum Ende des Herbstes 1994 nicht entschieden hatte, und wenn doch, so hat er jedenfalls niemanden an der Spitze seiner Administration eingeweiht. Aber der Präsident war nicht das eigentliche Problem, sondern der Umstand, daß wieder, genau wie zur Sowjetzeit, die wichtigsten Beschlüsse außerhalb der vorgesehenen rechtlichen Prozeduren gefaßt wurden. Selbst die höchsten Beamten des präsidialen Apparates konnten nur mutmaßen, von welchen Erwägungen sich ihr Chef leiten ließ, wenn er heute diesen, morgen jenen Erlaß unterschrieb, auf wessen Rat er sich stützte, wo und unter welchen Umständen er Ratschläge bekam, hinter welcher Strategie er stand und schließlich, welche Informationen der Präsident über die Lage im Lande erhielt. Der Mechanismus, zur Ausarbeitung der Regierungspolitik wurde immer undurchschaubarer und weder von der Gesellschaft noch von seiten der zuständigen Regierungsinstitutionen nachvollziehbar, die nur noch fertige Direktiven erhielten. Das Resultat war eine immer weniger kalkulierbare Politik.

Ich verstehe ja, daß Intrigen im Geflecht verschiedener korporativer Interessen und persönlicher Ambitionen «bei Hofe» unvermeidbar sind. Aber um so wichtiger ist es, daß die davon ausgehenden Impulse noch verschiedene öffentliche Kontrollfilter passieren. Der Machtmechanismus, der sich in Rußland Ende 1994 herausgebildet hatte, entzog sich leider einer solchen Kontrolle. Und darin besteht die Grundursache der tschetschenischen Tragödie.

Daß der Kurs in dieser Angelegenheit im September 1994 noch nicht feststand, merkte ich, als ich während einer Reise nach Inguschetien und Nord-Ossetien aus dem Sekretariat Jurij Baturins, des Beraters des Präsidenten in Fragen der nationalen Sicherheit, angerufen und gefragt wurde: «Sergej Adamowitsch, da Sie schon einmal dort sind, könnten Sie nicht noch eine kitzelige Mission auf sich nehmen: nach Grosnyj reisen, sich mit Dudajew treffen und das Gelände im Hinblick auf ein Abkommen sondieren?» Natürlich war ich bereit. Nach ein paar Stunden erhielt ich einen neuen Anruf: «Ihre Reise erübrigt sich.»

Wann war der «point of no return» erreicht? Nach dem «Marsch der Opposition auf Grosnyj» am 26. November? Als «Opposition» traten dabei Wehrdienstleistende der russischen Streitkräfte mit den Waffen der föderalen Armee auf. Kaum war ihre Panzerkolonne in die Stadt eingedrungen, da wurde sie auch schon von Dudajews Garde zerschlagen. Zahlreiche russische Soldaten und Offiziere wurden getötet und Dutzende gerieten in Gefangenschaft. Wer diese Operation durchführte, ist bekannt: der Föderale Gegenspionagedienst FSK, zusammen mit dem Verteidigungsministerium. Aber wer hatte den Befehl gegeben?

Die Folgen jedenfalls waren katastrophal. Dudajews Autorität innerhalb Tschetscheniens wuchs schlagartig. Entsprechend unpopulär wurden Rußland und die prorussisch eingestellten Oppositionsführer: Awturchanow, Gantemirow, Labasanow. Noch schlimmer als das Vorgefallene selbst wirkte sich meiner Meinung nach die Reaktion der föderalen Regierung darauf aus.

Die offiziellen Meldungen über «nicht identifizierte Flugzeuge», die die tschetschenischen Flugplätze bombardierten, verrieten nur eines: Die, die solche Meldungen verbrachen, waren nicht nur bereit zu lügen – es kümmerte sie auch nicht, daß ihnen niemand glaubte. Dies trifft auch auf Verteidigungsminister Gratschow und seine Fernsehrede am nächsten Tage zu.

Der Verteidigungsminister sagte sich darin von seinen bei Dudajew in Gefangenschaft geratenen Untergebenen los. Er überließ sie einfach der Willkür des Schicksals und der Gnade ihrer Gegner. Darüber hinaus genierte Gratschow sich nicht, in widerlicher Weise zu prahlen, daß er, Gratschow, anders als diese Unglücklichen, Grosnyj in zwei Stunden mit einem Fallschirmregiment genommen hätte.

Ich hoffe, daß es nur Gratschows eigene Idee gewesen war, mit solchen dreisten Lügen im Fernsehen aufzutreten, und daß sie nur seinen eigenen Intellekt und sein eigenes moralisches Niveau widerspiegelten. Warum aber wurde ein Minister, der die Öffentlichkeit belog, nicht unverzüglich von dem Präsidenten abgesetzt und wegen Feigheit und Verrat an seinen Untergebenen vor Gericht gestellt? Warum geschah das nicht?

Ich habe nur eine Erklärung dafür: Jelzin war zu diesem Zeitpunkt schon so sehr daran gewöhnt, die Macht des Staates mit seiner eigenen zu identifizieren und dabei in den Machtministerien seine einzig zuverlässige Stütze zu erblicken, daß er das Scheitern der Armee- und Geheimdienstführung in Tschetschenien als Schlag gegen die Grundfesten des Staates selbst empfand. Und daß er deshalb beschloß, die Autorität der Staatsmacht um jeden Preis wiederherzustellen.

«Wo versteckt man ein Blatt? Am besten im Wald», sagt einer der Helden Chestertons. Und er fügt hinzu: «Und wo versteckt man ein totes Blatt? In einem toten Wald.» Um den Bankrott der Machtministerien in Tschetschenien zu verschleiern, machte sich die Führung des Landes daran, die Schande des Oktober-Feldzuges unter Bergen von Leichen zu verstecken.

In den ersten Dezembertagen traf ich im Kreml Georgij Satarow, den Berater des Präsidenten in Sachen Öffentlichkeitsarbeit. Die Streitkräfte bewegten sich bereits auf die Grenze der tschetschenischen Republik zu, und ich fragte: «Georgij Alexandrowitsch, was geht vor?!» – «Sergej Adamowitsch, ich verstehe Ihre Beunruhigung. Aber ich versichere Ihnen, daß niemand ernstlich an eine gewaltsame Lösung denkt. Es ist doch allen klar, daß das äußerst gefährlich wäre. Ich bin mir ziemlich sicher, daß keinerlei militärische Handlungen vorgesehen sind.» – «Und die Verlegung der Truppen?» – «Sehen Sie, natürlich bin ich kein Spezialist und für Tschetschenien eigentlich gar nicht zuständig, aber ich hoffe, daß Truppenbewegungen nur stattfinden, um den Verhandlungen eine uns zugute kommende Begleitmusik zu geben.» – «Eine schöne Musik!» – «Na ja, so etwas kommt in der Diplomatie ständig vor. Sie wissen doch selbst, Sergej Adamowitsch, mit wem wir es da zu tun haben: Dudajew ist ein unzuverlässiger und widerborstiger Partner. Wir sind gezwungen, Kraft und Entschlossenheit zu demonstrieren. Vielleicht wird er dann fügsamer. Aber die Streitkräfte werden die tschetschenische Grenze sicherlich nicht überschreiten.» «Georgij Alexandrowitsch, trotzdem scheint mir dies ein Spiel mit dem Feuer zu sein. Ich würde mich gern mit dem Präsidenten treffen.»

Satarow zögerte.

«Warum nicht? Das läßt sich schon einrichten, aber leider nicht in den nächsten Tagen. Ich verrate Ihnen ein Geheimnis, das ich Sie nicht zu verbreiten bitte: Am 12. kommt Boris Nikolajewitsch ins Krankenhaus. Nichts Schlimmes. Nur für acht Tage. Eine kleine Operation, um eine Verkrümmung der Nasenscheidewand zu korrigieren. Und ich denke schon, daß er Sie gleich danach empfangen wird.»

In diesem Moment wurde mir alles klar – welches Datum für den Einmarsch ins Auge gefaßt worden war und mit welcher Dauer der Kampfhandlungen man rechnete. Und außerdem wurde mir klar, wo sich der Menschenrechtsbeauftragte der Russischen Föderation in den nächsten Tagen zu befinden hatte: dort, in der Kampfzone.

Als erstes aber sorgte ich dafür, daß das Staatsgeheimnis ausposaunt wurde, indem ich die Presse über die Nasenscheidewand des Präsidenten informierte.

Reise in den Krieg

Die nächsten Tage war ich voll damit beschäftigt, die Reise zu organisieren. Natürlich fuhr mit mir zusammen mein alter Freund und ständiger Helfer bei solchen Reisen, Oleg Orlow, einer der führenden Leute von «Memorial». Aber ich hatte beschlossen, mehr aus dieser Reise zu machen als nur eine Reise des Bevollmächtigten für Menschenrechte. Wenn die Mission vielleicht auch nicht zur gemeinsamen Sache der gesamten Staatsduma werden konnte, so doch wenigstens der Mehrheit der darin vertretenen Parteien. Mit dem «Demokratischen Rußland» würde ich keine Schwierigkeiten haben. Zu unserer Gruppe gehörte mein alter Freund Michail Molostwow, dazu kam von der Fraktion «Jabloko» Valerij Borschtschow. Unerwartet energische Unterstützung erhielt ich auch vom Führer der kommunistischen Fraktion, Sjuganow: er delegierte sofort einen seiner Deputierten zu uns, Leonid Petrowskij. Petrowskij war mit uns in Grosnyj fast bis zum Neujahrssturm der Stadt, und man muß sagen, daß sich seine Sicht der Dinge von unserer im allgemeinen nicht unterschied.

Der Rat der Duma bestätigte unsere Reise zügig und sogar mit einer gewissen Erleichterung. Später erzählte man mir, daß einige Deputierte bereits ihr Unverständnis darüber geäußert hatten, daß Kowaljow immer noch nicht in Grosnyj war. Wollte er etwa in Sachen Tschetschenien schweigen? Das hinderte dieselbe Duma freilich keineswegs daran, drei Monate später für meine Absetzung vom Posten des Beauftragten für Menschenrechte zu stimmen – und zwar diesmal wegen meiner angeblich allzu großen Aktivität in der Tschetschenien-Krise. Mein Reisegenosse Leonid Petrowskij hob zusammen mit seiner ganzen Fraktion ebenfalls die Hand dafür. «Da kannst du nichts machen, das ist Parteidisziplin», erklärte er mir später.

Vorläufig aber hatte die Duma zugestimmt, und es begann das unwürdige Tauziehen um unseren Reiseweg. Naiverweise hatten wir angenommen, daß eine Mission, die vom Parlament bestätigt war und vom Bevollmächtigten der Russischen Föderation für Menschenrechte geleitet wurde, auch auf die Unterstützung der militärischen und zivilen Obrigkeit rechnen könne. Oder daß ihr wenigstens nicht allzu große Hindernisse in den Weg gelegt würden. Weit gefehlt. Als ich um ein Flugzeug in Richtung Nordkaukasus bat, stellte sich heraus, daß die entsprechende Anweisung nur von zwei Menschen gegeben werden konnte – von Vizepremier Soskowjez und dem Chef des Generalstabes Kolessnikow. Und die waren nun gerade beide nicht zu erreichen. Zu allem Überfluß wurde mir auf dem Höhepunkt meiner Versuche, sie von meinem Büro aus telefonisch aufzuspüren, «aus technischen Gründen» die Regierungsleitung abgeschaltet. Dasselbe passierte mit dem «heißen Draht» Sergej Juschenkows, des Vorsitzenden des Duma-Verteidigungsausschusses, als ich versuchte, meine Anrufe von seinem Büro aus fortzusetzen.

Später hieß es, der Vizepremier und Minister für Nationalitäten-Angelegenheiten, Nikolaj Jegorow – in der ersten Etappe des Tschetschenien-Krieges praktisch Leiter der gesamten Operation –, habe aus Mosdok, wo sich der Stab der föderalen Streitkräfte befand, «ganz oben» angerufen. Jegorow habe gefordert, daß keinerlei Bürgerrechtler oder Deputierte an den Konfliktherd herangelassen werden dürften. Zu guter Letzt half mir Außenminister Andrej Kosyrew, der eben erst mit «Rußlands Wahl» gebrochen hatte, und zwar gerade wegen der Haltung der Fraktion in der Tschetschenien-Frage.

Allerdings unterstrich er auf jede Weise, daß es sich dabei um eine «spezifische» und «nicht wesentliche» Meinungsverschiedenheit handelte. Ich weiß nicht, auf welchen Wegen, aber jedenfalls schlug er für uns einen Militär-Transportflieger bis nach Mosdok heraus. Dort beabsichtigten wir, den Stab der föderalen Streitkräfte zu besuchen, die Unterkünfte unserer Soldaten zu besichtigen, die Bevölkerung in den bereits besetzten nördlichen Gebieten Tschetscheniens zu befragen, um uns erst danach «auf die andere Seite» zu begeben – nach Grosnyj.

Nach unserer Rückkehr, Ende Januar 1995, lud Kosyrew mich zu sich nach Hause ein. Wir hatten ein langes und interessantes Gespräch. «Alle begreifen, daß Sie recht hatten und daß wir uns in Tschetschenien selbst ein Bein gestellt haben», sagte er. «Aber darüber sollte man nicht offen reden. Denn wenn wir den Fehler in Tschetschenien zugeben, erhebt sich sofort die Frage: Wer ist persönlich an diesem Fehler schuld? Die Antwort ist offensichtlich. Aber Jelzin wird schließlich bei den Präsidentenwahlen 1996 die einzige Alternative zu Schirinowskij sein! Und zweifeln Sie etwa daran, daß Jelzin besser ist als Schirinowskij?!»

Ich glaubte damals wirklich noch, daß Jelzin besser sei als Schirinowskij, während ich heute den Satz andersherum formulieren würde: Schirinowskij ist schlechter als Jelzin. Aber ich war nicht mit dem Fazit einverstanden, daß Jelzin deshalb die einzige Alternative darstelle. Außerdem halte ich die Annahme, daß man um irgendeines politischen Zieles willen morden und lügen dürfe, schon an sich für unsittlich. Was ich Andrej Wladimirowitsch auch mitteilte. Einige Zeit später gab ich unser Gespräch in irgendeinem Interview wieder. Kosyrew war darüber verärgert. Offenbar hatte er unser Gespräch, ohne mich ausdrücklich darauf hinzuweisen, für vertraulich gehalten. Nach den Regeln der Geheimdiplomatie aber verstehe ich nun einmal nicht zu spielen. Und für Andeutungen bin ich taub.

Dank Kosyrew flogen wir also am 13. Dezember 1994 von dem Moskauer Militärflugplatz Tschkalowskaja ab. Wenn mich nicht alles täuscht, flogen wir erst bis nach Woronesch; danach führte die Mannschaft irgendwelche Funkverhandlungen mit Mosdok, und plötzlich erklärte man uns, daß das Flugzeug nach Moskau zurückkehren werde. Die Landebahn in Mosdok sei vereist. Danach hingen wir noch etwa einen halben Tag in Tschkalowskaja herum und versuchten, mit den nachfolgenden Flugzeugen mitzureisen, in denen sich für uns natürlich kein Platz fand.

Zum Teufel mit euch. Wir fuhren zum Flughafen Wnukowo und kauften Tickets bis nach Mineralnye Wodyj – dem Zivilflughafen, der unserem Bestimmungsort am nächsten lag. Offenbar sollte es mir fürderhin nicht mehr beschieden sein, auf Regierungsrouten zu fliegen. Auch kein großer Verlust.

In Nasran, der Hauptstadt Inguschetiens, hörten wir zum ersten Mal von der Bombardierung Grosnyjs durch die föderale Luftwaffe und beschlossen, uns unverzüglich dorthin zu begeben. Wir fanden einen Personenwagen mit Fahrer und erreichten – über Dorfwege und unter Umgehung der angreifenden föderalen Kolonnen – in der Nacht zum 15. Dezember die Stadt.

Ich will den Krieg als solchen nicht im einzelnen beschreiben. Journalisten, die von Anfang an von dort unten kaum weggekommen sind, haben dies besser und genauer besorgt, als ich es je könnte. Jeder Krieg ist abscheulich; ein Krieg, den eine Armee in ihrem eigenen Lande gegen eines der Völker führt, die dieses Land bewohnen, ist doppelt abscheulich. Und dieser Krieg richtete sich gegen das tschetschenische Volk, nicht gegen das «Dudajew-Regime» und auch nicht gegen die sogenannten Banden-Formationen, sondern gerade gegen das Volk, auf jeden Fall gegen die Mehrheit des Volkes. Meiner Ansicht nach ist das jedem Unvoreingenommenen klar. Gegen ein Volk aber kann man nicht kämpfen. Ein Volk kann recht haben, und ein Volk kann auch unrecht haben. Aber sein Unrecht kann man ihm nicht mit

Luftwaffe und Artillerie beweisen. Das trifft ohnehin auf jedes Volk zu. Was aber die Tschetschenen angeht, so ist es reiner Wahnsinn, ihnen irgend etwas mit Gewalt beweisen zu wollen. Der Hauptzug ihres Nationalcharakters besteht in ihrem Stolz und Bestreben, ihre Freiheit zu verteidigen – und zwar weniger die Freiheit der Nation als vielmehr die Freiheit, Unabhängigkeit und Würde des einzelnen. Sie mit Gewalt zu befrieden ist unmöglich; schon seit zweihundert Jahren versucht man dies, ohne Erfolg.

Was als die «Mission Kowaljows» in Tschetschenien bezeichnet wurde, ist in Wirklichkeit ein Werk vieler. In diesem Buch schreibe ich hauptsächlich über mich. Aber die Kollegen und Freunde, die dort mit mir waren, haben manchmal vielleicht mehr riskiert als ich selbst. Sie haben gewaltige Arbeit geleistet, was das Sammeln, die Verifikation und Systematisierung von Informationen über den Tschetschenien-Krieg betrifft. Wenn man dies alles genau schilderte, käme ein dickes Buch heraus. Und eines Tages wird es zweifellos geschrieben werden. Über die ersten Beschießungen und Bombardierungen, darüber, wie wir zwischen Ruinen umherstreiften, um die Leichen zu zählen oder um Licht in die Ereignisse zu bringen. Über unseren Alltag in einer halbzerstörten Wohnung ohne Licht und fließendes Wasser. Über den Keller, in dem sich zusammen mit uns tschetschenische und russische Familien versteckten, sobald der Artilleriebeschuß begann. Über das irrsinnige Wettrennen in einem kaputten Auto, unter Granatwerferbeschuß, um das ehemalige Gebäude des Republikskomitees der KPdSU zu erreichen. Jetzt war dies der Palast des Präsidenten der Republik Itschkerija, Dschochar Dudajew. Dort im Keller befand sich der Stab der tschetschenischen Verteidigung. Darüber, wie wir in diesem Keller steckenblieben, als der mißglückte «Neujahrssturm» des Palastes begann und wir zusammen mit den tschetschenischen Freischärlern drei Tage ausharren mußten. Später machten Duma-Kollegen aus den drei Tagen einen ganzen «Monat, in dem Kowaljow in Dudajews Bunker saß», um mich zu diskreditieren.

Das alles für das andere Buch. Hier möchte ich dem Leser nicht meine unmittelbaren Eindrücke von dem Gemetzel in Tschetschenien mitteilen, sondern meine Überlegungen über die Krise insgesamt und ihre Bedeutung für Rußland als Ganzes. Ich möchte nur betonen, daß meine Schlußfolgerungen keine leeren Worte sind.

Meine Kollegen und ich, wir sind wirklich viele Tausende von Kilometern auf tschetschenischen Straßen gefahren; wir haben dort wirklich mit Tausenden von Menschen gesprochen, mit Russen und Tschetschenen, mit den Freischärlern der Dudajewschen Einheiten und mit den Soldaten der föderalen russischen Streitkräfte, mit der friedlichen Bevölkerung von Grosnyj und der abgelegenen Bergflecken, mit Rekruten, Offizieren und Generälen, mit unseren Gefangenen bei den Tschetschenen und den Häftlingen der russischen «Filtrationslager», mit den Opfern von Artilleriebeschuß und Luftangriffen und mit den Ärzten in vielen Hospitälern und improvisierten Lazaretten.

Außerdem traf ich mich auch mit den Führern der tschetschenischen Republik Itschkerija und der benachbarten Republik Inguschetien. Ich weiß, wovon ich rede, und übernehme die Verantwortung für meine Worte und Urteile.

Es gibt da allerdings eines, wovon ich vorher doch noch gern erzählen würde: meine Treffen mit den Soldaten und Offizieren der föderalen Streitkräfte. Mehr als einmal bin ich zum Beispiel mit Wehrdienstleistenden zusammengetroffen, die in Dudajewsche Gefangenschaft geraten waren – und jeder kann sich vorstellen, wie diese gequälten und verzweifelten Menschen über den Krieg sprachen. Da waren die Unterabteilungen der 131. Majkoper Brigade, die im Zuge der schrecklichen russischen Niederlage nach dem Neujahrssturm auf dem Grosnyjer Bahnhof eingekreist worden waren. Wir bemühten uns, zu einer Übereinkunft mit dem tschetschenischen Kommando über ihren Abzug aus der Umzingelung zu kommen. Leider scheiterte dieser Versuch, und später folgten auf ihn bösartige Verleumdungen, daß «Kowaljow unsere Einheiten zur Kapitulation aufgerufen hat». In vielen solchen Situationen blieb für politische Grundlagendiskussionen allerdings keine Zeit.

Ich denke an jene Kampfeinheiten der föderalen Streitkräfte, die in der zweiten Dezemberhälfte 1994 in Tschetschenien einrückten, um dort, entsprechend Jelzins Dekret, die «verfassungsmäßige Ordnung» wiederherzustellen. Übrigens zweifle ich, ob man sie wirklich als «Kampfeinheiten» bezeichnen kann, diese Zigeunerlager aus Erdhütten, die in eisigem Schlamm versanken und die wir nicht fotografieren durften, schließlich unterliege die Dislozierung einer Kampfgruppe der Geheimhaltung. Dort und damals wurde kein einziges Wort über die «verfassungsmäßige Ordnung», über die russischen Staatsinteressen, über die Unteilbarkeit der Föderation oder dergleichen mehr gesprochen. Alle, mit denen wir uns unterhielten, redeten von ganz anderem: Warum hat man uns hierhergetrieben? Wem nützt dieser Krieg? Wie kann man nur gegen das Volk kämpfen? Wann wird man uns von hier abziehen?

Niemals werde ich vergessen, wie ein Divisionskommandeur, ein Oberst, uns buchstäblich anbrüllte: «Was macht ihr Deputierten hier überhaupt? Wozu lungert ihr hier herum? Euer Platz ist in Moskau, in der Duma! Ihr solltet euch die Beine ausreißen, um dem, was hier vorgeht, ein Ende zu machen! Die Truppen muß man unverzüglich von hier abziehen. Das ganze Volk hat sich erhoben! Begreift ihr denn nicht, daß dies ein Bürgerkrieg ist? Wozu läßt man uns auf Leute schießen, mit denen wir noch gestern zusammen gedient haben? Wie konntet ihr nur zulassen, daß man uns denen gegenüberstellte? Na gut, mit der örtlichen Bevölkerung hier haben wir uns schon irgendwie arrangiert:

Wir rühren sie nicht an, und sie schießen nicht auf uns. Aber morgen werden wir nach Grosnyj geworfen – in den Fleischwolf!»

Wir haben das verstanden. Mit Unbehagen erinnere ich mich an eines meiner Interviews vor der Abreise, in dem ich sagte, daß der Sturm auf Grosnyj mit dem Tod vieler unschuldiger Menschen enden könnte – «vielleicht sogar Hunderter». Selbst in einem Albtraum hätte ich mir damals nicht vorstellen können, wie viele Opfer dieser Krieg wirklich fordern sollte.

Der Oberst hatte recht – ich war dazu verpflichtet, nach Moskau zurückzukehren, wenn auch nicht für lange. Ich bildete mir schon nicht mehr ein, daß mein Augenzeugenbericht dem Präsidenten etwas bedeutete; aber ich war wenigstens zu dem Versuch verpflichtet, ihm die Wahrheit nahezubringen – ganz gleich, ob er sie nun hören wollte oder nicht.

Am vierten Januar, als der Beschuß ein wenig nachließ, stahlen Oleg Orlow und ich uns aus dem brennenden Grosnyj, und schon am nächsten Tag waren wir in Moskau. Molostwow, Borschtschow und Julij Rybakow, ein Deputierter von der «Demokratischen Wahl Rußlands», der innerhalb der Deputiertengruppe den Kommunisten Petrowskij ablöste, blieben in Grosnyj auf Posten. Ich mußte den Präsidenten sehen.

Im Flugzeug, auf der Route Mineralnye Wodyj–Moskau, quälte mich der Gedanke, was ich eigentlich von diesem Treffen erwartete und ob ich mir überhaupt etwas davon erwartete. Schien es doch so, als sei da einfach nichts zu erwarten. Wozu hatte ich das dann nötig? Und wie sollte ich selbst vorgehen? Den Präsidenten zum Rücktritt auffordern? Verlangen, daß er die Führer der Machtministerien entließ? Selbst zurücktreten?

Dieser ganze Wust von Emotionen und Erwägungen ergoß sich in einen vielleicht allzu pathetischen Satz, als ich, direkt vom Flughafen kommend, im überfüllten Konferenzsaal der

«Iswestija» die Fragen der Journalisten beantwortete. Da sagte ich: «Ich will dem Präsidenten in die Augen schauen!»

Noch war nicht heraus, ob mir das auch gelingen würde. Aus dem Wagen, auf dem Weg vom Flughafen, hatte ich in Jelzins Vorzimmer angerufen und ein sofortiges Treffen gefordert. Ein Berater des Präsidenten, mir scheint, es war Iljuschin, beschloß, mich Mores zu lehren: ich bäte um eine Audienz beim Staatsoberhaupt auf ungebührliche Weise und in einem unzulässigen Ton. Der Präsident habe viele wichtige Staatsangelegenheiten zu erledigen, und es sei noch nicht bekannt, ob er mich in den nächsten Tagen empfangen könne. «Na, wenn schon», antwortete ich. «Wenn der Präsident meint, daß der Tod Tausender russischer Bürger keine wichtige Staatsangelegenheit ist, dann kann er darauf verzichten, mich zu empfangen. Aber in diesem Falle habe ich nicht das Recht, vor der Presse zu verheimlichen, was für Vorstellungen der Präsident von der Wichtigkeit verschiedener Staatsangelegenheiten hegt.»

Einige Stunden später rief man mich an: «Boris Nikolajewitsch wird Sie morgen um 13 Uhr empfangen.» Das Gespräch im Kreml dauerte etwa eine Stunde, wenn man meinen Monolog, den sich Jelzin höflich und geduldig anhörte, als Gespräch bezeichnen möchte. Einmal unterbrach er mich. Als ich nämlich sagte, daß die Luftangriffe und Raketenschläge keinen einzigen Tag ausgesetzt hätten – ungeachtet seiner Erklärung von Ende Dezember, in der er die Einstellung der Bombardierung Grosnyjs durch die russischen Luftstreitkräfte verkündet hatte.

Da widersprach er: «Sie sind einseitig informiert, Sergej Adamowitsch. Ich weiß ganz genau, daß die Bombardierungen eingestellt sind.» Eine schöne «einseitige Information»: Die Bomben und Raketen waren uns direkt auf die Köpfe gehagelt.

Eine zweite Replik Jelzins bezog sich auf meine Worte über den Strom offizieller Lügen und Desinformation, die im sogenannten Provisorischen Informationszentrum fabriziert wurden und von Radio und Fernsehen ausgestrahlt wurden. «Da haben Sie recht», sagte er. «Die Berichterstattung über die Ereignisse in Tschetschenien ist wirklich durchgehend schlecht. Ich habe die Papiere schon vorbereitet, um Popzow abzusetzen.»

Oleg Popzow war Vorsitzender des staatlichen russischen Fernsehens, des sogenannten Zweiten Kanals. Im Unterschied zum öffentlich-rechtlichen Ersten Kanal bemühte sich sein Sender ständig darum, die offiziellen Meldungen durch Reportagen und Kommentare eigener Korrespondenten zu ergänzen. Gemeinsam mit dem unabhängigen Sender NTV tat er nicht wenig dafür, daß die Wahrheit über den Tschetschenien-Krieg Rußland und der Welt bekannt wurde. In diesem Falle glaube ich nicht, daß der Präsident mich mißverstanden hatte. Eher tat er absichtlich so. Ich meinerseits teilte seine Absichten in bezug auf Popzow noch am gleichen Tage Journalisten mit. Der darauffolgende Lärm war sicherlich eine der Ursachen dafür, daß Jelzin Popzow damals dann doch nicht entließ. Erst mehr als ein Jahr später kam es dazu. Gegen Ende unseres Gespräches schlug ich Jelzin hartnäckig vor, aus humanitären Gründen wenigstens einen kurzen Waffenstillstand zu erklären: um die Leichen zu bergen, die Verwundeten zu evakuieren und Gefangene auszutauschen. Ein Anlaß bot sich an, da der nächste Tag der 6. Januar war – das russisch-orthodoxe Weihnachtsfest.

Boris Nikolajewitsch weigerte sich. «Es ist noch zu früh», bemerkte er rätselhaft. Da gab es nichts mehr zu besprechen. Ich verabschiedete mich. «Ich danke Ihnen sehr», sagte der Präsident ganz unerwartet. Wofür er mir eigentlich dankte, habe ich bis heute nicht begriffen. Vielleicht dafür, daß ich endlich – ging? Ich hatte meine Absicht verwirklicht und dem Präsidenten in die Augen gesehen. Ich hatte nichts in ihnen lesen können. Es war Zeit, nach Tschetschenien zurückzukehren.

Aus der Hauptstadt Inguschetiens, Nasran, rief ich Tschernomyrdin an. Anders als der Präsident nahm er meinen Vorschlag eines zweitägigen Waffenstillstandes in Grosnyj mit ganz unerwartetem Enthusiasmus auf. Darüber hinaus äußerte der Premierminister die Ansicht, daß der Waffenstillstand nicht auf humanitäre Ziele allein begrenzt werden solle – man müsse ihn vielmehr als Beginn einer politischen Regelung des Konfliktes nutzen. «Es ist Zeit, mit diesem Gemetzel Schluß zu machen», sagte Viktor Stepanowitsch. Er trug mir auf, mich mit dem Stab der russischen Streitkräfte in Mosdok in Verbindung zu setzen und den Generälen seine Anweisung auszurichten, das Feuer einzustellen. Ich will hier nicht erzählen, wie ich mich über die Regierungsleitung mit Mosdok in Verbindung setzte und wie sich der Kommandostab dort hartnäckig weigerte, mit mir Verbindung aufzunehmen. Etwa um ein Uhr nachts hörten wir im Radio eine Verlautbarung des Pressedienstes der Regierung zum Thema Waffenstillstand.

Sie war absichtlich in einem für die tschetschenische Seite kränkenden Ton abgefaßt und besagte ungefähr, daß die Tschetschenen nun die letzte Chance für eine bedingungslose Kapitulation erhielten. Wer auch immer die Erklärung verfaßt hatte, konnte nur ein Ziel verfolgen: nämlich Verhandlungen zu vereiteln. Dies stand in krassem Widerspruch zu meinem Gespräch mit dem Premierminister, und ich konnte mir kaum vorstellen, daß Tschernomyrdin einfach geheuchelt hatte. Mir wurde alles klar, als ich erfuhr, daß das Pressezentrum der Regierung Schachraj und seinen Leuten unterstellt war.

In der ersten Etappe des Tschetschenien-Krieges gehörte Schachraj zu den entschiedensten «Falken». Und die schüchternen Versuche des Premiers Tschernomyrdin, mit Dudajew einen politischen Dialog aufzunehmen, stießen auf seinen unterschwelligen, aber zähen Widerstand.

Mitte Januar, etwa eine Woche nachdem der Waffenstillstand

verspielt worden war, hielt Tschernomyrdin eine Rede, in der er – abgesehen von dem obligaten rhetorischen Waffengeklirr – seine Absicht durchblicken ließ, den Krieg zu beenden und zu politischen Verhandlungen überzugehen. Die Tschetschenen reagierten unverzüglich. Zwei Minister der Dudajew-Regierung flogen nach Moskau: Imajew und Abubakarow.

Und obwohl Schachraj und Michailow, der damalige Stellvertreter und spätere Nachfolger des Nationalitäten-Ministers Jegorow, sie an einem Treffen mit Tschernomyrdin zu hindern versuchten, kam es dennoch zustande. Auf wessen Initiative auch immer, fand es allerdings in Anwesenheit Schachrajs und in dessen Diensträumen statt. Fungierte Schachraj in diesem Moment etwa als das Auge des Herrn bei einem allzu friedliebenden Premier?

Imajew und Abubakarow einigten sich mit Tschernomyrdin über einen Waffenstillstand und den unverzüglichen Beginn von Verhandlungen. Beflügelt eilten sie nach Nasran, um sich mit Vertretern des russischen Kommandostabes zu treffen – es erschien aber niemand. Die Tschetschenen baten mich herauszufinden, was geschehen war, und es stellte sich heraus, daß Tschernomyrdin mit der Abstimmung der Details seinen Vizepremier beauftragt hatte. Ich setzte mich mit Sergej Michajlowitsch Schachraj telefonisch in Verbindung, obwohl mir auch so alles klar war. Aber ich wollte testen, ob er wenigstens ehrlich und direkt mit mir, der ich doch einmal sein politischer Gesinnungsgenosse gewesen war, reden würde.

Natürlich nicht. Schachraj wand sich, drückte sich vor Antworten und log unverhüllt. Was ich ihm schließlich auf den Kopf zusagte. Meiner Meinung nach hat ihn das keineswegs gekränkt.

Mitte Januar schickte ich ein Memorandum an Premierminister Tschernomyrdin. Denn mich an Jelzin zu wenden wäre nur Kraftverschwendung gewesen. Leider entwickelten sich die Ereignisse im weiteren genau so, wie ich darin vorhersagte. Noch zweieinhalb Monate lang versuchten die föderalen Streitkräfte, die tschetschenischen Einheiten aus Grosnyj und seinen Vorstädten hinauszudrängen, zerstörten alles, was bis dahin nicht zerstört worden war, und töteten viele Tausende von Menschen. Geholfen hat ihnen dies alles wenig. Es kam so, wie die tschetschenischen Freischärler versprochen hatten, als sie aus der Stadt abzogen: «Der Tag wird euer, aber die Nacht unser.» Nur daß sich sogar tagsüber in der Stadt noch Feuergefechte und Überfälle auf Blockposten sowie militärische Objekte fortsetzten.

Im Laufe der folgenden Monate stürmten die Streitkräfte die großen Vorgebirgsdörfer südlich der tschetschenischen Hauptstadt und versuchten, sie unter ihre Kontrolle zu bringen. Dies gelang ihnen nur teilweise, zumal die Russen nicht in jedem eroberten Dorf eine Division unterhalten konnten. Sobald aber die starken russischen Einheiten den einen oder anderen Ort verließen, kehrten die tschetschenischen Widerstandsgruppen dorthin zurück. Und wenn das Kommando der russischen Garnison mit der bewaffneten Bevölkerung keinen Modus vivendi fand, wurden die Kämpfe wiederaufgenommen. Glücklicherweise begriffen die Offiziere und Soldaten der föderalen Streitkräfte schnell die Spielregeln und waren nicht allzu erpicht darauf, für die Wiederherstellung der «verfassungsmäßigen Ordnung» in einzelnen Dörfern zu sterben. Sie zogen es vor, die Präfekten der Separatistenregierung und die Freischärler Aslan Maschadows selbst direkt vor der eigenen Nase noch zu übersehen – jedenfalls solange ihre Vorgesetzten dies zuließen.

Die Mehrheit der Aufständischen wiederum drängte sich auch nicht gerade nach bewaffneten Zusammenstößen mit der Armee; und sobald sich im Sommer für sie die Möglichkeit ergab, sich als «örtliche Selbstverteidigungskräfte» einen legalen Anstrich zu verleihen, machten viele von ihnen mit Vergnügen davon Gebrauch. Dies bedeutete allerdings noch lange nicht, daß sie aufgehört hätten, auf ihre Kommandeure zu hören.

Die Situation änderte sich jedesmal, sobald die dem Innenministerium der Russischen Föderation untergeordneten Streitkräfte auf den Plan traten, besonders die Milizeinheiten für Sondereinsätze (OMON). Die Bevölkerung haßte die OMON-Leute bis aufs Blut, die Freischärler nahmen aus ihren Reihen in der Regel keine Gefangenen. Vor allem die OMON-Leute haben die sogenannten Säuberungen auf dem Gewissen – das Durchkämmen besiedelter Punkte auf der Suche nach tschetschenischen Partisanen. Falls sie dabei Widerstandskämpfer entdeckten, erschossen sie sie auf der Stelle, Verdächtige schickten sie in die Filtrationslager.

Die Bergregionen im Süden der Republik blieben unverändert in den Händen der Aufständischen. Natürlich gab es Bestrebungen russischerseits, auch den Süden in den Griff zu bekommen.

Nichts ist unmöglich, wenn man bereit ist, Soldatenleben nicht zu schonen und auch vor dem schrecklichsten Blutpreis nicht zurückzuschrecken.

Wie ich in meinem Memorandum für Tschernomyrdin vorhergesagt hatte, hörte der Partisanenkrieg auch in jenen Gebieten, die offiziell von den föderalen Streitkräften kontrolliert wurden, nicht eine Stunde lang auf. Übrigens hatte dies nicht ich allein prophezeit. Denn während ich mein Schreiben fertigstellte, trat der Sekretär des Sicherheitsrates, Oleg Lobow, im Fernsehen mit einer bizarren Erklärung auf: «Man will uns damit angst machen, daß in Tschetschenien ein Partisanenkrieg bevorsteht», sagte er. «Aber dazu wird es nicht kommen, denn der Partisanenkrieg entspricht nicht den Traditionen des tschetschenischen Volkes.»

Ich weiß nicht, wer Oleg Lobow in der Schule in Literatur und Geschichte unterrichtet hat. Aber es müssen miserable Lehrer gewesen sein, die ihren Schülern nichts von den Kriegen des

Scheichs Mansur, Kasi Mullahs und Schamils erzählt und sie nicht mit den Werken bekannt gemacht haben, die Bestuschew-Marlinskij, Lermontow und Tolstoj dem kaukasischen Krieg widmeten. – Im Sommer wurde Lobow zum persönlichen Repräsentanten des Präsidenten in der Republik Tschetschenien ernannt.

Zu guter Letzt hatte mein Memorandum eine Warnung enthalten: Selbst wenn der bewaffnete Widerstand von Dudajews Leuten nachlassen sollte – und erst recht, wenn er gebrochen werden sollte –, würde uns eine Welle des Terrorismus drohen. Terrorakte würden dann ganz Rußland erfassen und viele Jahrzehnte andauern. Damals, im Januar 1995, konnte sich noch niemand vorstellen, was für schreckliche Formen der tschetschenische Terrorismus später annehmen sollte. Im ersten Akt dieses Dramas, der das ganze Land erschütterte, beim Überfall der tschetschenischen Kämpfer auf die Stadt Budjonnowsk, sollte mir auch eine Rolle zufallen.

Am 14. Juni 1995 war ich in Deutschland, in Esslingen. Die dortige Gemeinde verlieh mir den Theodor-Haecker-Preis, nach einem bekannten Philosophen und Antifaschisten benannt. Am nächsten Tag sollte ich auf Einladung des Kirchentages nach Hamburg reisen. Von dort sollte es nach Norwegen weitergehen, zu einer Vorlesung an der Universität Oslo. Auf dem Empfang anläßlich der Preisverleihung trat einer der Journalisten an mich heran: «Haben Sie gehört? Im Fernsehen melden sie, daß die Tschetschenen irgendeine Stadt bei Stawropol erobert haben. Sie sollen dabei viele Geiseln aus der Zivilbevölkerung genommen haben.»

Ich beschloß, die Reise abzubrechen: Vielleicht könnte ich zu Hause von Nutzen sein? Am 16. war ich in Moskau, und einen Tag später flog ich gen Süden, zusammen mit meinem alten Tschetschenien-Weggenossen Oleg Orlow und den Deputierten

Molostwow und Borschtschow. Am späten Abend waren wir in Budjonnowsk.

Was wir hier wollten? Ehrlich gesagt, wir hatten keinen genauen Plan. Wir wollten aber den Versuch unternehmen, die Tschetschenen dazu zu bewegen, im Austausch gegen uns die Geiseln freizulassen oder wenigstens einen Teil von ihnen. Immerhin waren wir ja russische Parlamentarier. Bereits in Budjonnowsk hatten sich unserer Gruppe noch Rybakow und der Deputierte des Oberhauses, Kurotschkin, angeschlossen, so daß ein Austausch für die Terroristen vielleicht eine akzeptable Alternative zur Kapitulation darstellte. Und danach könnte man ihre Forderungen diskutieren und den einen oder anderen Beschluß fassen, ohne das Leben von Hunderten friedlicher Einwohner aufs Spiel zu setzen.

Zuerst mußten wir uns mit den Terroristen und mit ihrem Kommandeur, Schamil Bassajew, in Verbindung setzen, meinem alten Bekannten von der Januar-Reise nach Grosnyj. Das sollte sich als schwierig erweisen: Um in das städtische Krankenhaus vorzudringen, wo die Terroristen nach verschiedenen Angaben zwischen anderthalb und dreitausend Einwohner von Budjonnowsk zusammengepfercht hatten, mußte man die Erlaubnis des militärischen Kommandos erhalten und, zweitens, Verbindung mit Bassajew aufnehmen, was ebenfalls ohne Hilfe des Stabes unmöglich war. Nun waren allerdings weder die militärischen noch die zivilen Machthaber im Ort geneigt, mit uns zusammenzuarbeiten. In das Stabsquartier ließ man uns gar nicht erst hinein. Dabei schwor man uns allerdings immer wieder, daß nicht geplant sei, das Krankenhaus zu stürmen.

Ich bin wahrscheinlich wirklich naiv, denn ich glaubte ihnen. Aber konnte ich etwa das Gegenteil annehmen: daß man hier einen so offensichtlichen Wahnsinn begehen würde? Es war doch klar, daß jeder Versuch, das Gebäude zu stürmen, ein Blutbad zur Folge haben würde, wobei nicht nur die Terroristen ums

Leben kämen, sondern auch die Mehrheit der Geiseln. Ich werde den Gedanken nicht los, daß dies sowohl denen bewußt war, die am nächsten Morgen den Befehl zum Sturm gaben, als auch denen, die den Befehl ausführten. Glücklicherweise verloren die letzteren offenbar die Nerven, und die Sache wurde nicht zu Ende geführt. Unlängst hat der Präsident im Zusammenhang mit den Ereignissen von Budjonnowsk zugegeben, daß der Befehl zum Sturm von ihm kam. Ich würde seine Offenheit ja zu schätzen wissen. In der Zwischenzeit aber habe ich begriffen, daß unser unglückliches Land bereit ist, jedes blutige Gemetzel zu akzeptieren, ohne daß den Initiatoren irgend etwas anderes als lasche Proteste der Mitbürger, Sticheleien der Presse und schüchterne Rügen des Parlamentes drohte.

Das Maximum dessen, was die Duma nach Budjonnowsk herausschlagen konnte, war der sogenannte Rücktritt dreier Minister. Dabei wurde der Minister für Nationalitätenfragen, Nikolaj Jegorow, unverzüglich zum Berater des Präsidenten ernannt – und war später sogar zeitweilig Chef der präsidialen Administration –, Innenminister Viktor Jerin mußte nicht etwa in irgendeiner Spelunke kellnern gehen, sondern er wurde stellvertretender Direktor der Auslandsspionage. Nur das arme Hascherl Stepaschin konnte man, nachdem er als Leiter des Gegenspionage-Dienstes FSB abgesetzt worden war, absolut nirgendwo unterbringen. Ganz offensichtlich hatte er keine einflußreichen Fürsprecher im Kreml.

Nachdem der Sturm gescheitert war, verhielt man sich uns gegenüber schon entgegenkommender. Der Präsident, der, wie wir heute wissen, auf alledem bestanden hatte, war weit weg – auf dem G-7-Gipfel in Halifax. Tschernomyrdin bekam die Möglichkeit, endlich einmal selbst zu entscheiden. Wie die Sache übrigens auch immer ausgehen mochte, die Verantwortung im Falle des Scheiterns würde auf jeden Fall nicht der abwesende Jelzin tragen, sondern sein Premierminister, der als Hausherr zurückgeblieben war. Und das zwang ihn, vorsichtig zu sein. Mir persönlich scheint allerdings, daß Viktor Stepanowitsch, jenseits aller taktischen Erwägungen, wirklich nach dem unblutigsten Ausweg aus der Situation suchte. Unsere Gruppe erwies sich als das Strohhälmchen, an das er sich in dieser hoffnungslosen Situation klammerte; auch bei einem Fehlschlag ließ sich die Schuld auf uns schieben. Man verband uns telefonisch mit Bassajew und erlaubte uns dann, ins Krankenhaus zu gehen. Gegen Abend erhielten wir dank der Vermittlung Jegor Gajdars vom Premier die offizielle Vollmacht zur Führung der Verhandlungen. Tschernomyrdin bat uns lediglich, zu diesem Zweck in unsere Gruppe einen Vertreter der örtlichen Verwaltung aufzunehmen.

Das Resultat dieser Verhandlungen ist bekannt. Wäre unser Vertragspartner nicht ein Mensch gewesen, der einen blutigen terroristischen Akt plante und in die Tat umsetzte, so könnte man es als gerecht und vernünftig bezeichnen. Unser Vertrag mit Bassajew wurde von Tschernomyrdin gebilligt. Diesem Vertrag zufolge wurden die Kampfhandlungen in Tschetschenien – ohne irgendwelche Vorbedingungen – von beiden Seiten sofort eingestellt. Moskau verpflichtete sich zu unverzüglichen Verhandlungen über den Abzug der russischen Truppen und die andere Seite zur Entwaffnung der tschetschenischen Einheiten. Langfristig sollte das alles in Gespräche über den zukünftigen Status Tschetscheniens münden. Bassajews Leuten versprach man sicheres Geleit, heim nach Tschetschenien. Als Garanten dieser Sicherheit sollten um die hundert Freiwillige dienen, Geiseln, Deputierte, das heißt wir, und Journalisten. Alle übrigen Geiseln wurden von den Terroristen auf der Stelle freigelassen.

Alles ging gut. Aber der Erfolg der Verhandlungen provozierte bei einer ganzen Reihe einflußreicher Persönlichkeiten einen Tobsuchtsanfall. Unser mehrfach unterschriebenes und bekräftigtes Abkommen hing zeitweilig nur noch an einem seidenen Faden. Ich bin davon überzeugt, daß sich die Streitkräfte noch mindestens zweimal zu einem neuen Sturm vorbereiteten. Und wäre nicht das kategorische Verbot Tschernomyrdins gewesen, so hätten sie ihn (oder einen Überfall auf die Autokolonne) auch durchgeführt.

Sofort nach der Unterzeichnung des Abkommens lockte man mich durch einen Trick aus dem Krankenhaus und ließ mich danach dorthin nicht wieder zurück. Im Stab hatte der Gouverneur von Stawropol, Kusnezow, inzwischen eine Hysterie entfacht. Er hatte nicht nur gefordert, mich unverzüglich aus Budjonnowsk zu entfernen, sondern sogar aus dem ganzen Großbezirk Stawropol. Und wie man sich nach alldem schon denken kann, wollte man uns am nächsten Tag, vor Abfahrt der Kolonne, auch nicht in die für uns bestimmten Autobusse einsteigen lassen. Aber da erklärte Bassajew, daß er ohne die «Deputierten» nicht losfahren würde. Erst danach konnte unsere Gruppe ihre Plätze einnehmen.

Die Freiwilligen aber, die bereit waren, mit diesen Bussen mitzufahren, versuchte man zu einer erstaunlich verleumderisch formulierten Einverständniserklärung zu bewegen: «Ich, der und der, habe mich der Bande Schamil Bassajews freiwillig angeschlossen.» Es ist nicht schwer, zu begreifen, welches Ziel dahinterstand. Die Journalisten schrien zetermordio, ich rief Tschernomyrdin an, und der Text der Unterschriftsformel wurde geändert. Am Montag abend verteilten wir uns alle auf die Busse. Und am nächsten Tag waren wir schon in Tschetschenien.

Bis heute weiß ich nicht, weshalb wir dabei am Leben blieben – ganz offensichtlich juckte es die Militärs in den Fingern, unsere Kolonne unterwegs anzugreifen. Wahrscheinlich geschah nichts, weil sich der Präsident in Halifax befand.

Was Bassajews Kämpfer betraf, so waren sie in Budjonnowsk

sichtlich nervös. Nicht, weil sie sich vor Mißerfolg oder Tod gefürchtet hätten, sondern weil sie selbst zutiefst an der moralischen Berechtigung ihres Vorgehens zweifelten. Die ganze Zeit über versuchten sie sich damit zu rechtfertigen, daß ihr Überfall die Antwort auf die Greueltaten der Russen in Samaschkij und anderen tschetschenischen Dörfern darstelle. Viele von ihnen begriffen aber die Schwäche einer derartigen Logik von selbst. Oleg Orlow erzählte später, daß sein Busnachbar, ein Bassajewscher Freischärler, sich die ganze Zeit über in Betrachtungen über dieses Thema ergangen habe. Ständig habe er das Für und Wider abgewogen und sich dabei absolut nicht beruhigen können. «Das war eher ein Rodion Raskolnikow als ein Freischärler», konnte sich Orlow anschließend nicht genug wundern. Nach den Exzessen der ersten Tage, in deren Verlauf einige russische Militärs erschossen worden waren, verhielten sich Bassajews Leute den Geiseln gegenüber betont ritterlich, vermutlich aus Schuldgefühl heraus. Sie teilten mit ihnen Nahrungsmittel und Medikamente und bemühten sich, sie in erster Linie während der Feuerattacken zu decken. Der Kontrast in dem Verhalten der föderalen Truppen, ja das Entsetzen über deren unkalkulierbare und sinnlose Aktionen führte in erster Linie dazu, daß die Geiseln letztendlich so etwas wie Sympathie und Freundschaft für die Terroristen zu verspüren begannen. Ich habe selbst gesehen, wie beim Abschied einige von ihnen mit ihren Entführern Adressen austauschten, um die Bekanntschaft «nach dem Krieg» fortzusetzen.

Die Krise des russischen Staates

Das Schreckliche des Vorgefallenen bestand darin, daß ein barbarischer und durch nichts zu rechtfertigender Gewaltakt tatsächlich dazu geführt hatte, daß der Krieg abebbte.

Verhandlungen begannen, die großangelegten Kampfhandlungen wurden eingestellt, es gab gewisse Fortschritte bei der Lösung der politischen Probleme Tschetscheniens. Und wenn beide Seiten mit gleicher Gewissenhaftigkeit einen Frieden angestrebt hätten, dann wäre dieser erste Terrorakt von tschetschenischer Seite vielleicht zum letzten geworden. Dann wären auch die Bemühungen unserer Gruppe nicht umsonst gewesen.

Leider kam es nicht dazu. Ich bin mir sicher, daß der Löwenanteil der Schuld daran auf russischer Seite lag. Zum einen, weil bei dem Ringen zwischen einem Starken und einem Schwachen die beiden niemals zu gleichen Teilen für den Ausgang verantwortlich gemacht werden können – Stärke verpflichtet. Zum anderen, weil zu viele Leute in der russischen Führung vor einer friedlichen Regelung Angst hatten. Wenn nämlich der Frieden angebrochen wäre, dann hätte sich ja irgend jemand für Zehntausende sinnlos Getöteter verantworten müssen. Ich will übrigens nicht behaupten, daß es in der tschetschenischen Führung überhaupt keine Leute gab, die an einer Fortführung des Krieges interessiert gewesen wären. Aber ihre Durchsetzungsmöglichkeiten waren um vieles geringer.

Strenggenommen wurden die Kriegshandlungen niemals völlig eingestellt. Von Zeit zu Zeit nahmen die föderalen Streitkräfte den Artilleriebeschuß und die Bombenangriffe auf tschetschenische Dörfer wieder auf, und tschetschenische Einheiten beschossen die russischen Posten. Zu einem richtigen Abbruch des Friedensprozesses kam es aber erst im Dezember, als Jelzin ein Dekret über die Durchführung von Wahlen in Tschetschenien herausgab. Von vornherein war offensichtlich, daß diese Farce nach einem Moskauer Drehbuch ablaufen würde.

Konnte denn die Fälschung der örtlichen Abstimmungsergebnisse ohne Mitwirkung der zentralen Wahlkommission in der Hauptstadt vorgenommen werden? Man braucht wohl nicht viel Phantasie, um sich vorzustellen, welche Gefahren, nicht nur für

Tschetschenien, sondern für ganz Rußland, in einem solchen Vorgehen liegen würden. Ich legte gegen die Durchführung der Wahlen Widerspruch beim Obersten Gerichtshof ein. In meiner Klage stützte ich mich darauf, daß Wahlen in einer Region, in der faktisch der Ausnahmezustand herrscht, gesetzwidrig sind. Aber das Gericht wies meine Klage gegen das Zentrale Wahlkomitee zurück, weil ein Repräsentant des letzteren erklärt hatte, ihm lägen keinerlei Beschwerden von Bürgern der tschetschenischen Republik über eine Schmälerung ihrer Wahlrechte vor (sieh mal einer an!). Deshalb gäbe es auch keinen Grund, die Wahlen auszusetzen.

Wenn der Moskauer Strohmann Doku Sawgajew dabei 95 Prozent aller Stimmen erhielt, so kann kein vernünftig denkender Mensch dies für etwas anderes halten als für eine offene Fälschung. Sie durchzuführen war nicht schwer. Nicht einen einzigen unabhängigen Beobachter hatte man in die Wahllokale gelassen. Und die in Grosnyj stationierte Mission der OSZE hatte die Stadt einige Tage vor den Wahlen verlassen, angeblich weil die Zuspitzung der Lage zu große Gefahren für ihre Mitarbeiter mit sich brachte. Ich fürchte, daß die Leiter der Mission den russischen Machthabern einfach helfen wollten, sich ohne überflüssige Zeugen aus der Klemme zu ziehen. Wie gewöhnlich hegte der Westen lieber die Illusion von Stabilität, als konsequent die Demokratie und das Recht zu verteidigen. Auf diese Weise beschloß die westeuropäische Diplomatie, sich mit Moskau die weitere Verantwortung für Tschetscheniens Zukunft zu teilen. Wie zu erwarten, verlief diese blutig.

Den Januar-Überfall Salman Radujews auf die Stadt Kisljar konnte die föderale Regierung getrost sich selbst zuschreiben. In der aufgeheizten Atmosphäre nach den «Dezemberwahlen» mußte etwas dieser Art passieren. Was das schändliche Finale der Tragödie betrifft, das Gemetzel in Perwomajskoje, so kann ich dazu nur sagen: Schade, daß sich der Präsident Rußlands in jenen Tagen nicht auf einer weiteren Auslandsreise befand. Jene peinlichen und albernen Kommentare, mit denen er damals im Fernsehen auftrat, spiegelten, wie ich befürchte, nicht nur den Grad seiner Informiertheit und seinen Einblick in das Geschehen wider; sondern sie zeigten auch, mit welcher Kompetenz er Entscheidungen fällte.

Nach Kisljar und Perwomajskoje beschloß ich endgültig, daß ich nicht länger jene Staatsposten einnehmen könnte, auf die mich dieser Präsident ernannt hatte. Ich mußte irgendwie reagieren auf die Lüge, den Zynismus und die völlige Gleichgültigkeit gegenüber Menschenleben, auf die Unbegabtheit und Hilflosigkeit, die die höchste Staatsgewalt während dieser Ereignisse an den Tag gelegt hatte. Ich unterrichtete Jelzin von meinem Rücktritt vom Posten des Vorsitzenden der Menschenrechtskommission beim Präsidenten der Russischen Föderation und als Mitglied des Präsidialrates, dazu von meinem Rückzug aus allen präsidialen Strukturen. Die «Iswestija» druckte meinen offenen Brief an den Präsidenten ab, in dem ich den Schritt genau begründete.

Einige Tage später schickte mir Boris Nikolajewitsch eine kurze, sehr höfliche, Notiz, in der er schrieb, daß er meinen Beschluß «mit Verständnis» aufnehme. Na, immerhin, und danke dafür.

In Wirklichkeit handelt es sich bei der Tschetschenien-Krise um eine Krise des neuen russischen Staates. Zwei Überlegungen bestimmen dabei meine Position. Erstens: jeder beliebige Versuch, das vorliegende Problem mit Gewalt zu lösen, wird in gewaltigem Blutvergießen enden. Zweitens: der Einsatz der Armee zur Lösung innenpolitischer Konflikte ist ungesetzlich. Er widerspricht der Verfassung und den Gesetzen des Landes.

Im Sommer 1995 stellte das Verfassungsgericht zwar fest, daß entsprechende Dekrete des Präsidenten und Regierungsverordnungen die Verfassung nicht verletzt hätten. Mir erschien das Urteil ungeheuerlich. Das Gericht beschloß damit im Grunde, daß der Präsident das Recht habe, auf seine Weise das von ihm selbst geschaffene Rechtsvakuum zu füllen. Ein Rechtsvakuum hatte er aber überhaupt erst geschaffen, als er Kriegshandlungen in einer der russischen Regionen entfesselte, ohne den Ausnahmezustand zu verkünden. Natürlich war dies bewußt geschehen, um sich nicht die Hände durch das Gesetz über den Ausnahmezustand zu binden. Und das Verfassungsgericht bekräftigte nun, daß die auf diese Weise gewonnene Handlungsfreiheit des Präsidenten dem Gesetz entsprochen habe!

Was übrigens das Gesetz über den Ausnahmezustand betrifft, so hatte ich das Grundkonzept dafür bereits vor meiner Deputiertenzeit ausgearbeitet. Die Idee war mir im Zusammenhang mit dem Blutvergießen in Tbilissi im April 1989 gekommen. Damals waren gegen eine Versammlung von Anhängern eines unabhängigen Georgien Truppen eingesetzt worden. Das Resultat – zwanzig Tote und Dutzende von Verletzten unter den Demonstranten – erschütterte das ganze Land. Damals waren wir noch fähig, über solche Dinge zu erschrecken. Am Vorabend des ersten Kongresses der Volksdeputierten der UdSSR erblickten die Leute in dieser Aktion eine Generalprobe für einen möglicherweise geplanten Staatsstreich.

Zu jener Zeit richtete die wiedergegründete Moskauer Helsinki-Gruppe, zu der ich inzwischen auch gehörte, einen Aufruf an den Obersten Sowjet der UdSSR, in dem von der Notwendigkeit die Rede war, unverzüglich ein Gesetz über den Ausnahmezustand auszuarbeiten, das die Willkür der Machthaber in entsprechenden Situationen begrenzen und die Rechte sowie die Sicherheit der Bürger gewährleisten solle. Der Aufruf wurde veröffentlicht und rief beißend ironische Reaktionen hervor: Dahin also steuern die Bürgerrechtler, den Ausnahmezustand wollen sie einführen! Natürlich zeugte dies nur von Unverständnis für den Sinn solcher Reglementierungen. Der bestand ja gerade darin, Grenzen zu setzen, die die Regierung nicht einmal kurzfristig überschreiten dürfte.

Zu unserer Überraschung erfuhren wir dann, daß der Oberste Sowjet den Beschluß gefaßt hatte, ein derartiges Gesetz auszuarbeiten, ja, er hatte sogar eine Frist festgesetzt, bis zu der es fertig sein sollte: der 1. November 1989. Es war ganz offensichtlich, daß diese Frist vom Himmel gefallen war und daß sich in den Kommissionen des Obersten Sowjets niemand ernsthaft mit dieser Angelegenheit befassen würde. Wir beschlossen also, mit der Unterstützung von Andrej Dmitrijewitsch Sacharow, ein bißchen Dampf zu machen, indem wir das Gesetz selbst ausarbeiteten, und zwar in der Projektgruppe für Menschenrechte bei der Stiftung «Für das Überleben und die Entwicklung der Menschheit».

Zeit blieb uns wenig, und zu tun war viel. Wir studierten die Erfahrungen, die andere Länder mit solchen Gesetzen gesammelt hatten, holten juristische Expertisen ein usw. Tatsächlich schafften wir alles bis zum 1. November. Unser Projekt wurde von Experten aus aller Welt gelobt. Wir übergaben es der Überregionalen Deputiertengruppe. Dort versackte es. Jedenfalls habe ich von keinem Versuch gehört, es auf die Tagesordnung des Obersten Sowjets zu setzen. Als ich einige Monate später das Komitee für Menschenrechte in einem anderen Obersten Sowjet leitete, nämlich dem russischen, kehrten wir zu diesem Gesetzesentwurf zurück, und kurz darauf wurde er, mit geringen Änderungen, als Gesetz des Obersten Sowjets der RSFSR angenommen.

Daß dieses Gesetz nicht herangezogen wurde, um den Tschetschenien-Krieg zu legitimieren, zeugt für mich indirekt für seine Wirksamkeit. Versucht hatte man dies früher, und zwar im Herbst 1991. Der damalige Versuch, in Tschetschenien den Ausnahmezustand einzuführen, scheiterte an der im Gesetz vorgesehenen parlamentarischen Kontrolle – der Oberste Sowjet der RSFSR weigerte sich, das entsprechende Dekret zu bestätigen.

Hätte es sich anders verhalten, so wäre uns der blutige bewaffnete Konflikt im Nordkaukasus schon drei Jahre früher beschert worden. Die Folgen für die Perspektiven der Demokratie in Rußland, ja für Rußland selbst, kann man sich lebhaft vorstellen. Offenbar war es gerade diese Erfahrung, die den Präsidenten und seine Administration im Dezember 1994 veranlaßte, alles Mögliche zu tun, um die formale Erklärung eines Ausnahmezustandes in Tschetschenien zu vermeiden. Daß sie unter Umgehung des Gesetzes über den Ausnahmezustand handelten, bereitete den Initiatoren dieses Krieges aber später gewisse juristische Schwierigkeiten. Dafür, daß sie sich selbst außerhalb des Rechtsrahmens stellten, kann man das Gesetz nicht verantwortlich machen.

Die Argumente, die der Kreml anzuführen pflegt, um seine Politik in Tschetschenien zu rechtfertigen, sind nicht alle von der Hand zu weisen.

Erstes Argument: Dudajew hat die Unabhängigkeit Tschetscheniens verkündet. Er und seine Nachfolger sind Separatisten. Die Regierung ist verpflichtet, die territoriale Einheit der Föderation zu verteidigen.

Zweites Argument: Im «unabhängigen» Tschetschenien wurden die Menschenrechte verletzt, vor allem die Rechte der Russen. Muß nicht die Regierung der Russischen Föderation die Menschenrechte auf ihrem Territorium verteidigen?

Drittes Argument: Die Regierung der unabhängigen Republik Itschkerija ist auf ungesetzliche Weise an die Macht gekommen. Kann man etwa in einem demokratischen Staat örtliche Machthaber dulden, die ihre Herrschaft auf Gewalt gründen?

Viertes Argument: Die Führer der tschetschenischen Aufrührer sind eng mit der Unterwelt liiert und stützen sich auf Kriminelle. Noch unter Dudajew wurde Tschetschenien zum Treibhaus des Verbrechens für den Rest der Föderation. Sind wir nicht verpflichtet, unsere Bürger vor der tschetschenischen Mafia zu beschützen?

Fünftes Argument: Die Aufrührer versuchen, Tschetschenien in einen Vorposten des islamischen Fundamentalismus im Kaukasus zu verwandeln. Es ist Rußlands historische Pflicht, die Werte der europäischen Zivilisation zu verteidigen.

Nehmen wir uns doch diese Argumente der Reihe nach vor.

Die Frage der Unabhängigkeit Tschetscheniens ist die allerschwierigste. Anderthalb Jahre militärischer Auseinandersetzung haben sie nicht gerade einfacher gemacht. Natürlich: daß Dschochar Dudajew einseitig die unabhängige Republik Itschkerija ausrief, zeugt nicht gerade von der Sorge eines verantwortungsvollen Politikers um das Wohl seines Volkes.

Aber man darf dabei nicht verschweigen, daß der tschetschenische Konflikt, wie so viele andere Konflikte in der heutigen Welt, auch in einer himmelschreienden Ungenauigkeit und Widersprüchlichkeit des Völkerrechtes wurzelt. Dieses propagiert nämlich zwei sich widersprechende Prinzipien: das Recht der Völker auf Selbstbestimmung und das Recht der Staaten auf territoriale Unverletzlichkeit. Eine Lösung für diesen Widerspruch hat die Weltgemeinschaft bis heute nicht gefunden. Dies wurde zum juristischen Hintergrund zahlreicher separatistischer Abenteuer. Der tschetschenische Separatismus ist da keine Ausnahme und läßt sich dabei historisch auch noch gut begründen. Schließlich hat Tschetschenien sich niemals freiwillig dem Russischen Imperium angeschlossen, sondern wurde immer dazu gezwungen. Eines der Resultate war der fünfzigjährige kaukasische Krieg im vorigen Jahrhundert, der nur rein formal 1864 mit der Zerschlagung der letzten Einheiten des Imam Schamil beendet wurde, die übrigens noch fünf Jahre lang nach seiner Gefangennahme weiterkämpften. Die Tschetschenen setzten ihren

Widerstand fort, vor der Oktoberrevolution 1917 und auch danach. Die Aufstände im Nordkaukasus vor und während des Zweiten Weltkrieges lieferten den Anlaß zu einem der barbarischsten Verbrechen des Stalin-Regimes: zur Deportation einer ganzen Reihe kaukasischer Völker mit Kind und Kegel im Jahre 1944. Auch die Tschetschenen wurden wie Vieh nach Sibirien oder Mittelasien verfrachtet. Wer vom tschetschenischen Separatismus spricht, der sollte nicht vergessen, daß im Paß eines jeden Tschetschenen und jeder Tschetschenin im Alter zwischen vierzig und zweiundfünfzig Jahren ein Geburtsort wie Dscheskasgan, Norilsk, Karaganda oder Jenissejsk verzeichnet ist.

Aber, so könnte man einwenden: Was vorbei ist, ist vorbei. Lohnt es sich etwa deshalb, heute die Einheit der Föderation unserem schlechten Gewissen zu opfern?

Dazu möchte ich nur bemerken, daß ich mit vielen Mitgliedern des Dudajewschen Kabinetts gesprochen habe und bei ihnen eine ganz eigentümliche Vorstellung von der tschetschenischen Unabhängigkeit vorfand. Für sie gehörten dazu: ein Wirtschaftsverbund und eine gemeinsame Währung mit Rußland, eine gemeinsame Staatsbürgerschaft, ein gemeinsames Sicherheitssystem – einschließlich Armee und Bewachung der Grenzen zur Außenwelt – und gemeinsame außenpolitische Tätigkeit. Von der Unabhängigkeit bleibt dabei nicht viel mehr übrig als der Wolf auf der Flagge statt des Adlers. Und deshalb muß Blut vergossen werden? Ja, und vergessen wir doch nicht, daß der Verfassung zufolge die Existenz des russischen Staates selbst dem Ziel dient, die Rechte, die Freiheiten und die Sicherheit der Bürger zu garantieren! Sollte es da nicht völlig unmöglich sein, diesen Staat zu verteidigen, indem man die Freiheiten der Bürger mit Füßen tritt und ihnen sogar ihr Recht auf Leben nimmt?

Auf das zweite Argument sind wir schon einmal eingegangen. Tatsächlich habe ich den starken Verdacht, daß Tschetschenien unter Dudajew in bezug auf die Rechte seiner Bürger alles andere als ein Musterstaat war. Und ich stimme auch zu, wenn es heißt, daß die russische Regierung die Menschenrechtssituation in Tschetschenien im Auge behalten mußte. Dabei kann ich allerdings nicht beurteilen, wieweit die Ausschreitungen gegen Russen damals auf eine bewußte Politik der Dudajew-Regierung zurückzuführen oder wieweit sie nur ein Zeichen ihrer Schwäche und Unfähigkeit waren. Aber der Versuch, diese Frage mit Waffengewalt zu lösen, hat die russische Bevölkerung dort nicht von Diskriminierung befreit, sondern ihr nichts als Leid beschert. Von den fünfundzwanzig- bis dreißigtausend Menschen, die während des dreimonatigen Kampfes um Grosnyj im Winter 1994/95 umkamen, waren die Mehrheit Russen, alte Männer und Frauen, die nicht wußten, wohin sie vor den blutsverwandten Bomben und heimatlichen Geschossen fliehen sollten. Einige wurden von ihren tschetschenischen Nachbarn in deren Heimatdörfern untergebracht, aber bald drangen die Bomben und Geschosse auch dorthin. Ich selbst habe in den Hospitälern viele solcher Unglücklicher gesehen, die die föderale Armee vom Tschetschenen-Joch befreit hatten – und gleichzeitig von einem Arm oder einem Bein.

Übrigens ist eines der erstaunlichsten Phänomene dieses Krieges das wohlwollende und sogar leicht gönnerhafte Verhalten der Tschetschenen gegenüber den Russen. Und nicht nur gegenüber den ortsansässigen Russen, sondern sogar gegenüber den wehrdienstleistenden Rekruten, die sich dort im Einsatz befanden, nur nicht auf die OMON-Leute.

Für das dritte Argument – die Illegitimität – scheint mir schon wieder mehr zu sprechen. Tatsächlich hat Präsident Dudajew den Obersten Sowjet der tschetschenischen Republik mit Waffengewalt auseinandergejagt. Aber lohnt es sich für Jelzin wirklich, auf diesem Umstand allzusehr herumzureiten?

Dann also zum vierten Argument, zum «kriminellen Regime». Ich maße mir kein Urteil darüber an, wieweit jenes kriminelle

Gebilde, das «tschetschenische Mafia» genannt wird, mit den Amtsträgern der Dudajew-Regierung verquickt war. Ich spreche hier ganz bewußt auch nicht von dem Eindruck, den bei mir die Persönlichkeit Dschochar Dudajews selbst hervorgerufen hat. Nicht nur weil er für seine Ideale gestorben ist – ob sie nun echt waren oder vorgetäuscht. Sondern auch deshalb, weil ich für seine Taten und Aussprüche keine Verantwortung trage. Für die Taten und Aussprüche des Präsidenten Rußlands aber bin ich verantwortlich: Ich habe ihn gewählt und unterstützt. Zu Dudajew sollen sich die Tschetschenen selbst äußern. Trotzdem glaube ich nicht, daß – ungeachtet aller Eigentümlichkeiten seiner politischen Manieren – dieser ehemalige Generalleutnant der sowjetischen Armee, Kommandeur einer Esquadrille strategischer Bomber, der 1991 zum politischen Führer Tschetscheniens wurde, vor dem Krieg in irgendwelche kriminellen Handlungen verwickelt war. Erst recht für keinen Kriminellen halte ich Aslan Maschadow, den Stabschef der tschetschenischen Armee und Organisator des bewaffneten Widerstandes. Das ist ein kühner, vernünftiger und ruhiger Mann, den nicht nur seine Landsleute verehren, sondern auch viele russische Offiziere. Soweit mir bekannt ist, sind Maschadows politische Ansichten durch und durch gemäßigt. Falls man ihn, so wie Dudajew, aus dem Wege räumte, wäre dies ein großes Unglück, nicht nur für Tschetschenien, sondern auch für Rußland.

Die «tschetschenische Mafia» in Rußland gibt es wahrscheinlich wirklich. Es gibt auch die sogenannte solnzewskaja Mafia – benannt nach der Moskauer Vorstadt Solnzewo in meiner Nachbarschaft. Die Machenschaften dieser kriminellen Organisation reichen in viele Teile Rußlands. Solnzewo gilt als ihr Hauptquartier. Aber ich hoffe doch sehr, daß der Präsident gegen Solnzewo keine Bombardements und Raketenschläge plant?

Am schlimmsten finde ich es, daß von Beginn des Krieges an alle Teilnehmer des bewaffneten Widerstands als «Banditen-

Formationen» bezeichnet wurden. Hartnäckig wurde uns die Lüge eingebleut, daß auf seiten Dudajews Banden von Kriminellen kämpften.

In Tschetschenien hat ein beträchtlicher Teil des tschetschenischen Volkes gegen die föderalen Streitkräfte gekämpft, das sich durch diese Verleumdungen zutiefst gekränkt fühlte. Die kaukasischen Bergbewohner vergessen solche Kränkungen nicht und verzeihen sie auch nicht. Wie viele Völker, die noch nicht ganz von der modernen Zivilisation aufgesaugt worden sind, nehmen die Tschetschenen alles Gesagte für bare Münze. Was man in Moskau vielleicht für einen propagandistischen Kunstgriff hält, kann die friedliche Beilegung des Konfliktes in Tschetschenien sehr erschweren.

Ich habe in meinem Leben Kriminelle gesehen – in den Etappengefängnissen, im Lager, in der Verbannung. Ich habe Kriminelle auch in Grosnyj gesehen, in den Tagen des Sturmes. Sie beschäftigten sich mit dem, was Kriminelle jeder beliebigen Nationalität tun – sie raubten und plünderten. Dem Kugelhagel setzten sie sich dabei nicht aus – dies zählt auch nicht zu ihren Gepflogenheiten. Unter den Kämpfenden habe ich keine Kriminellen getroffen. Und falls es unter den Freischärlern welche geben sollte, so muß es eine verschwindende Minderheit sein.

Dafür saß aber im Dorfe Tolstoj-Jurt im Norden der Republik noch bis vor kurzem der Bundesgenosse der föderalen Regierung – der ehemalige «Räuber vor dem Gesetz»*, der drei- oder viermal wegen schwerer Verbrechen verurteilte Ruslan Labasanow. Über Nacht war er zu einem der Führer der antidudajewschen Opposition avanciert. Im Frühling 1996 wurde er ermordet, entweder im Zuge einer Vendetta oder einer Auseinandersetzung unter Kriminellen.

* «Prädikat» der sowjetischen Unterwelt, das nach ganz bestimmten Regeln und Ritualen verliehen wird; d. Übers.

Und schließlich zum letzten Argument: zum islamischen Fundamentalismus. Befürchtungen dieser Art können wohl kaum ernsthaft geäußert werden. Ja, tatsächlich hat Dudajew in irgendeiner seiner Reden einmal etwas von Scharia-Gesetzen gesagt. Aber erstens hat Dudajew bei seinen Auftritten überhaupt so allerhand zusammengeredet, und zweitens bezweifle ich sehr, daß so einer Neuerung in Tschetschenien Erfolg beschieden wäre. Nicht einmal Schamil kam seinerzeit damit durch. Die Tschetschenen in den Bergen haben ihr eigenes Gewohnheitsrecht, das sich auf alte Traditionen gründet. Als Moslems sind sie keineswegs fanatisch. Zudem gibt es unter den Weinachen selbst eine Vielzahl verschiedener religiöser Bräuche, die auf den einen oder anderen Glaubenslehrer aus dem vorigen oder gar vorvorigen Jahrhundert zurückgehen.

Es stimmt allerdings, daß es unter den Führern des tschetschenischen Widerstandes Sitte geworden ist, seine Ergebenheit gegenüber dem Islam zu unterstreichen. Aber meiner Meinung nach handelt es sich hierbei eher um ein Zeichen von Widerstand als um den Ausdruck eines besonders tiefen Glaubens. Und über die demonstrative Ehrfurcht, die einer der höchsten Führer der Republik Itschkerija einmal gegenüber seinem angeblichen «Lieblingsbuch» an den Tag legte, einem Sammelband mit Reden und Predigten des Imam Khomeini, kann man doch eher nur lächeln. Die Werke des ideellen Führers der Schiiten als Nachttischlektüre eines gläubigen Sunniten, ganz zu schweigen von den einfachen Tschetschenen?

Sehr wohl aber könnte die russische Regierung es mit ihrer Handlungsweise schließlich doch noch schaffen, das Land in einen Ausbruch von religiösem Fanatismus und von Nationalitätenhaß gegen die Russen zu treiben. Wenn ihr dies nicht schon gelungen ist.

Wenn man Tschetschenien als Prüfung für die russische Demokratie betrachtet, so muß man sagen, daß dieses Examen nur eine ihrer Institutionen mehr oder minder bestanden hat – die freie Presse. Ich weiß, wie sehr sich bestimmte Regierungsmitglieder persönlich abgemüht haben, um die Massenmedien dazu zu bewegen, die Ereignisse in Tschetschenien so darzustellen, wie es den Machthabern gefällt – ohne merkliche Resultate. Ich spreche natürlich nicht von der offiziösen Presse wie «Rossiskije Westi» oder «Krasnaja Swesda», auch nicht vom sogenannten Gesellschaftlichen Russischen Fernsehen ORT auf dem Ersten Kanal. Dessen Chefs brauchten keinen Druck, sie selbst sahen die Aufgabe ihres Kanals darin, Propaganda für die Regierung zu betreiben. Aber fast alle anderen Masseninformationsmittel standen in erbitterter Opposition zum Tschetschenien-Krieg. Und mindestens zu Anfang taten sie alles, um ihren Zuschauern, Hörern und Lesern die Wahrheit zu vermitteln. Dank des Muts und des Könnens ihrer Journalisten haben die Bürger Rußlands eine ziemlich genaue Vorstellung von diesem Krieg.

Heute allerdings kommt es mir manchmal so vor, als seien die Journalisten wie wir alle müde geworden. Müde der Ströme offizieller Lügen, müde des Drucks von oben, vielleicht auch einfach müde all des Grauens, das dieser Krieg mit sich gebracht hat.

Als die föderalen Streitkräfte ihren Straffeldzug gegen das tschetschenische Dorf Samaschkij begannen, brachten zwei Beobachter von «Memorial» die ersten Informationen über diese Vorgänge nach Moskau: Alexander Gurjanow und Andrej Blinuschow. Zweimal vierundzwanzig Stunden lang hing ich am Telefon, um die Fernsehleute zu überreden, diese Informationen auszustrahlen. Ich kann verstehen, daß die Greuel, von denen da die Rede war, auf den ersten Blick unglaubwürdig wirkten. Aber immerhin gab es hier eine russische Quelle, die man zitieren konnte. Als der Damm des Schweigens endlich gebrochen war und die Meldungen aus Samaschkij in den Fernsehnachrichten den ersten Platz einnahmen, ließ die Regierung eine Ente los, daß die Dorfältesten von dudajewschen Kämpfern erschossen worden seien. Kurz danach war die öffentliche Aufnahmebereitschaft erschöpft. Das wenige Tage später folgende Dementi aus den Mündern der «erschossenen» Dorfältesten selbst hörte niemand mehr. Für die Massenmedien war diese Episode bereits abgetan. Dabei hielten in Tschetschenien Tausende von Menschen den Atem an und warteten darauf, daß – nun endlich! – Rußland die Wahrheit über das Vorgefallene erfahre. Sie warteten umsonst.

Ich will hier gar nicht all die Lügen analysieren, die offizielle Instanzen über mich persönlich verbreitet haben. Es sind auch zu viele. Aber mit jeder Lüge, selbst mit der widerlichsten und dümmsten, wird schließlich doch etwas erreicht.

In Budjonnowsk geriet ich einmal mit einem Obersten der Miliz in einen Streit über die Tschetschenien-Krise. Und da erwiderte dieser doch ganz ruhig, überzeugt und – ich würde sagen – sogar mit einem Anflug von Verständnis in der Stimme: «Natürlich werden Sie Ihre Ansicht nicht ändern – Sie müssen schließlich das Geld von Dudajew abarbeiten.» Ein wenig später wurde uns dieser selbe Oberst als Begleitmannschaft zugeteilt. Ich protestierte: «Den? Der mir vorgeworfen hat, von Dudajew Geld zu nehmen? Ich kann mir schon vorstellen, wie der uns beschützen wird!» Der Oberst war sichtlich betroffen: «Herr Kowaljow, was ich über Sie denke, ist meine Privatangelegenheit. Und ich bleibe bei meiner Meinung. Aber dies hindert mich in keiner Weise daran, meinen Befehl zu erfüllen und Ihnen beim Betreten des Krankenhauses behilflich zu sein.» Gerechterweise muß man sagen, daß er sich tatsächlich aus Leibeskräften bemüht hat, uns zu helfen.

Dieser Offizier hatte sich die Gemeinheit mit dem Dudajewschen Geld sicher nicht ausgedacht. Er hatte sie in irgendeinem Hetzblättchen gelesen oder von seinen Vorgesetzten gehört. So wie die «Komsomolskaja Prawda» die Lüge verbreitet hat, ich hätte von Dudajew einen Orden angenommen.

So vergingen 18 Monate des Tschetschenien-Krieges. Diese Monate spiegeln sich in meiner Erinnerung als Kaleidoskop von Reisen, Treffen, Auftritten, Interviews. Das alles war ganz und gar nicht jene stille Arbeit im Kabinett, um Gesetze zu schreiben, die mir bei weitem besser gefällt als politische Publizistik oder das Gerenne im Kugelhagel. Dazu häuften sich die Einladungen ins Ausland: Deutschland, die Staaten, Frankreich, Italien, Polen, Tschechien und Dänemark. Ich habe nicht abgesagt: Ich hielt es für meine Pflicht, meine Sicht des Geschehens der öffentlichen Meinung der ganzen Welt zu unterbreiten. Diverse Preise wurden mir zuteil, darunter auch äußerst angesehene. 1995 schlug man mich sogar für den Friedensnobelpreis vor. Ziemlich viele Leute, darunter auch einige bekannte politische Führer, schlugen mir vor, bei den damals bevorstehenden Präsidentschaftswahlen zu kandidieren. Ich habe weder den Nobelpreis bekommen noch für das Präsidentenamt kandidiert. Der Krieg in Tschetschenien hat zu meinem Bruch mit der Regierung geführt und meiner «Staatskarriere» ein Ende gesetzt. Empfand ich vielleicht sogar Erleichterung, als mich im März 1995 die Duma vom Posten des Menschenrechtsbeauftragten der Russischen Föderation absetzte?

Fühlte ich mich als Mensch freier und unabhängiger, als ich im Januar 1996 mein Amt als Vorsitzender der Kommission für Menschenrechte beim Präsidenten der Russischen Föderation niederlegte? Eher nicht. Ich hatte nie den Eindruck, daß mir meine Arbeit im Staatsapparat Einschränkungen auferlegte, die meinen Vorstellungen von Anständigkeit und Ehrlichkeit zuwiderliefen. Die Last der Verantwortung? Natürlich! Doch ich hatte mich auch früher bemüht, nicht verantwortungslos zu handeln. Die Verpflichtungen gegenüber dem Präsidenten? Ich verstand und verstehe sie noch immer nicht als persönliche Treue zum Staatsoberhaupt, sondern als Pflicht gegenüber meinem Land. Wann immer diese Pflicht von mir verlangte, gegen die eine oder andere Handlung des Präsidenten aufzutreten, habe ich dies getan und dabei keinerlei Verlegenheit empfunden. Meine Möglichkeiten allerdings sind nach meinem Abgang aus den staatlichen Funktionen geringer geworden. Aber ehrlich gesagt, waren sie auch vorher nicht allzu groß.

Das zweite Resultat meiner politischen Position seit Beginn der Tschetschenien-Krise ist eine unerwartete und lärmende Berühmtheit im Landesinneren. Vorher befand ich mich, auch wenn ich rein formell eines der höchsten Staatsämter innehatte, offenbar nicht allzusehr im Blickfeld der Leute. Mein Name wurde niemals unter jenen genannt, die die große Politik entscheiden. Im Dezember 1994 rückte ich ganz plötzlich ins Scheinwerferlicht der Ereignisse. Eine Reihe von Zeitungen ernannte mich zum «Mann des Jahres», darunter auch die «Komsomolskaja Prawda», die mich später verunglimpfte. Heute gilt Kowaljow als der radikalste Kritiker von Jelzins Tschetschenien-Politik. Ob ich diesen Ruf verdient habe, weiß ich nicht. Auf jeden Fall habe ich mich bemüht, ihn zu verdienen. Selbstverständlich nicht um meiner Popularität willen. Ich fand das alles nur so ungeheuerlich, grausam und verhängnisvoll für Rußland, daß ich einfach tun mußte, was nur in meinen Kräften lag, um diese Gefühle so vielen Menschen wie möglich weiterzuvermitteln. Nicht ich allein habe dies getan, aber die Menschen neigen nun einmal dazu, Vorgänge zu personifizieren. Die Folge war, daß immer mehr Leute von meiner Tätigkeit hörten und mich dank der Fernsehsendungen auf der Straße erkannten. Mein Name ruft die widersprüchlichsten Gefühle hervor, von exaltierter Zustimmung bis Haß. Der Verteidigungsminister

Gratschow nannte mich im Fernsehen einen «Feind der Nation». Wir kennen das ja.

Ein gewisser Wedenkin, Führer einer neonazistischen Gruppierung, gelobte – ebenfalls im Fernsehen –, mir eigenhändig eine Kugel in den Kopf zu jagen. Nach den Meinungsumfragen und meinen eigenen Eindrücken von der Straße zu urteilen, scheint allerdings eine ziemlich große Mehrheit mit meiner Position zu sympathisieren. Man sagt, daß es gerade diese Haltung gewesen ist, die mich bei den Wahlen im Dezember 1995 gewinnen und meinen Sitz in der Duma behaupten ließ.

Ich verhehle nicht, daß mir die Unterstützung meiner Landsleute sehr viel bedeutet. Aber auch wenn ich diese Unterstützung nicht hätte, würde ich handeln, wie ich gehandelt habe.

Die Grausamkeit der Freiheit

Vor vierzig Jahren begann ich, mich der vom Staate ausgehenden Ungerechtigkeit bewußt und aktiv zu widersetzen. Je mehr ich mich in diesem Widerstand engagierte, desto stärker änderte sich mein Leben. Erst schloß man mich praktisch vom wissenschaftlichen Leben aus, dann verwandelte man mich in einen «besonders gefährlichen Staatsverbrecher», und Jahre später war ich plötzlich, ganz unerwartet für mich selbst, ein Politiker in hohen Staatsämtern.

Heute ist meine Situation paradox. Einerseits stehe ich weiter im Lichte der Öffentlichkeit und bin Parlamentsmitglied. Andererseits bin ich nicht mehr Vorsitzender der Menschenrechtskommission beim Präsidenten der Russischen Föderation und leite auch nicht mehr die entsprechende russische Delegation bei der UNO. Die Duma hat mich vom Posten des Menschenrechtsbeauftragten abgesetzt, und in ihren Hallen ertönt ständig die Aufforderung, mich wegen Hochverrats anzuklagen. Höchste Repräsentanten des Staates nannten mich einen «Feind der Nation». Natürlich ist dies eine Folge des Tschetschenien-Krieges und der Position, die ich im Blick auf diesen Krieg eingenommen habe. Eigentlich aber gilt der Haß, der sich über mich ergießt, weniger mir selbst als vielmehr den Idealen, die ich verkörpere, und ihrer Anerkennung als höchste gesellschaftliche Werte. In diesem letzten Kapitel möchte ich daher ein paar Worte über die Perspektiven der liberalen Demokratie in Rußland sagen.

Die Prinzipien der liberalen Philosophie, auf die sich meine gesellschaftliche Einstellung gründet, sind nicht bei uns, sondern im Westen entstanden. Deshalb ist es bei uns seit Tschaadajews* Zeiten Brauch, ihre Anhänger als «Westler» zu bezeichnen und ihre Gegner als «Slawophile», die sich bemühen, einen «besonderen Weg» Rußlands in der Weltgeschichte auszumachen. Worin allerdings die «Besonderheit» des russischen Weges bestehen soll, kann keiner der zeitgenössischen Slawophilen erklären. Meist sind diese Theorien nichts anderes als das Echo längst überholter westlicher Konzeptionen. Im 19. Jahrhundert fand Alexander Herzen in den Werken Aksakows und Chomjakows** Reminiszenzen an Herder und Hegel. Die extreme Rechte im heutigen Rußland zieht es vor, sich auf «Mein Kampf» oder den «Mythus des 20. Jahrhunderts» zu stützen.

Die Radikalisierung antiliberaler Ideen ist kein Zufall. In der gegenwärtigen Welt haben wir nur eine Wahl: zwischen Liberalismus und Faschismus. Die westliche Welt hat ihre Wahl vor einem halben Jahrhundert getroffen. Der Faschismus in seiner italienischen, russischen, deutschen und spanischen Gestalt wurde hervorgerufen durch das, was man heute als «Identitätskrise» innerhalb der europäischen Zivilisation bezeichnet. Um diese Krise zu überwinden, bedurfte es des blutigen Weltkrieges. Und erst danach konnten die Vereinten Nationen die Ideale der gegenwärtigen Menschheit zumindest formulieren.

* Pjotr Taschaadajew (1794–1856) kritisierte als einer der ersten Publizisten öffentlich den orthodoxen Glauben, die Autokratie und die Leibeigenschaft; d. Übers.

** Konstantin Aksakow (1817–1860), Historiker, Publizist und Poet, und Alexander Chomjakow (1804–1860), Religionsphilosoph, Schriftsteller und Publizist, gelten als Begründer der slawophilen Philosophie; d. Übers.

In Westeuropa und in den USA variiert das politische Leben nur in Nuancen innerhalb der getroffenen Wahl. Aber einige Länder fielen aus dem Prozeß der politischen Modernisierung nach dem Krieg heraus, darunter auch zwei Großmächte: die Sowjetunion und China. Erst jetzt, nach 50 Jahren, machen wir uns auf diesen Weg.

Die sozialen Ursachen für den russischen Nationalpatriotismus liegen in der besonderen historischen Rolle, die der Staatsapparat in der russischen Gesellschaft gespielt hat. Es wäre zu primitiv, die russische Beamtenschaft und auch deren sowjetische Hypostasierung, die Nomenklatura, nur als eigennützige Schicht von Schmiergeldnehmern und Dickschädeln zu betrachten, die im Namen einer despotischen Regierung handeln. Die russische Bürokratie hat als Herrschaftselite in vielen Jahrhunderten ihre eigene Ideologie und ihr eigenes Staatskonzept ausgearbeitet.

Der russische und besonders der sowjetische Beamte pflegt eine besondere Beziehung zur Macht. Er ist nicht einfach irgendein Verwalter. Er repräsentiert den allmächtigen Staat und verkörpert auch selbst einen winzigen Splitter dieser Allmacht.

Hierin liegt die Ursache für die unverbrüchliche Unterstützung seitens des gigantischen Verwaltungsapparates für die totale, unteilbare und unabsetzbare Macht. Als Manager kann der Beamte seine Augen vor der absurden Ineffektivität des Staatsapparates nicht verschließen. Aber als der Priester des Leviathan darf er nicht einmal den Gedanken zulassen, daß die Idee des Staates durch irgend etwas relativiert werden könnte.

Nach der Revolution griffen die Bolschewiki die byzantinische Vergötterung des Staates auf, auch wenn sie zu den Theorien ihrer Klassiker nicht besonders gut paßte. Heute haben sie die marxistischen Meßgewänder abgelegt, und im Bewußtsein der Machtelite triumphiert Hegels Absolute Idee unter dem Pseudonym «‹Großmacht› oder des Willens zur Großmacht».

Dabei kann die Konzeption eines allgegenwärtigen und allmächtigen, heiligen Staates nicht einmal mehr die einfachsten gesellschaftlichen Funktionen erbringen. Den Mitgliedern der Nomenklatura bleiben nur noch zwei Möglichkeiten. Entweder sich gemeinsam mit ihrer ganzen Umwelt zu ändern und sich (soweit möglich) in gesellschaftlich kontrollierte Manager zu verwandeln – wobei diese aber auf eine Sonderrolle im gesellschaftlichen Leben verzichten müßten. Oder jene Verhältnisse, die sich in der russischen Gesellschaft nun einmal herausgebildet haben, zum heiligen Signum der nationalen Mentalität und der nationalen Kultur zu erheben. Bliebe man diese gebrechlichen Heiligen, würde man untergehen und unweigerlich gar das Land mitreißen, nur, um nicht zuzulassen – wie der Satiriker Saltykow-Schtschedrin es einmal ausdrückte –, daß das Volk je zwischen den Begriffen «Vaterland» und «Eure Exzellenz» unterscheiden lernen müßte.

Dabei sind allerdings bei weitem nicht alle Nationalpatrioten und Großmacht-Ideologen – Kommunisten und Antikommunisten – Abkömmlinge der Nomenklatura. Neototalitäre Konzeptionen findet man in den verschiedensten Schichten der russischen Gesellschaft. Ich möchte hier auf die beiden wichtigsten Ursachen dafür eingehen.

Ursache Nummer eins: In der Sowjetunion kam es zu einer totalen Verstaatlichung der Gesellschaft. Der Staat war der einzige Arbeitgeber, und zwar nicht nur für die Angestellten des Verwaltungsapparates, sondern auch für Arbeiter, Bauern, Gelehrte, Literaten, Artisten usw. Einige Generationen lang existierte eine in der europäischen Geschichte noch nie dagewesene Gesellschaftsordnung – der Staat als Korporation, die die gesamte Bevölkerung umfaßt. In dieser Gesellschaftsordnung hatte jeder Mensch – wer auch immer er war – in gewisser Weise

Anteil an der Staatsmacht. Aber nicht als Bürger, der die Regierung kontrollierte und sie zwang, für den allgemeinen Nutzen zu arbeiten, sondern als Schräubchen in einer gigantischen Maschine, das über keinerlei Möglichkeiten verfügte, die Arbeit des Gesamtmechanismus zu beeinflussen.

So formte sich eine paradoxe und zwiespältige Psychologie. Nirgendwo wurde die Staatsmacht so gehaßt wie in Sowjetrußland. Und nirgendwo hat man so große Hoffnungen in sie gesetzt, denn die Staatsmacht war zu einer allumfassenden Kategorie geworden. Man könnte dies als eine bis zur Absurdität getriebene Beamtenpsychologie bezeichnen: Das natürliche menschliche Streben nach Unabhängigkeit gegenüber der Obrigkeit verschmilzt dabei mit der unbewußten Ablehnung jeglicher persönlicher Verantwortung für das eigene Schicksal.

Und als die dümmliche, grausame und ungerechte Gesellschaftsordnung in sich selbst zusammenbrach, da führte die über Jahrzehnte kultivierte Verantwortungslosigkeit dazu, daß im Bewußtsein der Mehrheit allein die Kommunisten und die Regierung für unser Unglück verantwortlich gemacht wurden. Was müssen wir tun? Richtig: die Kommunisten fortjagen und die Regierung absetzen. Und an ihre Stelle eine andere gute, antikommunistische einsetzen. Und die wird uns dann ein gutes Leben bescheren.

Die unerhörte politische Aktivität des Volkes in den Jahren 1989/90 lief auf die einfache Losung hinaus: «Nieder mit der KPdSU!» Natürlich – nieder mit ihnen – wer streitet schon darüber? Aber was dann?

Wie sich herausstellte, kann auch unter den Bedingungen einer freien Gesellschaft und politischer Demokratie keine einzige Regierung uns «ein gutes Leben bescheren». Und eine «gute Regierung» gibt es von Natur aus nicht (es sei denn, man hält sie an einer sehr kurzen Leine). Und was das Leben betrifft – ein gutes oder schlechtes –, das müssen die Menschen selbst sich schaffen.

All diese einfachen Überlegungen, die die psychologische Grundlage der bürgerlichen Gesellschaft bilden, sind für die Sowjetmenschen absolut neu. Und vielen von ihnen leider auch fremd.

Die Jahre 1991–95 haben zu einer großen Enttäuschung gegenüber den Idealen der Freiheit, der Demokratie und der Bürgerrechte geführt. Da sehnt sich der eine nach dem «realen Sozialismus», der andere hat sich den anscheinend neuen Idolen namens Großmacht, Nation und Staatsgewalt zugewandt. In Wirklichkeit sind sie natürlich gar nicht neu – alle kommunistischen Führer seit Stalin haben die Menschen gezwungen, sich vor ebendiesen Idolen zu verbeugen, wobei sie sie nur leicht mit kommunistischer Phraseologie verhüllten.

Die zweite Ursache ist trivial und meiner Ansicht nach für jeden Übergang von der Sklaverei zur Freiheit typisch. Zu Beginn wird dieser Übergang gewöhnlich von den Freudenschreien der befreiten Massen begleitet. Aber ziemlich schnell wird klar, daß die Sklaverei nicht nur aus dem Klicken der Handschellen, aus der Peitsche des Aufsehers und anderen Attributen dieser Art besteht, wie wir sie aus Harriet Beecher-Stowes «Onkel Toms Hütte» oder Warlam Schalamows «Geschichten aus Kolyma» kennen.

Für die Mehrheit besteht die Sklaverei vor allem aus dem garantierten Teller Suppe – nicht allzu dicker, aber auch nicht allzu wäßriger Suppe, die auf jeden Fall kostenlos sein muß. Oder sagen wir einmal: fast kostenlos. Da ist das Dach über dem Kopf. Und wenn dieses Dach auch nicht ganz dir gehört, was macht das schon, solange es – im Normalfall – dich und deine Kinder vor dem Unwetter schützt.

Und schließlich handelt es sich fast immer um den «Normalfall». Außer dein Herr hat dich gerade beim Kartenspiel gesetzt und verloren; außer du warst Jude in Hitlerdeutschland; außer du hattest ein schlechtes Los in der großen Stalinschen Lotterie gezogen. Aber das waren ja schließlich bloß Exzesse. Der Sklavenhandel ist ein Exzeß, der mit der Zeit ganz bestimmt überall verboten werden wird. Der Stalinismus war ein Exzeß, dessen Schrecken in den Jahrzehnten der vorsichtigen selektiven Repressionen während der Chruschtschow- und Breschnew-Ära ganz schnell vergessen wurde. Sogar der Hitlerismus erscheint als Exzeß vor dem Hintergrund des «klassischen» Faschismus Mussolinis.

Wenn wir uns einmal an die Terminologie der Stalinschen Verfassung halten, dann bedeutet Sklaverei das Recht auf Arbeit, das Recht auf Wohnung, das Recht auf soziale Sicherheit. Was aber die Hauptsache ist: die Freiheit von Verantwortung. Keine Verantwortung für sich selbst, für die eigene Familie, die eigene Stadt und das eigene Land. Für die Menschheit. Keine Verantwortung für das Morgen, für das Übermorgen und erst recht nicht für die ferne Zukunft, wenn du und deine Kinder nicht mehr dasein werden. Für dies alles ist nur dein Herr zuständig, dein Chef oder der Chef deines Chefs.

Vielleicht war es gerade das, was George Orwell im Sinn hatte, als er sein weltweites totalitäres Zukunftssystem unter die Losung stellte: «Freiheit ist Sklaverei.» Deshalb erinnern sich viele von uns so nostalgisch an ihre gewohnte satte und ruhige Existenz, sobald der «Karneval des Ungehorsams» seinem Ende zugeht und sich schwer der Alltag auf uns legt, der Alltag der Freiheit, die am Anfang immer hungrig ist, manchmal auch grausam zu den Schwachen und immer mit der ungewohnten und deshalb oft unerträglichen bürgerlichen Verantwortung verbunden. Und dann suchen diese vielen nach neuen Herren oder rufen ihre alten zurück.

Ich will die nostalgische Sehnsucht keineswegs verspotten oder als unmoralisch geißeln. Die Menschen, die sich nach ihrem vergangenen Leben sehnen, pfeifen ohnehin auf meine Moralpredigt. Bei den alten Herren – so würden sie sagen –, da sind wir jedenfalls noch jedes Jahr mit der ganzen Familie nach Sotschij zur Erholung gefahren, aber bei euch verdammten Demokraten ist bei uns Schmalhans Küchenmeister. Und außerdem gab es damals auch nicht soviel Kriminalität, und wer sich aus der Staatskasse bediente, der blickte sich wenigstens vorher erst einmal um. Und wenn wir wirklich einmal ungerecht behandelt wurden, dann konnten wir uns eine Etage höher beschweren gehen, und im Nu war alles wieder geregelt. Und da redet ihr von «Menschenrechten»! Die Rechte, die wir und unsere Familien nötig hatten – wie man sich die verschafft, das hatten wir unter der Sowjetmacht auch schon heraus. Aber diese ganze Freiheit des Wortes, der Presse, des Gewissens und der Manifestation – wer braucht die denn überhaupt? Wir haben von Manifestationen die Schnauze voll.

Das Recht und die Freiheit der Persönlichkeit

Sind also die Slawophilen im Recht, die eine liberale Entwicklung schon deshalb für unrealistisch halten, weil der Liberalismus in unserer kulturellen Tradition nicht verankert ist?

Die Konzeption der liberalen Demokratie wurde tatsächlich in Westeuropa ausgearbeitet. Daher stammen auch die Grundlagen der modernen Physik. Aber halten wir etwa die moderne Physik für etwas Westliches, nur weil Sir Isaac Newton in England geboren wurde?

Natürlich werden philosophische Konzeptionen und gesellschaftliche Institutionen nicht so leicht übernommen wie naturwissenschaftliche Entdeckungen. Jedes Volk wählt in seiner politischen Entwicklung Wege und Formen, die zu seinen nationalen Traditionen passen. Gerade eben war von einigen solchen typisch russischen Traditionen die Rede, zum Beispiel von der

Neigung zur Sakralisierung der Macht und zu paternalistischen Erwartungen. Selbstverständlich begünstigen diese Züge nicht gerade Rußlands Kurs in Richtung auf eine liberale Demokratie.

Doch im russischen Nationalcharakter, vor allem aber in der russischen Kultur, ist auch das gegenteilige sozialpsychologische Modell angelegt. Unter günstigen Umständen und bei einiger Anstrengung seitens der Intelligenz könnte man auf dieser Grundlage sogar so etwas wie eine «russische Idee» formulieren und realisieren. Nicht die, die unsere Nationalisten uns nun schon das zweite Jahrhundert lang vergeblich nahezubringen versuchen, sondern eine echte russische Idee, die eines großen Volkes und einer großen Kultur würdig ist. Meiner Ansicht nach muß dies die Idee des Rechtes sein, das sich auf die Freiheit der Persönlichkeit als einzigen Weg zur gesellschaftlichen Gerechtigkeit gründet.

Daß die Rechtsnormen, die die Freiheit der Persönlichkeit garantierten, unterentwickelt waren oder sogar völlig fehlten, darin bestand Rußlands Unglück im Verlaufe seiner gesamten Geschichte. In der russischen Literatur und im Bewußtsein des Volkes verwandelte sich dies in eine hohe Wertschätzung der Gerechtigkeit und in eine hohe Empfindsamkeit für ihren Zusammenhang mit der Moral. Die russische Mentalität weist es weit von sich, daß so etwas wie eine unmoralische Gerechtigkeit oder eine ungerechte Moral überhaupt existieren könnte.

Allerdings schloß Pathos der Menschenwürde und der Freiheit der Persönlichkeit in der russischen Tradition keineswegs die Verachtung für alle juristischen Prozeduren aus, die, wie mir scheint, für das westeuropäische Bewußtsein doch außerordentlich wichtig sind. Man braucht sich nur einmal daran zu erinnern, wie die klassischen russischen Schriftsteller – Tolstoj und Dostojewskij – Gerichtsverhandlungen schildern: ironisch, herablassend und feindselig. Das Streben nach einer absoluten und göttlichen Gerechtigkeit veranlaßte sie, die Idee einer irdischen, menschlichen und säkularen Gerechtigkeit abzulehnen.

Dieses Streben nach dem Höheren hat, gemeinsam mit der Verachtung für jegliches kodifizierte Vorgehen, dazu geführt, daß sich ein Teil der russischen Intelligenz an die veralteten soziologischen Theorien zweier deutscher Professoren klammerte, weil sie in ihnen das Patentmittel zur Wiederherstellung der Gerechtigkeit erblickte. Wobei es den russischen Revolutionären bei weitem nicht nur um die sogenannte soziale Gerechtigkeit ging.

Der Versuch, die gesellschaftliche Gerechtigkeit jenseits des Rechts und gegen das Recht wiederherzustellen, hat sich in einen blutigen Alptraum und in die siebzigjährige Herrschaft eines der blutigsten Regime in der Geschichte Rußlands und der Menschheit verwandelt.

Und es ist nur natürlich, daß sich im letzten Jahrzehnt dieses Regimes das gesellschaftliche Denken wieder dem Recht zuwandte.

Mitte der sechziger Jahre hatte wohl kaum jemand von uns eine Vorstellung von der Rolle und dem Ort juristischer Konzeptionen in der westlichen Gesellschaft. Nicht vom Westen entlehnten wir die Idee vom Vorrang des Rechtes, die zum logischen und emotionalen Rückgrat der Dissidentenbewegung wurde. Sie ergab sich direkt aus unserer Lebenspraxis und aus unserer Vorstellung von Moral, die wir vor allem unter dem Einfluß der russischen kulturellen Traditionen formulierten. Wir waren von den weltweiten Erfahrungen völlig isoliert, und natürlich «erfanden» wir ununterbrochen das Rad der Geschichte neu. Aber alles in allem ist dies nur ein Beweis dafür, daß die Idee des Rechtes in unserer Kultur und in unserem Bewußtsein tief verwurzelt ist, auf jeden Fall nicht weniger tief als der entsprechende russische Rechtsnihilismus. Sacharow hat einmal geschrieben, daß Rußland mit seiner ganzen leidvollen Geschichte die Idee der Menschenrechte hervorgebracht hat.

Diese Idee wäre durchaus imstande, die ganze Nation zu konsolidieren. Man könnte hier vielleicht einwenden, daß der Vorrang des Rechtes im System der gesellschaftlichen Werte nur eine psychologische und weltanschauliche Besonderheit der Intelligenzija darstelle. Ich bin aber überzeugt davon, daß auch im Bewußtsein der sogenannten «breiten Masse» Probleme dominieren, die in irgendeiner Weise mit Ungerechtigkeit und Willkür zu tun haben. Und wenn unsere Reformer nicht derart auf ökonomische Fragen fixiert wären, sondern sich in erster Linie darangemacht hätten, in Rußland ein effektives und humanes Rechtssystem zu schaffen, dann hätten die Menschen auch die sozialökonomischen Lasten der Übergangsperiode mit viel größerer Geduld ertragen. Dann wüßten wir heute die Gefahr einer kommunistischen Restauration hinter uns.

Wie hypnotisiert blicken wir seit 1989 auf den Kampf einiger junger und talentierter Volkswirtschaftler gegen die Anhänger der alten sozialistischen Volkswirtschaft oder aber auf die Auseinandersetzungen dieser jungen Volkswirtschaftler untereinander. Aber dabei haben wir unsere wichtigste historische Aufgabe fast völlig vergessen: nämlich die Schaffung einer neuen Rechtsordnung und die Herausbildung eines neuen Rechtsbewußtseins. Das durch dieses Versäumnis geschaffene Vakuum füllt sich dementsprechend mit allem möglichen «Großmachtdenken» und der dazugehörigen Vorstellung der «eisernen Hand», die um jeden Preis Ordnung schaffen soll. Und die dies auch tun wird, wenn wir weiterhin Maulaffen feilhalten.

Heute kämpfen also in Rußland zwei Tendenzen miteinander, die in gleicher Weise im Nationalbewußtsein verankert sind. Haben wir die Wahl zwischen ihnen?

Natürlich haben wir sie. Wir können erneut aus der Geschichte herausfallen, wie schon ein paarmal vorher im Verlaufe der letzten tausend Jahre. Wir können zu einer totalitären Gesellschaftsordnung zurückkehren, wie auch immer sie sich nennen mag: Sozialismus mit patriotischem Gesicht, Nationalsozialismus oder korporativer Staat à la Benito Mussolini, Kollektivismus oder imperiale Ordnung.

Dies allerdings wird Rußland auf die Gewaltausübung des Staates gegen die Persönlichkeit zurückwerfen, auf die Großmachtlüge, auf die allgemeine Rechtlosigkeit, auf eine morsche offizielle Propaganda und was dergleichen Reize eines totalitären Regimes mehr sind. Aber an all das sind wir ja durch unsere Geschichte schon gewöhnt. Könnten wir das nicht durchaus ein weiteres Mal überleben? Nein, diesmal würden wir nicht mehr überleben.

Kein autoritäres und erst recht kein totalitäres Regime wäre heute noch in der Lage, jene «einfachen Werte für einfache Menschen» zu garantieren, nach denen sich die Massen in ihrer Nostalgie sehnen. Es wäre sicher interessant, zu beobachten, wie Sjuganow oder, sagen wir einmal, Schirinowskij in ihrem Rußland ökologische Erfordernisse mit dem von ihnen geforderten Wachstum der Kriegsindustrie vereinbaren. Oder die politische und wirtschaftliche Isolierung unseres Landes mit jener engen internationalen Zusammenarbeit, ohne die von durchgreifenden ökologischen Maßnahmen keine Rede sein kann. Gestern noch konnte man bei uns über die ökologischen Folgen dieser oder jener Handlungsweise hinwegsehen – damals wirkten sie sich erst in Jahrzehnten aus. Heute bemißt sich diese Frist in Jahren und morgen in Monaten. Und wo wird dann unser Brot bleiben? Wo unser Dach über dem Kopf und wo die Luft, die wir atmen?

Die ökologischen Fragen sind nur ein Beispiel für den Zusammenhang zwischen der Offenheit einer Gesellschaft und ihrer Fähigkeit zur Selbsterneuerung. Eine Gesellschaftsordnung, die sich auf archaische Mythen stützt, kann keine offene Gesellschaft hervorbringen. Als im weitesten Sinne offen – so daß sie die Fähigkeit zur Selbsterneuerung harmonisch mit der Fähigkeit zur Selbsterhaltung vereinbart – können wir nur die liberale Demokratie bezeichnen. Nur sie kann in der Welt von heute überleben und die Probleme der Welt von morgen lösen.

Wir müssen der Wahrheit ins Gesicht sehen. Zum ersten Male in ihrer Existenz steht die Menschheit vor einer Krise weltumspannenden Ausmaßes: der ökologischen Krise. Dazu kommen die weltweite Kluft zwischen Reich und Arm und das ebenfalls weltweite Problem der atomaren, chemischen und bakteriologischen Waffen. Offenbar sind zusätzlich dazu noch ganz neue Probleme aufgetaucht, zum Beispiel die Krise des ethnischen Selbstbewußtseins, die zu einem neuen und gefährlichen Zündstoff für bewaffnete Konflikte geworden ist. Und schon wird von möglichen neuen Krisen geredet, zum Beispiel von solchen, die sich aus der der modernen Zivilisation wenig angepaßten biologischen Natur des Menschen herleiten.

Ehe wir uns alle so recht umgesehen haben, ist die Welt zu einem einheitlichen Ganzen geworden. Die Revolutionen auf den Gebieten der Technologie, des Kommunikations- und Informationswesens haben sie einfach dazu gemacht. Und was die Religionsgründer und Dichter in der Vergangenheit als geistige Wahrheit verkündeten, ist heute für viele Menschen schon Alltag.

Die Zeit der nationalstaatlichen Egoismen ist in unserer Welt vorbei, weil die Menschheit zu einer Einheit geworden ist. Und dabei hat sie ihre Einheit sogar erreicht, ohne ihre nationale und kulturelle Vielfalt zu verlieren. Darin besteht nämlich das Unterpfand ihres Überlebens. Jede nationale Ideologie ist aber heute tot geboren, wenn sie sich nicht in einen organischen Teil des allgemeinmenschlichen Ideals verwandelt.

Und wenn wir nun schon ernsthaft von nationaler Zielsetzung oder von nationaler Modernisierung reden, von der Ausarbeitung oder Korrektur gesellschaftlicher Ideale, dann brauchen wir dafür keine abstrakten Schemata zu entwickeln. Der ewige

Streit darüber, was wir von den Erfahrungen der übrigen Welt «übernehmen» sollen, kommt mir da nun schon völlig absurd vor.

Wir brauchen nichts zu «übernehmen». Wir sind Teil einer einheitlichen Menschheit, und alle allgemeinmenschlichen Errungenschaften und Werte, genauso wie die allgemeinmenschlichen Probleme, gehören uns genauso wie den Dänen oder Mexikanern. Lieber sollten wir uns die Frage stellen, was wir zu den weltweiten Erfahrungen beitragen können.

Denn wir haben schon einiges beigetragen. Und dieser Beitrag hat nichts zu tun mit den mottenzerfressenen Werten des Byzantinismus. Er hat vielmehr die Theorien und Praktiken der liberalen Demokratie direkt bereichert. Als im Jahre 1976 einige Moskauer Intellektuelle eine Gruppe gründeten, um die Erfüllung des Abkommens von Helsinki zu überwachen und zu unterstützen, gab es Zyniker, die darin nur eine neue raffinierte Methode der sowjetischen Dissidenten sahen, ihre Regierung zu ärgern. Heute ist die internationale Helsinki-Bewegung, die ursprünglich aus einem Netz von Solidaritätsgruppen für die sowjetischen Mitglieder entstand, eine der angesehensten Menschenrechtsbewegungen der Welt. Kurz darauf erklärte US-Präsident Jimmy Carter die Menschenrechte zur Hauptpriorität der amerikanischen Politik.

Das geschah zweifellos unter dem Einfluß des Kampfes um die Menschenrechte in der damaligen UdSSR. «Realisten» und «Pragmatiker» in West und Ost argwöhnten damals, daß Carters Erklärung entweder reine Propaganda oder der idealistische Ausbruch eines unerfahrenen Politikers sei. Heute gehören die Menschenrechte weltweit zu den Prioritäten der internationalen Politik.

Auf diese Weise hat Rußland schon in den siebziger Jahren einen großen Beitrag zur Etablierung der Menschenrechte als eine der Grundlagen der neuen Weltordnung erbracht. Und dies ist nur der Anfang. Die Weltgemeinschaft wird unvermeidlich zu einer radikalen Umgestaltung der Grundlagen des internationalen Rechts kommen. Aus der in sich widersprüchlichen Rechtslage, die wir heute haben, muß ein effektives, in sich schlüssiges Rechtsgebäude werden, das sich auf die Menschenrechte gründet. Die Vorstellung von der internationalen Politik als Kampf unterschiedlicher nationaler Interessen, die von den Regierungen repräsentiert werden, gehört mehr und mehr der Vergangenheit an.

Es werden neue übernationale Organe entstehen, die mit neuen Befugnissen ausgestattet sein werden und mit der nötigen Macht, um diese Befugnisse auch durchzusetzen. Im Unterschied zur UNO werden diese Organe nicht von den Regierungen gebildet, sondern von den Völkern, die ihre staatliche Souveränität freiwillig zugunsten der Lösung allgemeinmenschlicher Probleme einschränken werden. Selbstverständlich ist dies alles nur unter der Bedingung einer radikalen Abrüstung möglich.

Wenn Rußland sich für diesen Weg der Menschheitsentwicklung entscheidet, statt mit Byzanz und den Horden im Sumpf zu versinken, kann es durchaus zu einer Lokomotive dieser Entwicklung werden. Unsere historische Erfahrung und unsere kulturhistorischen Besonderheiten prädestinieren uns für diese große Aufgabe geradezu; besonders aber unsere Auffassung vom Recht, in dem wir weniger ein Instrument zur Abstimmung verschiedener Interessen erblicken, sondern vielmehr das Modell allgemeinmenschlicher Gerechtigkeit.

Und wie sehen die realen Perspektiven für Rußland in diesem Moment aus? Heute steht Rußland vor der Alternative, entweder mit der gesamten Menschheit zu überleben oder unterzugehen. Aber vor dieser Alternative steht nicht nur Rußland alleine. Und doch gibt es einen Unterschied zwischen meinem Land und anderen Ländern, der übrigens weniger für Rußland von Bedeutung ist als vielmehr für den Rest der Welt. Er besteht darin, daß der Untergang eines so riesigen Landes mit einer großen Kultur fast unausweichlich den Zusammenbruch der gesamten heutigen Zivilisation nach sich ziehen würde. Dies haben offenbar jene westlichen Politologen aus dem Auge verloren, die schon heute von Rußland als von einem «überflüssigen Land» reden. Auf paradoxe Weise decken sich heute die antirussischen Schlußfolgerungen einiger westlicher Spezialisten für die ehemalige UdSSR mit dem isolationistischen, antiwestlichen Pathos unserer Superpatrioten.

Die herablassend-verächtliche Auffassung von Rußland als einer grundsätzlich vom Westen verschiedenen Welt ist die Menschheit schon teuer genug zu stehen gekommen. Der erste, der seinen westlichen Bundesgenossen die völlige Andersartigkeit Rußlands weiszumachen suchte, war Stalin. Roosevelt und Churchill glaubten ihm, oder sie taten wenigstens so. Es ist auch leicht nachvollziehbar, warum die Führer der freien Welt den Behauptungen des Moskauer Diktators so leicht zustimmten: schließlich war dies so viel einfacher, als den einstigen Bundesgenossen aus der Koalition gegen Hitler zur Einhaltung der von den Vereinten Nationen deklarierten Prinzipien zu zwingen. Das Resultat waren vierzig Jahre Kalter Krieg.

Heute predigen die russischen Konservativen jenen «Sonderweg», der sich angeblich von der liberalen Demokratie unterscheidet. Und wieder finden sich in Europa und den USA Leute, die geneigt sind, ihnen zu glauben. Zumal, wenn diese These mit den Theorien ihrer eigenen Professoren übereinstimmt.

Ich hoffe doch, daß die demokratischen Staaten aus den Lektionen von Versailles und Jalta einiges gelernt haben. Denn diesmal würde der Versuch, uns mit unseren Problemen allein zu lassen, den Westen sehr viel teurer zu stehen kommen.

Damit soll nicht bestritten werden, daß Rußland letztlich für sein Schicksal allein verantwortlich ist. In den ganzen letzten Monaten hat Rußland sich dieser Verantwortung gestellt, indem es einen Präsidenten wählte. Ich beende dieses Buch wenige Tage nach dem endgültigen Sieg Boris Jelzins.

Ich glaube, daß diese Monate für mich nicht weniger entscheidend gewesen sind als das erste Jahr des Tschetschenien-Krieges. Während das Jahr 1995 mir den politischen Bruch mit der Regierung und den Rücktritt einbrachte, befand ich mich während des Wahlkampfes 1996 plötzlich in dem Milieu, das mich früher immer verstanden und unterstützt hatte, in der absoluten Minderheit: unter der demokratischen Intelligenz.

Die Ursache habe ich bereits erwähnt: meine kategorische Weigerung, Jelzins Kandidatur zu unterstützen, an der ich auch noch festhielt, als sich fast alle demokratischen Politiker und Reformbefürworter hinter ihn stellten.

Ich weiß, daß meine Position viele Menschen verwundert und erbittert hat. Einige, die es besonders gut mit mir meinen, entschuldigten mich mit meinem übertriebenen politischen Idealismus. Was soll's? Wenn die Weigerung, sich selbst zu betrügen, idealistisch ist, dann bin ich wirklich ein Idealist.

Nur in einigen Punkten hatte ich tatsächlich unrecht: So glaubte ich noch im Januar, daß es Jelzin um nichts in der Welt gelingen werde, die Wahlen zu gewinnen. Seine Popularität in der Bevölkerung war gleich Null – und zwar hauptsächlich wegen des Tschetschenien-Krieges. Bei den Umfragen blieb er damals nicht nur hinter Sjuganow oder Jawlinskij zurück, sondern sogar hinter Schirinowskij und Lebed.

Daß er schließlich doch noch die Wahlen gewann, bedeutet für die einen den Sieg der Demokratie, während andere, sehr wenige, darin eher deren Niederlage erblicken. Ich gehöre zu den letzteren und möchte gern erklären, warum. Jelzin hat aus vier Gründen gewonnen:

Erstens: Er überzeugte die Menschen davon, daß er der einzige ernsthafte Konkurrent zu dem Führer der patriotisch eingefärbten Kommunisten, Sjuganow, sei. Zweitens: Auf seine Seite stellten sich fast einhellig die Intellektuellen, vor allem auch die demokratischen Zeitungen, Rundfunk und Fernsehen. Drittens: Er versprach den Tschetschenien-Krieg zu beenden. Viertens: Vor dem zweiten Wahlgang schloß er ein politisches Bündnis mit Lebed, dem Bronze-Preisträger des ersten Wahlgangs.

Wir wollen einmal sehen, was all dies bedeutet und wieso es für die gesellschaftliche Situation in Rußland charakteristisch ist.

Ist Jelzin der Antikommunist Nummer eins? Ich zweifle keineswegs an der antikommunistischen Aufrichtigkeit Boris Nikolajewitschs. Das wäre ja auch noch schöner, wo ihn doch die Kommunisten aus dem Kreml jagen wollen! Natürlich ist er gegen die KPRF – zumindest solange die KPRF gegen ihn ist. Was aber die patriotische Großmachtideologie der KPRF und ihrer Bundesgenossen angeht, so konnte Jelzin in den letzten Jahren das Land und die Welt davon überzeugen, daß ihm diese Ideologie, gelinde ausgedrückt, nicht fremd ist.

Die Jahre 1917 bis 1991 sind als Impfung gegen den Kommunismus so wirksam gewesen, daß Rußland nicht einmal mehr die Tendenz der osteuropäischen und ostmitteleuropäischen Länder mitgemacht hat, die Nachfolgerorganisationen der kommunistischen Parteien wieder an die Macht zu lassen. Es stimmt allerdings auch, daß – anders als die Parteien dieser Länder –

sich unsere Sjuganow-Kommunisten nicht in Richtung auf die Sozialdemokratie entwickelt, sondern sich für den Nationalsozialismus entschieden haben. Dies macht die russischen Kommunisten zu einer äußerst gefährlichen politischen Strömung. Daß die von ihnen ausgehende Gefahr so offensichtlich ist, hat bei diesen Wahlen dazu geführt, daß sich die Mehrheit im Lande gegen den Kommunismus konsolidierte. Wenn es nicht zu solch krassen Versäumnissen im Zuge der sich quälend dahinziehenden Reformen in Gesellschaft und Wirtschaft gekommen wäre, hätten die Kommunisten bei uns überhaupt keine Aussicht auf Erfolg.

Aber die Versäumnisse und Verzögerungen sind ja kein Zufall! Sie sind das Resultat des tiefen Unverständnisses Jelzins und seiner Mannschaft für das demokratische Wesen der Reformen, das Resultat des ständigen Flirts unserer Regierung mit patriotischen Großmachtlosungen. So eine Politik war und ist dem Volke unverständlich. Nicht umsonst mußten die Organisatoren von Jelzins Wahlkampagne wohl oder übel wieder auf die demokratische Rhetorik zurückgreifen.

Die Praxis der Regierung Jelzins trägt ständig zur Wiedergeburt der kommunistischen Opposition bei, seine ideologische Nähe zu diesen Opponenten aber erlaubt ihm nicht, sie richtig zu besiegen. So steht es also um unseren antikommunistischen Führer.

Aber im Frühling und Sommer 1996 hat ihn doch das Land in dieser Eigenschaft anerkannt und bestätigt? Ja, leider verhält es sich so. Leider, denn dies bedeutet nur, daß wir keine wirklich demokratische Alternative schaffen konnten. Ich bin fest davon überzeugt – und demographische Umfragen bestätigen meine Meinung –, daß man mit Hilfe einer demokratischen Alternative weit wirksamer gegen die Gefahr der kommunistischen Revanche kämpfen könnte als mit dem Jelzinismus.

Und warum haben wir diese Alternative nicht schaffen können? Aus einem sehr einfachen Grund. Wegen der Unfähigkeit eines großen Teiles der demokratischen Intelligenz, an sich selbst und an das Volk zu glauben.

Während der letzten Monate habe ich sehr viel über dieses Thema diskutiert. Alle meine Opponenten argumentierten dabei etwa folgendermaßen: «Wir begreifen nicht schlechter als Sie, was der heutige Präsident bedeutet. Aber was sollen wir machen? Denn ihn nicht zu unterstützen heißt doch, Sjuganow zu unterstützen. Leider stehen wir vor der Wahl zwischen zwei Übeln. Und uns bleibt nichts anderes übrig, als uns für das kleinere zu entscheiden.»

Verblüffend, wie tief der Glaube meiner Gesprächspartner – meist äußerst ehrenwerte Leute – ist, daß es sich bei der von ihnen beschriebenen gesellschaftlichen Situation um eine feste Gegebenheit handelt, in der sie nur noch «immanent» handeln können. Der Gedanke, daß ein Mensch, den man vor eine für ihn unakzeptable Wahl stellt, zumindest versuchen sollte, dem Gang der Ereignisse eine andere Richtung zu verleihen, kommt ihnen gar nicht mehr.

Dieser merkwürdige Fatalismus prägte sogar die Handlungen jener demokratischen Politiker, die versuchten, einen Alternativkandidaten zu dem amtierenden Präsidenten zu finden. Sie zentrierten alle Energie auf das Auszählen der Chancen und auf die Analyse der Situation; niemand aber bemühte sich ernsthaft darum, Chancen zu schaffen oder die Situation zu verändern.

Ähnliches ließ sich bei den Massenmedien beobachten. Zur «Vereinnahmung» von Presse, Radio und Fernsehen, über die sich die Sjuganow-Anhänger beklagten, ist es wirklich gekommen. Aber in den meisten Fällen geschah dies nicht durch Bestechung, Druck von oben oder Zensur von außen. Hier wirkte sich vielmehr die ehrliche Überzeugung der Redakteure aus, daß jede direkte oder indirekte Äußerung gegen Jelzin den Kommunisten in die Hände spielen könnte. Das Resultat war etwas noch

Schlimmeres als Zensur, nämlich eine Selbstzensur, die die Berufsethik verletzte. Besonders deutlich wurde dies beim Fernsehen.

Diese moralische Kapitulation einer Vielzahl kluger, ehrlicher und gebildeter Menschen kann ich nur dadurch erklären, daß die russische Gesellschaft ihrer eigenen Kraft noch nicht vertraut. Alle blicken immer noch zur Staatsmacht empor, alle räumen ihr einen unvergleichlich hohen Platz im System der nationalen Werte ein.

Bitter klagt unsere Gesellschaft darüber, daß sie sich in einer Sackgasse befände. Aber in dieser Sackgasse hält sie nur nach den erträglichsten Winkeln Ausschau, anstatt zu begreifen, daß der einzige wirkliche Ausweg nach vorn darin besteht, mit vereinten Kräften den Durchbruch zu wagen.

Wie auch immer man sich zu Grigorij Aleksejewitsch Jawlinskij verhalten mag, immerhin ist er es gewesen, der bei den vergangenen Wahlen die demokratischen Werte verkörperte. Die oben beschriebene Logik hat dazu geführt, daß viele, die für ihn gestimmt hätten, wenn sie nur ihrem Herzen gefolgt wären, bereits im ersten Wahlgang ihre Stimme Jelzin gaben. Ihr Argument: Jawlinskij wird ja sowieso nicht gewinnen, warum also soll meine Stimme verlorengehen. Ich nehme an, daß Grigorij Aleksejewitsch zu Beginn der Kampagne wirklich eine gewisse Aussicht hatte zu gewinnen. Und wenn sich dies im weiteren änderte, so nicht zuletzt dank dieses demokratischen Fatalismus in der Gesellschaft. Stellen wir uns doch einmal vor, für Jawlinskij hätten nicht sieben Prozent der Wähler gestimmt, sondern wenigstens zwölf Prozent. In diesem Falle hätte Jelzin beim Eingehen neuer politischer Bündnisse ernsthaft mit der Meinung des demokratischen Teils der Gesellschaft rechnen müssen. Dann sähe auch die Kräfteverteilung in der neuen Regierung anders aus. Statt dessen hat ein bedeutender Teil der Wählerschaft freiwillig auf sein Recht verzichtet, den politischen Kurs des Landes zu beeinflussen. Die Folge war General Lebeds Aufnahme in die Regierung.

Ich würde mich gern täuschen, aber mir scheint, daß die persönlichen Ansichten des Generals meilenweit von Demokratie und Liberalismus entfernt sind. Tatsächlich begann er irgendwann im Frühjahr seinen Antikommunismus herauszukehren und bekannte sich zur freien Marktwirtschaft, ja sogar zu demokratischen Prozeduren. Aber das war ja auch im Wahlkampf!

In seiner Autobiographie und in früheren Reden stellte sich der General ganz anders dar, als harter und überzeugter Großmachtpatriot, Isolationist und Antiliberaler. Ich denke, dieses Bild kommt der Wahrheit näher. Auf jeden Fall haben viele typische Züge des Jelzinismus in der Figur Lebeds ihre logische und vollendete Verkörperung gefunden. Lebed ist der Jelzin von heute, nur jünger, entschlossener, strenger und energischer als der Präsident.

Endgültig sind die Würfel zugunsten des Autoritarismus noch nicht gefallen; aber für viele von uns werden die nächsten Jahre eine Zerreißprobe bringen.

Werden unsere Demokraten jenen Versuchungen widerstehen können, die ihre jetzige Niederlage mit sich bringt? Werden sie Worte herunterbeten, auf die sie selbst keine Kopeke setzen würden, nur um Popularität bei der Bevölkerung zu erlangen? Oder werden wir uns endlich von den Lebenslügen verabschieden? Mit anderen Worten, glauben wir an eine moralische Politik, oder glauben wir, in der Politik herrsche nach wie vor das Prinzip: der Zweck heiligt die Mittel?

In Rußland hat es, vor allem unter der Intelligenz, seit eh und je nicht wenige Leute gegeben, die davon ausgingen, daß Politik schon an sich ein schmutziges Geschäft sei. Allen Anzeichen nach gewinnt diese Ansicht immer neue Anhänger. Ich habe wieder einmal keine Wahl. Erstens glaube ich, daß nur eine kluge und ehrliche Politik langfristig erfolgreich sein kann. Damit meine ich natürlich nicht, daß dieser Erfolg unbedingt zu meinen Lebzeiten erzielt werden müßte. Schließlich hatte ich ja auch vor 1985 nicht mit derartigem gerechnet. Deshalb wäre es von mir aus betrachtet äußerst inkonsequent, wenn ich mich heute einer verlogenen und dummen Politik anschlösse. Außerdem würde mir sowieso keiner glauben, denn aufs Lügen verstehe ich mich nun einmal nicht!

Zweitens habe ich meine eigene Nische in der Gesellschaft gefunden: das Recht und vor allem die Menschenrechte. In das traditionelle Verständnis von politischer Arbeit fügt sich dieses Thema nicht besonders gut ein. Das Recht ist ein weiter gefaßter Begriff als die Politik, vor allem aber ein höherer. Andererseits: wer für das Recht eintritt, kommt nicht darum herum, sich auch mit Politik zu beschäftigen, denn die Menschenrechte müssen in erster Linie gegen Anschläge von seiten der Staatsmacht verteidigt werden. Ebendarin hat meine politische Tätigkeit bestanden: mit politischen Mitteln dafür zu sorgen, daß die Menschenrechte in Rußland geachtet werden. Zweifellos wird diese Aufgabe immer größer, die Bedingungen aber verschlechtern sich. Na, wenn schon! Schwieriger als vor der Perestrojka kann es kaum mehr werden.

Danksagung

Ich danke allen meinen Freunden an der Bremer Universität, insbesondere Prof. Wolfgang Eichwede, der mich zu diesem Buch ermuntert hat und alle Schwierigkeiten der Veröffentlichung auf sich nahm. Darüber hinaus hat er mir während des Schreibens stets mit Rat zur Seite gestanden. Ich danke auch Gassan Gussejnow, der das Manuskript gelesen und mir eine Reihe wertvoller Vorschläge gemacht hat, die ich weitestgehend zu berücksichtigen versucht habe. Er und Prof. Efim Etkind nahmen sich in produktiver Weise des zweiten und dritten Kapitels an, wofür ihnen mein besonderer Dank gilt.

Oleg Orlow, Mitglied von «Memorial», mein Freund und Mitarbeiter und einer der Menschen, mit denen ich die schwierigsten und gefährlichsten Wochen und Tage der Krise in Tschetschenien erlebte, sah das vierte Kapitel durch. Ich halte ihn für einen der besten Kenner dieses Landes. Seine Meinung zum Buch und einige konkrete Kommentare zu dem Tschetschenien-Kapitel waren mir deshalb besonders wichtig. Eine ganze Reihe «Memorial»-Mitglieder unterstützten mich hilfreich: Dmitrij Alejnik, Anna Bassowa, Julia Bulach, Jekaterina Worobjowa, Michail Samjatin, Olga Oganowa, Julia Mitjuchina, Olga Trussewitsch und Alexander Tscherkassow.

Die Arbeit an diesem Buch zog sich über ein Jahr. Sie hätte wohl ohne meine Freunde, Anatolij Kononow, Jekaterina Welikanowa, Nina Litwinowa, Jewgenij Syrojetschkowskij und Julia Poljakowa, die mir die Möglichkeit, mich zurückzuziehen, und ruhige Arbeitsbedingungen boten, noch länger gedauert.

Nach den Ereignissen von Budjonnowsk kam ich ins Krankenhaus. Dort ermöglichten mir die Ärzte Jelena Wassiljewa und Alexander Spektor, meine Arbeit fortzusetzen. Und am Schluß möchte ich offen bekennen, daß dieses Buch ohne zwei meiner ältesten und engsten Freunde niemals zustande gekommen wäre: Alexander Daniel, der über Monate hinweg mit mir an dem Manuskript gearbeitet hat, und Arsenij Roginskij, der die Aufgabe eines Organisators und Wegbereiters des Unternehmens auf sich genommen hat.

Orville Schell

Das Mandat des Himmels

China: Die Zukunft einer Weltmacht

Aus dem Amerikanischen von Udo Rennert und Andrea von Struve
570 Seiten. Gebunden

«So spannend wie ein guter Krimi, in dem der Mörder von Anfang an bekannt ist.» *taz*

Das alte China nimmt Abschied. Die politische Führung wird die Macht in Kürze an jene Generation abgeben müssen, die wenige Jahre zuvor den Protest auf dem Platz des Himmlischen Friedens getragen hat. Aus der immer schon mächtigen «Volksrepublik» ist eine Wirtschaftsmacht geworden, deren Modernisierung in wachsendem Maße auch das autoritäre Machtzentrum der Partei und ihren «Gulag-Kapitalismus» bedroht.

Orville Schell, einer der wenigen Experten, die Zugang zu der künftigen Elite Chinas haben, zeichnet ein farbiges Porträt jener neuen Generation von Unternehmern, Technokraten, Popstars und Brokern, die den Losungen der Partei nur noch Lippendienste zollen. Nicht die marxistische Ideologie ist ihr Credo, sondern Dengs Parole «Reich zu werden ist ehrenvoll»; nicht das alte Revolutionslied «Der Osten ist rot», sondern der Punk ist ihre Musik. Sie fahren Mercedes, BMW oder Audi, rauchen Marlboro, tanzen Tango und benutzen ein «Handy». Die Forderungen nach Demokratie haben sie auf Eis gelegt.

Aber das halsbrecherische Wachstumstempo nähert sich heute einem Punkt, wo die überhitzte Wirtschaft – Inflation und Korruption, Bodenspekulation und Handelsdefizit, Konsumrausch und Börsenfieber – außer Kontrolle zu geraten droht.

Richard Pipes

Die Russische Revolution

Band 1: Der Zerfall des Zarenreiches
Band 2: Die Macht der Bolschewiki
Band 3: Rußland unter dem neuen Regime

Aus dem Amerikanischen von Udo Rennert
Zusammen 2596 Seiten. Gebunden

«Der Umfang wirkt zunächst abschreckend. Wer aber dennoch zu dem Werk greift, wird reich belohnt. Die Fülle der Fakten ist so spannend, daß sich das Geschichtswerk stellenweise wie ein Krimi liest. Der amerikanische Historiker beschreibt eindringlich, wie die überwiegende Mehrheit der Russen lebte, welche Kräfte die Revolution förderten und warum der Dialog zwischen Zar und Volk nicht zustande kommen konnte.» Günther Wessel, *Rheinischer Merkur*

«Ein brillantes Zeugnis narrativer Geschichtsschreibung von außen und oben, grandios in seiner Einseitigkeit, konventionell im methodischen Zugriff, konservativ im politischen Urteil – mit allen Vorzügen und Nachteilen, die einer engagierten Abrechnung mit Geschichte eigen sind, mit einer zumal, deren Verheißungen getrogen haben und deren Schrecken uns heute noch vor Augen stehen.»

Dietrich Geyer, *Die Zeit*

«Ein Elementarereignis, wie sein Gegenstand selbst.»

Imanuel Geiss, *Handelsblatt*